北京联合大学科研项目“生产性服务企业绿色创新成长机制研究”
资助（项目编号：XP202020）

基于产业链视角的制造企业绿色成长机制研究

以木地板制造企业为例

李　伟　著

中国财富出版社有限公司

图书在版编目（CIP）数据

基于产业链视角的制造企业绿色成长机制研究：以木地板制造企业为例 / 李伟著. — 北京：中国财富出版社有限公司，2021.6

ISBN 978-7-5047-7452-1

Ⅰ.①基… Ⅱ.①李… Ⅲ.①木质地板——木材加工工业—绿色产业—产业链—研究—中国 Ⅳ.①F426.88

中国版本图书馆 CIP 数据核字（2021）第 106014 号

策划编辑 李彩琴　**责任编辑** 张红燕　张　婷　杨白雪
责任印制 尚立业　**责任校对** 孙丽丽　**责任发行** 董　倩

出版发行	中国财富出版社有限公司		
社　址	北京市丰台区南四环西路 188 号 5 区 20 楼	**邮政编码**	100070
电　话	010-52227588 转 2098（发行部）		010-52227588 转 321（总编室）
	010-52227566（24 小时读者服务）		010-52227588 转 305（质检部）
网　址	http://www.cfpress.com.cn	**排　版**	宝蕾元
经　销	新华书店	**印　刷**	北京九州迅驰传媒文化有限公司
书　号	ISBN 978-7-5047-7452-1/F·3327		
开　本	710mm×1000mm　1/16	**版　次**	2021 年 7 月第 1 版
印　张	17.5	**印　次**	2021 年 7 月第 1 次印刷
字　数	277 千字	**定　价**	62.00 元

前 言

制造业是国民经济的重要组成部分，也是一个国家综合实力的集中体现和国际地位的根本象征。改革开放40多年来，中国制造业取得长足进步，目前已成为世界制造业第一大国，制造业产值占全球比重已超过30%，拥有部门齐全的工业体系和完整的产业链。然而，我国只是制造业大国而非制造业强国，制造业发展尚未完全摆脱规模扩张的模式，实现转型升级成为当前制造业发展的迫切需要。

绿色发展是工业发展质量提升的重要标志。2015年我国政府正式提出《中国制造2025》行动纲领，把绿色发展作为战略实施的指导方针之一，强调经济的可持续发展要与自然环境相协调，需要全面推行绿色制造。具体到制造企业，要求其摒弃以牺牲环境为代价的传统发展模式，加快绿色转型升级，践行绿色成长方式。

我国木地板制造业成长于20世纪80年代，经过30多年的发展，已经形成了从原料采购到生产加工、再到安装铺设等较为完整的产业链条。木地板产业规模不断扩大，增长趋势明显，成长空间广阔。然而，在木地板市场需求增长旺盛的背后，资源与环境问题逐渐成为制约木地板产业发展的主要因素，资源利用率偏低、单位能耗较高、有害物质排放、游离甲醛残留等难题至今尚未得到根本解决。在绿色发展已经成为时代主题的大背景之下，木地板制造企业加快绿色转型升级不但是必然之举，而且迫在眉睫！“绿色”始终是转型与升级的核心内容，更是企业成长质量的直接反映，而加强产业链上下游的绿色协同则是促进木地板制造企业转型升级的关键之举。面对产业链上游林木资源约束趋紧、产业链下游绿色需求高涨的客观态势，木地板制造企业必须摒弃以牺牲环境为代价的传统发展模式，由注重以产销为主的“增量扩张”转向以绿色为核心的“提质增效”，坚持绿色发展理念，践行绿色成长方式。木地板制造企业只有通过实施绿色成长战略，不断增强企业的绿色竞争力，在降低资源与能源过度消耗的同时，将“绿色、健康与环保”作为第一要务融入产品之中，才能在赢得消费者的信赖中实现企业的绿色成长。

本书依托现代经济学、管理学、协同论、博弈论的基本原理，运用文献研究法、数量分析法、实证分析法和综合分析法等研究方法，以木地板制造企业的绿色成长问题为研究对象，把研究视角从单一企业拓展到产业链及其所处环境。根据本书提出的“现状—动力—行为”的分析架构，首先对木地板制造企业绿色成长的产业链环境现状进行定性与定量分析；其次在木地板制造企业绿色成长动力要素识别的基础上，运用系统动力学和博弈论的理论与方法对木地板制造企业绿色成长的动力机制以及行为博弈机制进行了较为深入的分析。本书主要研究内容如下。

（1）木地板制造企业绿色成长的产业链环境现状分析。首先，以产业链理论、价值链理论、供应链理论、纵向协作理论为指导，说明木地板制造产业链的构成与属性，梳理木地板制造产业链的演化，提出木地板制造企业的成长方向。其次，以产业链为线索，把握木地板制造产业、上游木材资源供应、下游绿色消费市场，以及产业政策与环境标准现状，分析其对木地板制造企业绿色成长的影响，明确木地板制造企业的绿色成长空间及环境约束情况。

（2）木地板制造企业绿色成长动力因素识别与分析。首先，构建了木地板制造企业绿色成长影响因素分析的概念模型，借助 DEMATEL 方法①识别出木地板制造企业绿色成长的影响因素并进行分析。其次，相应的研究中选取代表性木地板制造企业并运用灰色关联分析法验证企业绿色投入与企业成长之间的关联关系。

（3）木地板制造企业绿色成长力评价分析。首先，本书选择建立木地板

① DEMATEL（Decision Making Trial and Evaluation Laboratory）方法是决策试行与评价实验室法 。

制造企业的绿色成长力评价指标体系；其次，在研究中运用 TOPSIS 法①、模糊综合评价法、专家打分法、文本挖掘法对四家木地板上市企业的绿色成长力进行定量评价。

（4）木地板制造企业绿色成长动力机制研究。首先，本书提出了基于"成长动力—动力机制—作用机理"的木地板制造企业绿色成长动力机制分析思路。其次，通过研究分析明确影响木地板制造企业绿色成长的关键动力，构建动力耦合模型并进行分析。再次，本书提出木地板制造企业的绿色成长的动力机制构成，并应用系统动力学理论及方法对木地板制造企业的绿色成长机制进行诠释。最后，本书通过构建系统动力学模型进行模拟仿真验证。

（5）木地板制造企业绿色成长行为博弈机制研究。首先，在对应的研究中对木地板制造产业链环境中的行为主体及其行为博弈关系进行分析，并归纳出产业内木地板制造企业之间的行为博弈、木地板制造企业与上下游企业之间的行为博弈，以及产业链主体、政府和消费者之间的三方行为博弈三种类型。其次，在实证分析中运用复制动态方程与演化稳定策略的研究方法，构建两人对称演化博弈、两人非对称演化博弈、无限次重复博弈，以及产业链主体、政府和消费者之间的三方行为博弈模型，并进行主体间的博弈分析。最后，本书结论提出增加消费者绿色需求、保证产业链绿色收益和提高政府监管效率的政策建议。

（6）选取典型木地板制造企业进行案例研究。本书选择以典型企业作为案例研究对象，仍以产业链为线索，分析其在产业链环境下的绿色成长情况。

本研究中得出的主要结论如下。

（1）运用 DEMATEL 方法对识别出的影响因素进行分类，其中，绿色市场需求、环境标准约束、政府政策支持、市场竞争状况、产业链绿色协同和绿色技术进步六个因素属于"原因性"影响因素，它们为企业绿色成长提供了最重要的外部动力支持，是木地板制造企业绿色成长的关键动力因素。

（2）从企业实力、绿色投入、绿色管理、绿色输出和财务绩效五个维度构

① TOPSIS（Technique for Order Preference by Similarity to an Ideal Solution）法是根据有限个评价对象与理想化目标的接近程度进行排序的方法。

建了木地板制造企业绿色成长力评价指标体系；采用熵值法与层次分析法确定了研究中使用的综合权重，运用 TOPSIS 法、模糊综合评价法、专家打分法、文本挖掘法对四家木地板上市企业的绿色成长力进行定量评价。四家木地板制造企业绿色成长力排名依次为大亚圣象、扬子地板、菲林格尔和德尔未来。

（3）选用灰色关联分析法验证企业绿色投入与木地板制造企业成长的相关性。本书中的分析结果显示，研发经费投入强度、技术人员占比、政府补助中的企业扶持资金、企业专利申请数量、发明专利数量，以及通过计算可以获得的单位生产能耗等因素均与木地板产品销售收入的关联性较为显著，即上述因素均与木地板制造企业的绿色成长密切相关。

（4）政府政策推动、环境标准约束、绿色需求拉引、技术进步支持、链间市场竞争和链内绿色协同构成木地板制造企业的绿色成长动力。本书继而进一步提出木地板制造企业绿色成长的动力机制构成，主要包括政策激励机制、监督惩罚机制、市场倒逼机制、协同竞争机制、合作伙伴选择机制和学习创新机制。另外，书中还建立“政策—标准”“绿色需求”“协同—竞争”和“绿色技术”四个子系统，并运用系统动力学理论与方法对上述动力机制进行解释。本书通过构建系统动力学模型进行模拟仿真并验证了研究结论的合理性。

（5）木地板制造企业的绿色成长行为博弈机制。研究发现，采用绿色新技术会给企业带来很大利益；上游企业与木地板制造企业之间的稳定均衡一般不会被轻易打破；而产业链、政府和消费者三方之间的行为博弈分析表明，消费者选择购买绿色产品、产业链选择绿色生产、政府选择监管是一个稳定均衡点。本书在分析的基础上提出增加消费者绿色需求、保证产业链绿色收益和提高政府监管效率的政策建议。

（6）以典型企业作为研究对象进行案例研究，对其绿色行为实践进行归纳总结，进一步验证了“绿色成长动力因素→企业绿色行为意愿提高→企业实施绿色行为→企业收益增加→企业实现绿色成长”假设的合理性。

李伟

2021 年 5 月

目 录

1 绪论

1.1 研究背景

1.1.1 绿色制造是我国制造业转型升级的战略任务

制造业是工业生产的重要组成部分，也是一个国家综合实力的集中体现和国际地位的根本象征。自中华人民共和国成立尤其是改革开放40多年来，中国制造业产业体系日趋完善，总体规模不断扩大，综合实力显著增强，国际地位大幅提升，目前已成为世界制造业第一大国，在某些制造领域已经走在世界前列。制造业在促进中国经济快速发展方面作出了极其重要的贡献，取得了历史性的重大突破。然而，从整体来看，中国仍然只是制造业大国而非制造业强国，先进制造业的总量偏小，世界一流的制造企业数量更是有限。长期以来，中国制造业采取的是以产值增加和规模扩张为主的外延式发展模式，在其高速发展进程中仍然没有从根本上摆脱高投入、高消耗、高排放的粗放式发展的困境。在向社会源源不断提供产品的同时，也在持续消耗大量资源与能源，并向周围环境排放出废气、废水、废渣等有害物质，产生了严重的生态环境安全问题。资源能源消耗与环境污染问题日益成为制约我国制造业可持续发展的瓶颈。图1－1为制造业环境问题框架。

当前，在绿色经济蓬勃兴起背景下，世界各国都在加强政策引导和扶持，积极探索可持续发展的实现路径。例如，英国对推进绿色制造的企业给予政策和资金支持；德国积极出台绿色技术研发和绿色创新的激励政策；日本政府通过改革税制为企业节约资源、开发节能新产品创造了充分的外部条件。我国目前正处在转变经济发展方式、促进产业结构转型升级的关键时期。党

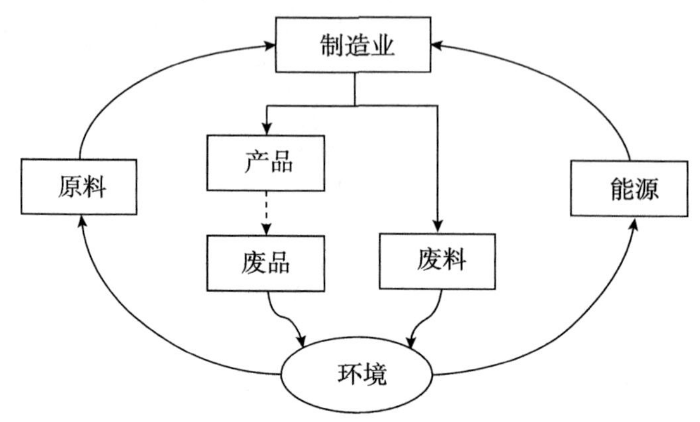

图 1－1　制造业环境问题框架

的十八届五中全会提出“坚持绿色发展，必须坚持节约资源和保护环境”的基本国策，强调必须牢固树立并切实贯彻“创新、协调、绿色、开放、共享”五大发展理念，“绿色化”已成为继“新型工业化、信息化、城镇化、农业现代化”之后又一项新的战略目标，从而把“绿色发展”上升到国家战略高度。中共中央、国务院在《关于加快推进生态文明建设的意见》中提出，必须加快推动生产方式绿色化，构建科技含量高、资源消耗低、环境污染少的产业结构和生产方式，大幅提高经济绿色化程度，加快发展绿色产业，形成经济社会发展新的增长点。在此背景下，提高产业的绿色化水平成为产业发展和产业政策制定的重要方向。

绿色发展是可持续发展的典型特征与直观体现，是生态环境容量和资源承载力等约束条件下的一种发展模式创新。具体到制造业，就是要把“绿色化”作为产业发展的主要内容和重要途径，通过提高科技含量、降低资源消耗、减少环境污染的新生产方式把传统制造业发展成环境友好型的先进制造业。面对美、德等西方发达国家的“再工业化”布局，我国政府于 2015 年正式发布《中国制造 2025》，强调“绿色发展”是五个基本方针之一，要求从源头开始根治工业污染问题，提出加快制造业转型升级、全面推行绿色制造的紧迫任务。

1.1.2　绿色成长之路是木地板制造企业的必然选择

木地板制造业是传统型制造产业的重要组成部分。我国木地板制造业成长于20世纪80年代，随着改革开放的不断推进，中国国民经济快速发展、城镇化率稳步提升、居民生活水平持续提高，人们改善居住环境的需求开始出现并快速攀升，木地板产品逐渐走入寻常百姓家。木地板以其脚感舒适、美观自然、施工方便等突出优点在众多家装材料中脱颖而出，逐渐成为居民家庭地面装修的首选材料。经过近40年的迅猛发展，我国木地板平均生产规模连续多年达到4亿平方米，年产值近千亿元，已成为世界上最大的木地板生产国和消费国（曾有权，2015）。木地板不仅产品品种多样、规格丰富，而且形成了涵盖原料供应、产品设计、生产加工、成品销售和售后铺装服务等三次产业并具有一定规模的产业体系；涌现出诸如大亚圣象、大自然家居等一批木地板上市企业，并且形成了浙江南浔（实木地板）、常州横林（强化木地板）、浙江安吉（竹地板）、吉林敦化（多层地板）等相对稳定的产业集群。中国木地板制造业取得了令人瞩目的长足进步。但是，伴随着产业的迅速扩张，一些不容忽视的环境问题也逐渐浮出水面，特别是资源利用率偏低、单位能耗较高、有害物质排放、游离甲醛残留等难题至今尚未得到根本解决。木地板制造与使用环节的环境压力增大，如图1－2所示。

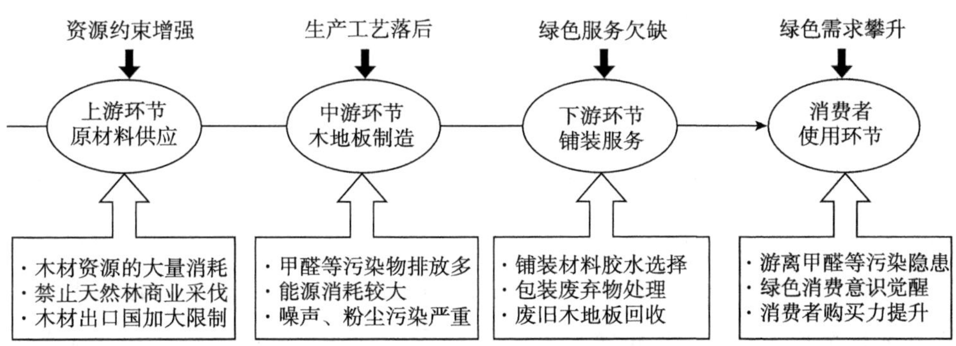

图1－2 木地板制造与使用环节的环境压力

我国木地板制造业面临的资源与环境压力日益增大，与此同时，人们对于绿色木地板产品的消费需求则呈不断增长态势。在绿色发展成为时代主旋律的大背景下，木地板制造业如何应对环境恶化造成的严峻形势，响应绿色发展倡议，摆脱以过度消耗能源资源和以牺牲环境为代价的粗放型发展模式是目前亟待解决的重要课题。

企业是一个国家或地区经济增长的主要载体（陈兴红等，2015），社会的发展、产业的进步离不开现代企业的成长。木地板制造业的绿色转型与成长必须依靠企业才能实现。作为绿色战略的具体实施者，木地板制造企业如何响应成为目标实现的关键。传统发展模式导致的资源消耗、废物排放、污染物残留等问题给生态环境带来了极大的压力。要想彻底摆脱资源与环境危机，实现企业的可持续成长，木地板制造企业只有顺应绿色发展态势，积极进行绿色创新，把追求绿色成长作为企业的战略目标，把实施绿色行为、实施绿色制造作为关键举措，才能在未来的市场中长久立足，为企业赢得更为长远的发展机遇奠定坚实基础。

木地板制造企业的绿色成长不同于“高投入、高消耗、多污染”的传统粗放型成长方式，实质上强调的是可持续发展，是追求经济增长与环境保护相协调的一种新型企业成长方式。事实上，“绿色”不仅是对制造企业提出的新要求，而且“绿色”蕴含着巨大的机遇，为制造企业的可持续成长注入了强劲动力。实施绿色战略、实施绿色行为已经成为木地板制造企业突破资源环境约束、提升自身竞争力的必由之路！因此，木地板制造企业探索并践行绿色成长之路成为必然选择。

1.1.3 问题的提出

随着我国经济持续、快速发展和城镇化进程的加快，木地板产品的市场需求处于迅速扩张的总体态势。同时也必须认识到，上游林木资源约束趋紧和下游消费需求质量提升的矛盾均已成为不争的事实。在此双重作用下如何顺应时代潮流为企业的可持续发展赋能是摆在每一个木地板制造企业面前的首要问题。

如今，发展绿色经济已在世界各国达成共识，并且成为世界经济的发展趋势和时代主题。“绿色”为优化经济结构、转变增长模式和实现可持续发展指明了方向。面临绿色带来的挑战与机遇，木地板制造企业既要应对不断增大的资源与环境压力，又要想方设法满足日益增长的绿色消费需求。因此，响应绿色发展倡议，选择绿色成长方式，实现绿色转型升级、走可持续发展道路成为木地板制造企业寻求自身生存与发展的不二选择。

木地板制造企业迫切需要彻底摆脱传统粗放型发展模式，由注重“增量扩张”转向“提质增效”。“绿色”作为“质”的核心内容和关键举措，要求企业将健康与环保理念作为第一要务融入产品与服务之中，在努力降低资源与能源消耗的同时，最大限度减少有害物质的排放与残留，不断增强企业的绿色竞争力，在赢得消费者信赖的过程中实现企业的绿色成长。

木地板制造企业实现绿色成长，“绿色”既是典型特征，更是重点与难点。一方面，在经济联系日益密切的今天，制造企业凭借“单打独斗”已经无法赢得持续成长的机会；另一方面，随着产业分工的不断细化，制造企业也无法依靠“独善其身”来保证最终产品的绿色。面对派生出的一系列新问题，在影响制造企业绿色成长的众多因素中，必须关注“产业链及其环境”的重要作用。“产业链”把上下游企业、产业内企业、服务支持机构，乃至消费者以及产业政策制定者——政府，有机联系起来，构成了企业绿色成长最直接的外部环境，从方方面面对企业的绿色成长产生影响。

首先，产业链上下游企业之间有着紧密的利益关联与行为关联，每一个链上的企业都应对产品的“绿色”与否负责。木地板制造企业自身的“绿色”行为只是起点，上下游企业必须共同参与，只有实施绿色协同、树立绿色理念、践行绿色行为，通过理性合作才能实现最终产品的绿色。这种“绿色协同”不仅为企业获得稳定的成长环境打下坚实的基础，而且使整个链条处于有利的竞争态势，链上企业也能从总体成本的降低和整体效益的提升中分享“绿色收益”。反过来，无论产业链的哪一环节出现环境问题，从长远来看，都将影响链上企业的成本和收益。产业链上任何企业的“非绿色行为”都可能引发环境风险，而环境风险具有长期性和传递性的特点，一系列环境隐患会沿着产业链传导，轻则使成本上升，重则直接造成产品缺陷，进而影响消费者对产品质量的评价。更为严重的是，“非绿行为”一旦遭到曝光，就会引起整个链条的动荡和连锁反应，导致品牌竞争力下降和企业价值缩水，链上所有企业的经济利益和社会形象皆会受损。从企业角度看，上下游企业在绿色约束下日益捆绑成为一个利益共同体，必须联结紧密、协调一致实施绿色行动，不容出现任何“绿色短板”。在特定产业链中，每一个参与企业都有自己的位置，都在为产品顺利进入市场发挥作用并做出贡献。可以说，企业个体行为对整个产业链的稳定运营，以及链上所有企业的成本和收益都有着直接影响。因此，在研究木地板制造企业的绿色成长时，应当从产业链视角探寻其绿色动力来源和作用机制。

其次，由产业链串联起来的各个行为主体与木地板制造企业之间存在着各种利益关系，进而对木地板制造企业的绿色行为施加影响，这种行为主体之间的关系本质上是一种“博弈”。因此，有必要对木地板制造企业与产业链上下游企业、产业内企业、消费者、政府，以及服务支持机构的关系进行梳理和研究，探索它们在行为博弈中是如何影响木地板制造企业绿色成长的。

综上所述，产业链及其环境对于研究木地板制造企业的绿色成长至关重要。只有抓住“产业链”这个关键线索，才能更好地厘清企业在绿色成长中需要面对的各个主体，需要处理的各种关系，乃至隐藏在背后的各种影响因素。因此，研究制造企业的绿色成长问题离不开产业链及其环境的支撑，从产业链视角出发梳理影响制造企业绿色成长的关键因素、典型关系不仅必要，而且可行！

本研究突破了以往更多从企业自身角度研究问题的局限，提出必须抓住“产业链”这个“纲”来研究企业绿色成长问题的思路，探寻产业链环境下木地板制造企业实现绿色成长背后的动力机制与行为机制，为推进木地板制造企业乃至其他制造企业的绿色成长提供有价值的理论与实践依据。

针对产业链环境下木地板制造企业绿色成长机制问题的研究，本研究将聚焦于以下五个方面。

①木地板制造企业绿色成长的产业链环境现状分析。

②木地板制造企业绿色成长影响因素的识别与分析。

③木地板制造企业的绿色成长动力及其评价。

④木地板制造企业绿色成长的动力要素、动力机制及作用机理分析。

⑤木地板制造企业绿色成长的行为博弈机制分析。

上述问题是本研究所要探寻的核心问题。本研究将立足于企业成长的相关理论，进一步拓宽视野，把研究企业绿色成长的视角从单一企业拓展到产业链及其环境，探讨基于产业链视角的木地板制造企业绿色成长机制问题。

1.2　研究目的与意义

当前，我国经济已进入"新常态"，社会对经济发展质量提出了更高的要求，"绿色化"成为发展新阶段的必然选择。针对面临空前挑战与压力的木地板制造企业，绿色成长不仅是"提质增效"的核心任务，也是实现可持续成长的有效路径。因此，探索产业链环境下木地板制造企业的绿色成长的机制问题，具有较高的研究价值。

1.2.1　研究目的

在绿色发展引领我国制造业转型升级的时代背景下，以木地板制造企业的绿色成长问题为研究对象，把研究视角从单一企业拓展到产业链及其环境，力图通过系统研究木地板制造企业绿色成长机制问题，为推进木地板制造企业以及其他类型制造企业实现绿色成长提供有价值的参考和借鉴，也为政府部门制定相应政策提供决策依据。研究目的主要包括以下四个方面。

①识别出影响木地板制造企业绿色成长的因素，为进一步分析企业绿色成长动力来源及动力机制和作用机理奠定基础。

②建立评价指标体系并对木地板制造企业的绿色成长能力进行实证评价，以全面把握木地板制造企业绿色成长的现状，为开展研究和制定相应政策提供依据。

③探究木地板制造企业绿色成长的动力机制，并应用系统动力学方法进行解析和验证，为制造企业开展绿色实践提供行动指引和有益的参考借鉴。

④归纳出产业链环境下各相关主体之间的博弈关系，通过构建博弈模型、进行博弈以搞清木地板制造企业绿色成长的行为机制，为政策建议提供支撑。

1.2.2 理论价值

理论价值主要表现如下。

①基于当前绿色发展的宏观背景，把企业“成长”与“绿色”结合起来，研究视角也从单一企业拓展到产业链及其产业环境，探究产业链环境下木地板制造企业的绿色成长机制，对于构建产业链环境下木地板制造企业绿色成长问题的研究框架奠定基础，开拓性地提出研究企业成长问题的一种新思路。

②引入“产业链”作为研究木地板制造企业绿色成长机制问题的线索，使企业之间纷繁复杂的关系清晰起来，有利于为识别木地板制造企业绿色成长影响因素，探索木地板制造企业绿色成长动力机制、行为博弈机制找到研究的切入点，拓展了原有的产业链问题的研究范围，对于丰富和完善产业链理论具有理论意义。

③构建了木地板制造企业绿色成长动力评价模型并进行实证评价，运用系统动力学、博弈论等理论与分析方法对产业链环境下木地板制造企业绿色成长动力机制、行为博弈机制进行解释与验证，拓展了上述研究方法的应用范围，丰富了企业成长问题的研究方法。

1.2.3 实践意义

实践意义主要表现在以下几个方面。

①选择木地板制造企业的绿色成长问题作为研究对象，在识别木地板制造企业绿色成长影响因素的基础上，进一步探索产业链环境下木地板制造企业绿色成长的动力机制、行为博弈机制，研究成果不仅可以为木地板制造企业顺利实现绿色成长提供行动指引，而且可以为其他类型制造企业的绿色成长提供有益的参考借鉴。

②实证研究部分为企业的管理者和决策者制定科学的战略规划与管理措施提供实践支撑；该部分提出的促进木地板制造企业绿色成长的一系列对策建议，可以为我国各级政府职能部门制定有针对性、前瞻性的政策提供决策依据；也可以为制造企业树立绿色理念、实施绿色战略和实施绿色行为提供有益参考。

③突破了以往从单一企业的视角研究企业绿色成长的局限，开拓性地把研究视角拓展到产业链及其环境的范围中，特别是在探索绿色成长行为博弈机制的过程中，把木地板制造企业及其上下游企业作为一个整体进行分析，研究成果对于产业链、价值链、供应链等相关理论的实际运用具有借鉴作用。

1.3　研究现状

工业化进程的加速对环境造成的压力越来越大，企业如果延续传统的高投入、高消耗、高污染、低效率的粗放型经济增长模式必然导致资源短缺、生态恶化等一系列环境问题。破解难题的关键是树立可持续发展理念、实施绿色转型升级的发展战略。作为现代经济社会的微观主体——制造企业如何重视自身发展过程中的环境问题，进而实现“绿色成长”，不仅关乎企业自身，也影响着社会经济发展的规模和速度。

1.3.1　关于绿色成长相关概念内涵的研究

研究制造企业的绿色成长机制问题首先要从概念界定入手。把握绿色成长的内涵离不开可持续发展与绿色增长的发展背景。

世界经济与工业化的迅猛发展，环境问题日益凸显，导致“生态危机”逐步加剧，环境保护与经济发展之间的关系受到广泛的关注。在此背景下，可持续发展的思想逐步形成。1987 年，“可持续发展”（Sustainable Development）的概念正式出现，并被视作解决环境问题的有效途径之一。可持续发展被定义为“既满足当代人的需求又不危害后代人满足其需求的发展”，这一定义揭示了“发展、协调和持续”的本质，在国际上迅速取得共识，从而在理论上明确了保护环境与发展经济是相互联系、互为因果的。在实践中，环境可持续主要指企业生产经营对环境的影响，是可持续发展的基础和重点（胥睿等，2018）。

绿色增长（Green Growth）的概念发端于20世纪60年代的绿色运动与改革（Murgai，2001）。此后，绿色增长的理念在世界范围快速传播，成为全球研究和实践的热点。Colby（1991）指出绿色增长是环境保护的“积极版本”。UNESCAP①（2005）提出把“绿色增长”作为可持续发展的主要战略。2011年，OECD②在《迈向绿色增长》报告中对“绿色增长”进行了重新定义：“在确保自然资产能继续提供人类福祉所需的资源和环境服务的同时，促进经济增长和发展”。Mineral等（2012）认为绿色增长是一种环境战略，旨在实现经济增长与资源消耗的绝对脱钩。王有捐和林卫斌（2011）认为绿色增长指的是保持环境友好式的经济增长，同时也是转变工业发展方式、实现节能减排的重要保障。

综合来看，传统产业经济是一种损耗式经济，没有考虑生产过程中对环境造成的影响（李健和刘帅，2019）；绿色制造是一种实现社会可持续发展的先进制造模式（李洪伟等，2008）。与传统发展模式相比，绿色增长是“绿色”与“增长”的有机统一，强调经济和环境协调发展，在追求经济增长的同时也注重环境保护和资源节约，是一种符合可持续发展理念的新型经济发展方式。

工业化的急速推进使绿色增长一词的应用范围逐渐扩大，其主要应用从宏观领域拓展到微观企业。企业绿色增长（Green Growth of Enterprise）的概念最早是在1984年世界环境管理工业会议上提出的（唐谷文等，2019）；认为全球日益严峻的环境问题产生的根源是各国的企业，企业也是解决环境问题的重要力量。为了实现企业的永续发展，企业必须放弃危及企业生存和发展的不文明生产方式（刘帮成和姜太平，2000）。蒙应龙（2014）提出企业是

① UNESCAP：联合国亚洲及太平洋经济社会委员会。

② OECD：经济合作与发展组织。

践行国家绿色增长模式的基本单元，同时也是绿色增长的最佳实践者。赵奥和张敏（2018）认为绿色增长模式指工业企业通过一系列环境治理活动达到节能降耗的目的，并指出绿色增长模式对于工业企业的成长至关重要，也关乎整个产业的可持续发展。陈兴红（2018）指出绿色增长会促进企业的成长，企业成长也会对绿色增长产生反馈作用；企业实施绿色增长战略将推动社会继续走可持续发展道路。

随着经济增长模式由传统粗放型向绿色增长型的转变，“绿色增长”正在被越来越多的制造企业所采用。由此，更为贴合微观企业的“绿色成长”一词的使用频率逐渐上升。据中国知网检索结果显示，汪锋（1998）在其研究中首次使用了“企业绿色成长”。之后，特别是在2010年以后，该词的应用次数大幅增加，也多指向“企业”。解晓磊（2011）、杨帆（2017）、李华晶（2017）、杨栩和廖姗（2018）、李玲和王小娥（2018）等学者的研究成果中均出现“绿色成长”或“绿色化成长”的表述，但都没有给出明确的定义。孙凌宇（2012）以资源型企业的绿色转型成长问题为研究对象，提出从资源环境绩效、经济绩效、商业绩效和社会绩效四个方面衡量企业的绿色转型成长。陈兴红等（2015）指出企业绿色增长模式与企业成长具有动态的交互作用机制，随着绿色增长模式的实施，二者进入良性互动发展模式。

目前，应该如何界定企业的绿色成长仍没有形成一致的观点。与此同时，和绿色成长密切相关的“低碳成长”“生态化成长”等概念也在同步使用。王智宁等（2011）、郭元珍和孙雅（2014）将低碳特征与企业成长相结合，把企业的低碳成长定义为“企业以低能耗、低排放、低污染为基本特征，在市场竞争中持续存活、由小到大、由弱变强的发展过程”。王鑫（2015）提出了企业生态化成长的概念，认为企业生态化成长是一种积极的企业环境战略，强调企业成长应与自然生态系统相协调，按照生态化的要求调整企业行为，实现资源利用效率最大化和废弃物排放最小化，通过持续提升竞争优势赢得企业的成长。

通过对与绿色成长相关或相近概念的梳理，本书认为企业的绿色成长将“绿色”和“成长”两个要素相融合，在本质上，绿色成长是兼顾企业经济与生态环境的成长，是能够促进经济、社会和环境相互协调统一和可持续发展的企业新型成长方式。

1.3.2 关于企业绿色成长影响因素的研究

Berry（1998）认为政府、客户、员工和竞争对手的压力推动企业向积极主动的环境管理转变，而采用积极环境管理战略的公司会变得更有效率和竞争力。李建钢（2014）指出企业成长是企业内部和外部多种因素综合作用的结果，政府、市场、竞争对手，以及政策、市场需求、市场竞争、科技进步、联盟合作等外部影响因素是创新型企业成长的催化剂。Bansal 和 Roth（2000）以英国及日本 53 家公司的数据为基础，提出竞争力、合法性和生态责任是导致企业生态响应的三个主要因素。朱庆华（2008）通过因子分析法识别出企业对法律法规的意识、环境策略、供应链压力、市场需求和绿色活动成本等是影响企业绿色供应链管理的压力/动力和实践的主要因子，并指出绿色供应链管理已经成为企业提高竞争力的有效手段。郝祖涛（2014）采用“熵权决策模型”对 30 家企业进行了统计，提出企业预期收益、环境规制、生态环境、产业集群的网络特征以及企业社会责任是影响资源型产业集群中企业绿色行为决策的关键因素。蒋雨思（2015）认为需求压力、竞争压力、政策机会、需求机会、竞争机会的感知对企业绿色绩效都有促进作用。曾江洪等（2020）指出环境规制中的命令控制型政策工具、需求拉动因素中的国际市场拉动、供给推动因素中通过 ISO14001 认证的企业因素都是影响企业进行绿色创新的关键因素。

有些学者就某一影响因素展开研究，归纳研究成果如下。

（1）政府政策因素

Scott（1995）指出，制度环境包括认知环境、规范环境以及规制环境，对于社会经济活动具有激发、引导和限制作用。陈劲（1999）指出政策法规是推动企业绿色技术创新的首要激励。Bansal（2005）研究发现，制度因素会影响企业的可持续发展，特别强调了“媒体压力”的促进作用。2010 年以后，学术界对政府政策因素的研究成果日渐丰富。李先江（2014）提出企业可以通过提高环境洞察能力以更好地了解和掌握政府相关绿色支持政策来促进企业成长。倪嘉成等（2015）指出政府采购可以创造“绿色商机”，推动传统企业向绿色企业转型。张红等（2018）研究发现政府通过财政补贴政策可以有效激励制造商提高产品的绿色度。Wang等（2018）指出政府是刺激经济活动和追求环境保护的中心角色，通过环境政策工具来影响企业的环境行为。侯建和陈恒（2018）认为政府在提升环境规制强度的同时，通过提供优惠政策支持来减少企业绿色创新的成本负担。邹志勇等（2019）基于企业真实数据进行了实证分析，得出了政策激励在企业绿色行为与绿色绩效之间起到正向调节作用的结论。Zhai和An（2020）指出环境规制作为一种环境治理工具，对制造业的绿色转型产生了重要影响。

（2）环境标准因素

在环境标准对企业绿色行为的影响研究方面，Rennings等（2005）、Arimura等（2007）、李洪伟等（2008）、郭彬等（2015）、任胜钢等（2018）、Achim Voss（2018）通过各自的研究发现，ISO14001环境管理体系可以约束企业的环境行为，并且通过提高原材料和能源的使用效率以节约生产成本、实现节能减排；另外，严格的或适时调整的标准对于企业绿色创新具有显著正向作用，有利于企业开发绿色产品。刘学敏和张生玲（2015）认为企业难以自动实现绿色转型，内在利益驱动和外部技术标准压力促使企业实现绿色转型。邵利敏等（2018）研究发现环境规制是通过约束企业污染性行为，以及督促其污染、破坏后的生态治理两种方式来倒逼企业进行绿色创新。唐勇军和李鹏（2019）指出环境政策是企业环境行为的重要驱动和约束因素，环境行政监管能有效促进企业绿色成长。

（3）市场需求因素

付维宁（2003）认为绿色消费市场是促使企业实施绿色经营和可持续成长战略的经济动因。在研究消费需求变化对于企业生产行为的影响方面，徐和平和孙林岩（2003）、郭斌（2014）都指出绿色市场需求是推动制造商不断创新、实施绿色制造的原因和根源之一。钟茂初（2015）指出市场需求偏好具有“低消耗、低排放、减量化”等特征的商品时，必然引导企业生产行为也朝着“产业绿色化”方向转变。李玲等（2018）依据“需求影响和改变供给”理论，提出绿色消费需求的提升可以促进生产结构的调整，以及增加绿色产品的市场容量。

（4）企业竞争因素

Asane - Otoo（2016）的研究表明，随着行业内企业数量的增加，行业内的竞争会趋于激烈，进而可以激发技术创新动力，弥补投资成本，与此同时也会相应提高绿色创新技术绩效。Horbach（2012）认为节约成本是企业进行绿色技术创新的一个重要动机，可以减少能源和材料使用。李凤欢（2013）指出外部竞争压力转化为成长动力，从而推动企业开展新产品开发、工艺改造等多方面活动。李晓英（2013）的调查显示，绿色绩效好的企业的绿色实践主要受竞争因素的驱动。彭妍和岳金桂（2016）的研究结论表明，不论是环境表现良好或较差的企业，环保投资对于企业财务绩效的促进作用非常明显。范宝学和王文姣（2019）提出环保投入有利于树立“绿色企业”形象，获取利益相关方的信任和支持，从而促进财务绩效的提高。廖中举等（2016）、陈柔霖和田虹（2019）认为，获取关键绿色技术、实现技术领先是企业实现绿色转型的关键；企业增加研发投入实施绿色创新行为，可以使企业获得创新补偿，在弥补成本劣势的同时获取绿色竞争优势。

（5）技术创新因素

于雪莲和朱和平（2006）认为，技术创新和应用能力来源于企业进行研究开发和其他技术性活动的智力资本，不仅表现在拥有知识和技术，更重要的是把知识、技术运用到生产、经营中，提高竞争能力方面的力量。Jänicke（2012）在介绍绿色增长最佳实践案例的基础上，提出环境和资源节约技术的迅猛发展是企业绿色成长的关键因素。吴丹（2015）的研究表明，企业现有的技术水平会影响企业的获利能力和发展潜力。作为企业盈利的手段，技术可为企业创造利润。解学梅等（2019）从清洁生产和末端治理两个维度分析绿色工艺创新对企业财务绩效的细分效应，指出二者对财务绩效均有积极影响，但末端治理技术创新不能控制污染源头，对财务绩效的提升相对不足。任胜钢等（2018）认为，研发投入在促进企业绿色创新过程中发挥了非常关键的作用。杨冬云和谢

杨（2019）的研究也验证了绿色创新能力与企业环境绩效之间呈现显著正相关的结论。Zhao 和 Guo（2020）通过实证研究，指出企业的技术绿色创新能力，包括研发能力、转化能力和学习能力等，都对于企业成长非常重要。

总之，国内外学者从不同角度对影响企业绿色成长的因素进行了积极的探索，一类学者提出了“综合”性的观点；另一类学者则就某一影响因素展开深入的研究。这些研究在揭示影响企业绿色成长因素的过程中对企业绿色成长的本质有了更为深刻的理解。他们都认同“外部环境”因素会对企业的绿色成长产生影响。

1.3.3 关于外部“网链”环境与企业绿色成长的研究

随着技术创新的复杂性和竞争环境的风险性不断加剧，在“开放—创新—成长”的经济背景下，企业凭一己之力已很难取得长效发展（袁腾和王国红，2013）。蒙丹和姚书杰（2016）认为企业成长是对外部环境的适应性调整，网络化正成为企业成长的重要手段。Hagedoorn 和 Schakenraad（1994）提出跨越组织边界的组织间关系网络、战略联盟或合作研发是企业建立竞争优势的重要一环。王丽平（2011）以科技型新创企业成长为研究对象，认为外部科技机构支持可以提升企业内部技术管理能力，从而推动企业的可持续成长。郭承龙和张智光（2011）的研究发现践行林纸一体化的企业其“动力”来自联合总投入较单个企业投入之和要低得多，同时还可以获得环境利益、企业形象等无形利益回报以及政府的优惠财税政策。孙凌宇（2013）提出产业园区内的每个企业都是整个企业网络中的一员，企业之间互为补充和支持以从整体上降低对资源环境的压力。

在研究产业集群与企业绿色成长的关系方面，张立和陈伟鸿（2007）提出企业集群是企业成长的重要方式，集群中企业的健康成长是集群向更高层次演进的基础。Cai 和 He（2011）提出在低碳经济背景下，循环型产业集群模式是实现绿色增长的最佳途径。

很多学者对绿色供应链与企业绿色成长的关系进行了研究。Wong 等（2012）、Dai 等（2014）通过各自的研究发现，供应商的绿色管理能力和实践对于制造商绿色运营及绩效改善具有重要影响；Zhu 和 Sarkis（2012）、程宇航（2013）、Dai 等（2014）均关注到市场竞争由单个企业转向供应链之间的竞争的趋势，面对环境压力可持续发展要求，他们也提出了打造绿色链条、实施绿色供应链管理（GSCM）成为制造企业重要的环境战略。周鹏飞等（2014）对实施绿色供应链进行了系统仿真研究，证实加强绿色供应链管理有助于节能减排。Dai 等（2014）、方陈承和张建同（2017）的研究结果证实了绿色供应链管理与企业绩效之间的正相关关系，指出某一企业（供应商）不良的环境管理行为会对该企业所在供应链造成形象和声誉等方面的消极影响。刘莹等（2017）、刘会燕和戢守峰（2017）提出环境压力促使企业研发绿色产品，供应链成员积极采取横向联合、共同攻关等协同合作方式来应对环境压力，实现整个链条的竞争优势。

以上学者的研究成果表明企业自身能力与内部资源并非构成企业绿色成长的全部决定因素，外部环境，特别是企业“网链”环境对企业的绿色成长具有重要影响作用。

1.3.4 关于企业绿色成长机制的研究

关于企业绿色成长动力的来源。赵永亮和倪自银（2006）在对中小企业可持续成长动力的研究中指出，成长动力是环境激励作用于成长需求后出现的结果。焦彦东等（2013）认为，企业成长的核心问题是动力问题，即哪些因素是主要动力源。陈艳春等（2012）、赵敏等（2019）把绿色成长动力划分为内部动力与外部动力，内部动力主要包括企业增加相关投资和采取新技术；外部动力主要包括政府行为、强制性政策、环保法规、环境压力和市场拉动等。赵大伟（2012）认为政策激励、需求动力、供给动力、技术创新、专业分工构成了绿色农业发展的外部推动力。李锐等（2014）、曲永军（2014）都肯定了政府行为（如产业发展规划、政策法规的制定）对企业成长的引导和推动作用。此外，一些学者有关“绿色动力”的研究成果也对本书的研究具有重要的借鉴意义。李洪伟等（2008）、田红娜（2012）、Lewandowska（2016）都对企业进行绿色产品开发、绿色工艺创新等绿色创新活动的动力来源进行了研究。针对企业绿色转型的动力来源，李昆和彭纪生（2010）、董秋云（2017）均提到外部压力会推动企业的绿色转型。归纳上述研究成果，认为企业绿色效益是“发动机”；而外部动力主要来自绿色需求、市场竞争、环境法规、环境准入制度、绿色补贴和税收优惠，以及企业间的交流等。

关于企业“绿色动力”机制的研究现大致总结如下。在中国知网以“企业绿色成长动力机制”为主题进行检索，没有发现相关文献，扩大到“企业绿色动力机制”，共检索到30篇文献。胡忠瑞（2006）认为市场需求是绿色技术创新外部诸动力中最根本的拉动力，同时还对市场竞争、科技发展和政府的支持有着较强的影响。张光宇（2010）指出在企业绿色技术创新动力机制的运作过程中，企业利益驱动力起着核心和枢纽作用。田红娜（2012）研究发现企业间的交流加强了产业内部创新资源的交换；企业间竞争迫使企业为获取市场主导地位不断进行绿色工艺创新。熊素莹（2017）以绿色供应链为研究对象，发现实施绿色供应链管理强化了上下游合作，促使企业积极调整内部环境管理去适应外界市场的变化。李怡娜等（2017）指出企业与供应商进行绿色协作，通过供应链合作模式优化企业的绿色生产，降低成本，获得竞争优势，满足绿色消费需求，为企业赢得长远发展。杨朝均等（2018）利用系统动力学模型，从绿色创新的技术推动力、市场拉动力和环境管制推动力三个方面，构建了开放经济下工业企业绿色创新动力传导机制。赵敏等（2019）指出企业绿色责任的动力机制是内部动力和外部动力共同作用的结果。增加研发投入可以从根本上解决企业资源和环境问题，是提高企业绿色责任水平较为有效的途径之一。

关于企业绿色成长行为机制的研究。张笑楠（2014）指出，同质企业处于产业链的相同或相近位置，它们之间存在既竞争又合作的关系，某一企业出于对成本、技术条件和人才等因素的考虑所选择的技术策略也会对其他企业产生深远影响。运用演化博弈理论，构建了同质企业技术成长模式选择的复制动态模型，分析了其技术成长模式选择的动态演化过程。白世贞等（2017）指出生产企业与消费者之间构成了一种博弈关系，需要不断获取对方的信息、不断进行调试才能寻求到最优策略。曹娣（2019）认为企业实施绿色行为的过程就是企业与政府部门之间的博弈过程。于丽静和陈忠全（2018）

通过构建物流企业群体、政府监管方和消费者群体的三方博弈模型，发现绿色创新补贴、专项资金投入和碳税征收对绿色创新扩散和绿色消费选择均产生正向促进作用。

综合来看，学者关于企业绿色成长机制的研究成果为本研究提供了参考。

1.3.5 关于企业绿色成长力评价的研究

围绕企业有关绿色成长评价的研究，国内外许多学者在评价指标体系的构建、评价指标权重的确定等方面进行了积极的探索，不少学者还完成了基于企业真实数据的实证研究。

环境业绩指企业通过调整、控制生产经营活动，在环境保护、污染治理、清洁生产等方面取得的成果。环境管理行为在影响环境业绩的同时，也会对企业的财务造成影响，因此环境业绩评价指标体系包含财务指标与非财务指标（康玲和李卉，2017）。阮渝生（2003）针对如何构建绿色营销绩效评价指标体系，提出绿色营销的产出既要追求企业利润、市场占有率等市场目标，又要实现设定的社会绩效、环境绩效等目标。

学者在如何构建有关企业绿色成长的评价指标方面开展了大量研究工作并提出了各自观点。叶会和谢诗蕾（2012）提出总资产增长率、营业收入增长率、净利润增长率和可持续增长率等指标可以用于度量创业板公司的成长性。李海超和衷文蓉（2013）以高新技术企业为研究对象，建立了包含财务实力、市场竞争力、研发实力、新产品竞争力 4 个维度在内的企业成长力评价指标体系。史学家（2014）指出较强的获利能力是企业保持持续成长的基础，主营业务利润率、净资产收益率、资产回报率、每股收益等指标都是可选用的指标。吕庆华和龚诗婕（2016）提出企业成长能力评价指标包括发展能力、盈利能力、偿债能力、产品竞争能力、营运能力和风险调控能力等。张熠和王先甲（2017）、谢赤等（2018）建立在低碳背景下的企业成长性评价体系时，提出研发经费投入强度、（低碳）专利拥有数量、研发人员占比等指标可用来衡量技术创新能力。

在绿色供应链中经济效益已经不再是单一的评价指标（张平和吴春旭，

2005）。向中华（2012）将灰色综合评价方法应用于森林木质地板生态产业链的优化评价，从生态经济效益、特征、健康等角度构建了生态产业链的评价指标体系。

在评价方法上，学者采用层次分析方法、TOPSIS法、熵值法、模糊综合评价法、突变级数法等多种评价方法进行实证分析。赵涛（2010）基于灰色关联分析的评价模型从财务角度对绿色供应链的经营效益和管理业绩进行了评价。袁腾等（2014）建立了企业成长评价指标体系，利用DEMATEL方法分析各指标的关联性和依赖度。王丽平和许娜（2011）、刘振元等（2017）认为企业可持续成长系统是不稳定的非线性系统，“熵”是用于企业成长力评价的一个理想尺度。

通过对上述研究成果的归纳可以得出两点启示：一是在对企业绿色成长进行评价时除了关注企业经济绩效外，还应考虑企业经营活动中的生态和社会效益；二是充分重视与企业相关的各种“链”在企业绿色成长中的作用。

1.3.6 相关研究成果述评

综上所述，国内外许多学者从不同视角对企业绿色成长相关研究领域进行了广泛探索，对企业绿色成长的影响因素、企业绿色成长评价、企业绿色成长动力与行为机制等方面的研究取得了一些具有借鉴意义的成果，这些成果为系统开展本研究提供了理论支撑和富有启发性的思路。但是目前针对制造企业绿色成长机制的研究仍然处在探索阶段，尤其是对于木地板制造企业的绿色成长机制问题，以往的研究鲜有涉足，有待进一步深入研究。本书通过对已有研究成果的梳理，发现主要存在以下三个方面的不足。

（1）研究系统性尚需完善

目前学界对于制造企业绿色成长机制的研究尚未建立起较为完善和成熟的研究框架。现有关于绿色成长（发展）的研究文献大多集中在区域、产业等层面，涉及微观企业、特别是木地板制造企业的研究极为罕见。当前的研究更缺乏系统性分析，重复性研究较多，机理性研究则明显缺乏。因此，对于制造企业如何实现绿色成长的指导意义不足，还需要对于木地板制造企业绿色成长的影响因素、作用机理、成长动力与行为机制等问题进行深入的研究和探讨。

（2）研究内容不够深入

目前的研究成果主要是侧重于对企业绿色成长问题的某一方面的部分内容展开研究，但研究内容较为零散，系统性、综合性研究相对较少，缺乏对于一些深层次问题的挖掘与分析，尤其是当前的原创性研究成果匮乏，无法满足现实需求。特别是在当今社会面临资源、能源和环境等多重压力的背景下，制造企业正处于绿色转型和需求持续成长的关键时期，企业绿色成长的影响因素、作用机理、成长动力与行为机制，以及特殊性问题和新问题亟须进行实证研究和深入探讨。

（3）研究视角较为单一

制造企业绿色成长问题涉及多学科、多主体、多领域，具有系统性、复杂性的特点。目前已有相关成果大多是从单一企业视角进行分析研究，对于企业面临的成长环境，尤其是与产业链上下游企业之间的关系研究较少，研究方法也较为单一；对“绿色”的特殊性挖掘不足。研究制造企业绿色成长问题需要跳出传统思维，鉴于“绿色”要求的特殊性，相关的研究不能仅局限于企业内部，需要更多地考虑企业成长环境及其与相关主体的互动关系来探索企业绿色成长机制。而目前从产业链视域针对企业绿色成长进行系统性研究的文献尚不多见，这也为本研究的开展留出了空间。

总之，针对以上研究存在的不足，在汲取前人研究成果的基础上，本书力争在研究框架、研究内容、研究方法等方面有所突破，为制造企业的绿色成长机制问题研究初步构建起一个分析框架，为处于绿色经济背景下的制造企业如何更好地实现绿色成长提供理论支撑与实践依据，这也是本书的学术意义和应用价值之所在。

1.4 研究思路

本书以企业网络化成长理论和企业环境责任理论为支撑，引入“产业链”

这个关键要素作为研究的切入点和抓手，对产业链、产业链环境等概念进行原创性的思考并重新界定，特别是提出把制造企业个体所处的产业链环境划分为三个层次：最内层的“核心层”——主要指上下游企业之间的关系；中间层的“竞合层”——主要指产业内企业的关系；最外层的“支撑层”——主要指产业政策、配套服务、区位条件、消费需求等一系列支撑环境，从而使企业面对的各种错综复杂的关系变得清晰起来。基于此，本书在继承前人理论研究成果的基础上，提出总体研究思路：从影响企业绿色成长的关键因素和影响企业绿色成长的主体行为两方面入手，研究木地板制造企业绿色成长动力机制和行为机制。

首先，关于木地板制造企业绿色成长动力机制的研究思路：在调查木地板制造企业绿色成长的产业链环境现状的基础上，运用DEMATEL方法提炼出影响其绿色成长的关键因素；从影响因素中提炼评价指标并构建评价指标体系和评价模型对木地板制造企业的绿色成长力进行客观评价，既能作为现状研究的重要补充，有利于从定性和定量两方面把握总体现状，又能从企业自身出发及时发现企业绿色成长中存在的问题。在此基础上，借助系统动力学方法探索木地板制造企业绿色成长的动力机制及其作用机理。其次，关于木地板制造企业绿色成长行为机制的研究思路：梳理产业链及其环境中各行为主体之间的关系，归纳出典型博弈关系，运用博弈论方法探究木地板制造企业绿色成长的行为机制。

根据上述研究思路，本书进一步构建了基于产业链视角的“状态—动力—行为”（State - Dynamic - Behavior，SDB）分析框架，用于木地板制造企业绿色成长的动力机制与行为机制的研究。SDB框架的内容主要包括以下三部分：一是梳理并分析木地板制造企业所在的产业链环境现状和企业自身绿色成长现状，即“状态”部分；二是通过提炼影响企业绿色成长的关键因素，该框架可以很清楚地分析出企业绿色成长动力、经动力耦合作用形成的动力机制，进而运用系统动力学方法去探索和解析企业绿色成长机制的作用机理，即“动力”部分；三是分析企业的绿色行为受一系列“动力因素”的影响，即企业的绿色动力驱动企业的绿色行为。同时，产业链上下游合作伙伴、产业内企业、服务支持机构、消费者以及政府等相关主体行为影响着企业的绿色成长，他们之间构成一种博弈关系。本书通过博弈论方法对其中典型的博弈关系进行分析，可以较好地把握各主体间相互作用的复杂关系，即“行为”部分。分析框架的逻辑过程如图 1－3 所示。

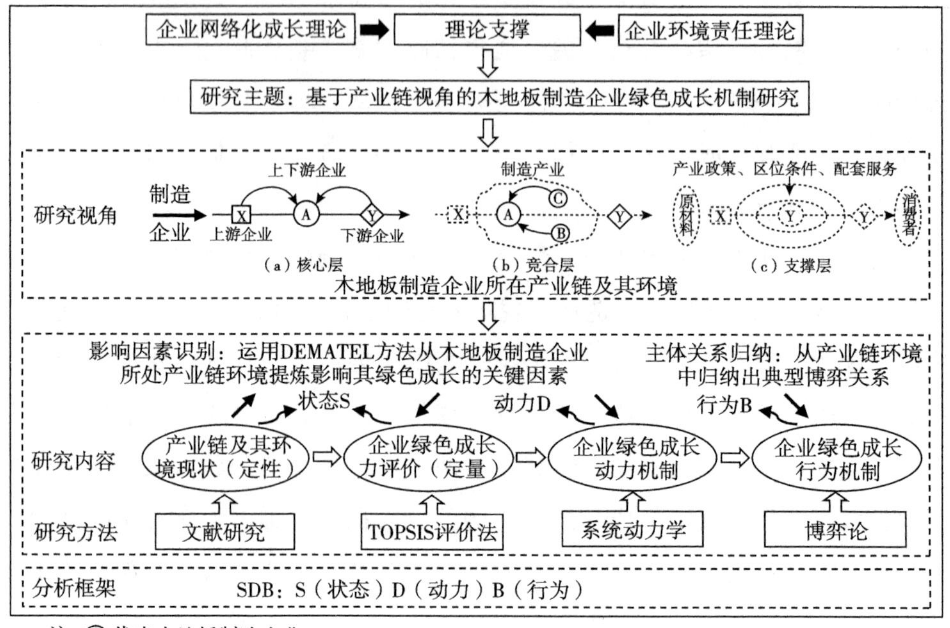

注：Ⓐ代表木地板制造企业。

图 1－3　分析框架的逻辑过程

本书提出的 SDB 分析框架易于理解和使用，完整地展现了基于产业链视角的木地板制造企业绿色成长机制问题的分析思路，据此开展研究并得出相应结论，可以为推进木地板制造企业，乃至其他类型制造企业的绿色成长提供理论参考和实践借鉴。

1.5　研究内容

在绿色发展引领我国制造业转型升级的时代背景之下，紧抓“绿色”与“成长”相融合的企业绿色成长问题，选取传统制造业中的典型代表——木地板制造企业作为研究对象，系统梳理国内外制造业企业成长理论的相关研究成果，引入“产业链”这个关键要素，把研究视角从单一企业拓展到产业链及其环境，对产业链环境下木地板制造企业的绿色成长机制进行系统研究。

研究内容主要包括以下六个方面。

①木地板制造企业绿色成长的产业链环境现状分析。首先，以产业链理论、价值链理论、供应链理论、纵向协作理论为指导，说明木地板制造产业链的构成与属性，梳理木地板制造产业链的演化，提出木地板制造企业的成长方向。其次，以产业链为线索，把握上游木材资源供应、木地板制造产业、下游绿色消费市场，以及产业政策与环境标准现状，分析其对木地板制造企业绿色成长的影响，明确木地板制造企业的绿色成长空间及环境约束情况。

②木地板制造企业绿色成长动力要素识别与分析。首先，建立木地板制造企业绿色成长影响因素识别的概念模型，借助 DEMATEL 方法识别出木地板制造企业绿色成长的影响因素。其次，选取代表性木地板制造企业运用灰色关联分析法验证绿色成长主要影响因素与企业成长之间是否具有关联关系。

③木地板制造企业绿色成长力评价。首先，构建木地板制造企业绿色成长力评价概念模型；其次，建立木地板制造企业的绿色成长力评价指标体系；最后，运用 TOPSIS 法、模糊综合评价法、专家打分法、文本挖掘法对四家木地板上市企业的绿色成长力进行定量评价。

④木地板制造企业绿色成长动力机制研究。首先，提出了基于“成长动力—动力机制—作用机理”的木地板制造企业绿色成长动力机制分析思路。其次，明确影响木地板制造企业绿色成长的关键动力，构建动力耦合模型并进行分析。再次，提出木地板制造企业绿色成长的动力机制构成，并应用系统动力学理论及方法对木地板制造企业的绿色成长机制进行诠释。最后，通过构建系统动力学模型完成模拟仿真验证并进行影响参数的敏感性分析。

⑤木地板制造企业绿色成长行为博弈机制研究。首先，对木地板制造产业链环境中的行为博弈关系和行为主体构成进行分析。归纳出产业内各木地板制造企业之间的行为博弈、木地板制造企业与上下游企业之间的行为博弈，以及产业链、政府和消费者之间的三方行为博弈三种类型。其次，运用复制

动态方程与演化稳定策略的研究方法，构建两人对称演化博弈、两人非对称演化博弈、无限次重复博弈，以及产业链、政府和消费者之间的三方行为博弈模型，并进行主体间的行为博弈分析。最后，提出增加消费者绿色需求、保证产业链绿色收益和提高政府监管效率的政策建议。

⑥选取典型木地板制造企业进行案例研究。以典型企业作为案例研究对象，仍以产业链为线索，分析其在产业链环境下的绿色成长情况。

总体上看，本书研究的核心内容包括木地板制造企业绿色成长的影响因素识别、绿色成长力评价、绿色成长的动力机制和绿色成长的行为机制研究四部分。上述核心内容紧紧围绕研究主题展开，各部分之间既有一定的独立性，又相互关联、逻辑关系清晰。其中，绿色成长的影响因素识别是研究的关键，在整体的研究框架中起到基础作用；从绿色成长的影响因素中提取评价指标对制造企业的绿色成长力进行评价，一方面，对现状定性研究的重要补充，形成了对木地板制造企业绿色成长现状的完整描述，是“影响因素识别”研究的深化；另一方面，也有利于及时发现企业自身在绿色成长中存在的问题，为后续“绿色成长动力机制”的研究提供支撑；绿色成长的动力机制与行为博弈机制的研究则是探索木地板制造企业绿色成长机制的“主体”研究部分，分别从“成长动力—动力机制—作用机理”的各个环节，以及各主体行为博弈关系开展研究并得出主要结论。

1.6 研究方法

1.6.1 文献研究法

本书认真收集国内外相关文献资料并进行挖掘、梳理、总结及动态跟踪，掌握研究现状及已有研究存在的不足，明确课题的研究方向和切入点。本书亦从前人研究成果中寻找课题的理论基础和方法借鉴，为开展相应的课题研究提供依据，也为构建本课题的研究框架、采用科学的研究方法提供理论参考和方法支撑。

1.6.2 数量分析法

在定性分析的基础上，力求建立多种数学模型进行量化研究，以提高分析的准确性和可靠性。例如，采用 DEMATEL 方法、灰色关联分析法等研究方法对于绿色成长影响因素进行识别和相关性分析；利用 TOPSIS 法、熵值法等对木地板制造企业的绿色成长力进行实证评价；运用系统动力学、博弈论方法构建模型，对木地板制造企业的绿色成长动力机制、行为博弈机制进行分析，从而为研究提供量化支撑。

1.6.3 实证分析法

本研究所依据的调研数据均来自中国统计年鉴、财经网站、研究报告等官方数据库和权威研究机构，同时引入“产业链”这个关键要素，对产业链环境下影响木地板制造企业绿色成长的产业现状及其发展趋势、原材料供应和消费需求变化情况、相关主体构成、关系及其行为等方面进行客观分析，并选取典型木地板制造企业作为研究案例，验证研究结论。

1.6.4 综合分析法

本书应用现代经济学、产业经济学、企业管理学、系统动力学、博弈论、协同论、循环经济和可持续发展理论和研究方法，注重理论与实践、宏观与微观、定性研究与定量研究相结合，引入“产业链”这个关键要素，把研究视角从单一企业拓展到产业链及其环境，构建了产业链环境下木地板制造企业绿色成长机制分析框架并进行了系统研究。

1.7 研究的创新点

（1）研究视角的创新

本书摆脱了以往从企业的个体角度研究企业成长问题的局限性，引入“产业链”这个关键要素，有利于明晰企业绿色成长过程中各种复杂的关系，使木地板制造企业绿色成长动力机制、行为机制的研究找到了切入点和抓手，从而把研究视角从单一企业拓展到产业链，扩大了产业链理论的应用范围，为研究企业成长问题提供了一种新的研究思路。

（2）研究内容的创新

本书对产业链、产业链环境等概念进行了原创性的思考并重新界定；引入“产业链”要素，明确提出“产业链间竞争”和“产业链内协同”两种“新”动力，使对木地板制造企业的绿色成长动力分析更加全面，也弥补了以往仅从企业个体角度分析的缺陷；构建了产业链背景下木地板制造企业绿色成长机制的研究分析框架，是对企业成长问题研究的丰富和补充。

（3）研究方法的创新

本书构建了木地板制造企业绿色动力耦合模型，运用系统动力学方法证明了绿色成长动力机制的合理性；构建了两人对称演化博弈、两人非对称演化博弈、无限次重复博弈，以及产业链、政府和消费者之间的三方行为博弈模型；创新性地提出产业链作为一个整体参与博弈的思考；运用博弈论方法对企业绿色成长中面对的各种行为关系进行了分析，拓展了上述研究方法的应用范围，丰富了企业成长问题的研究方法。

1.8 技术路线

本书依托现代经济学、管理学、博弈论、协同论、企业成长和环境责任的基本理论，运用文献研究法、数量分析法、实证分析法和综合分析法等研究方法，注重理论与实践、宏观与微观相结合，在调查木地板制造企业绿色成长的产业链环境现状的基础上，识别出影响木地板制造企业绿色成长的各种因素，建立评价模型，对木地板制造企业的绿色成长力进行客观评价，并试图从定性和定量两方面把握现状及问题。运用系统动力学和博弈论方法探索产业链环境下木地板制造企业绿色成长的动力机制和行为机制，进一步展开案例研究并进行验证，提出促进木地板制造企业绿色成长的相应对策建议，为培育和提升木地板制造企业绿色成长能力及政府部门制定相应政策提供参考依据。

主体论证部分形成了完整的"绿色现状—影响因素—绿色动力—绿色行为"的研究逻辑链条，分别就木地板制造企业绿色成长的产业链环境现状（定性）、企业绿色成长力评价（定量）、企业绿色成长影响因素（要素）、企业绿色成长的动力机制（驱动力）、企业绿色成长的行为博弈机制（响应）开展较为深入的系统研究。

本研究的技术路线如图1-4所示。

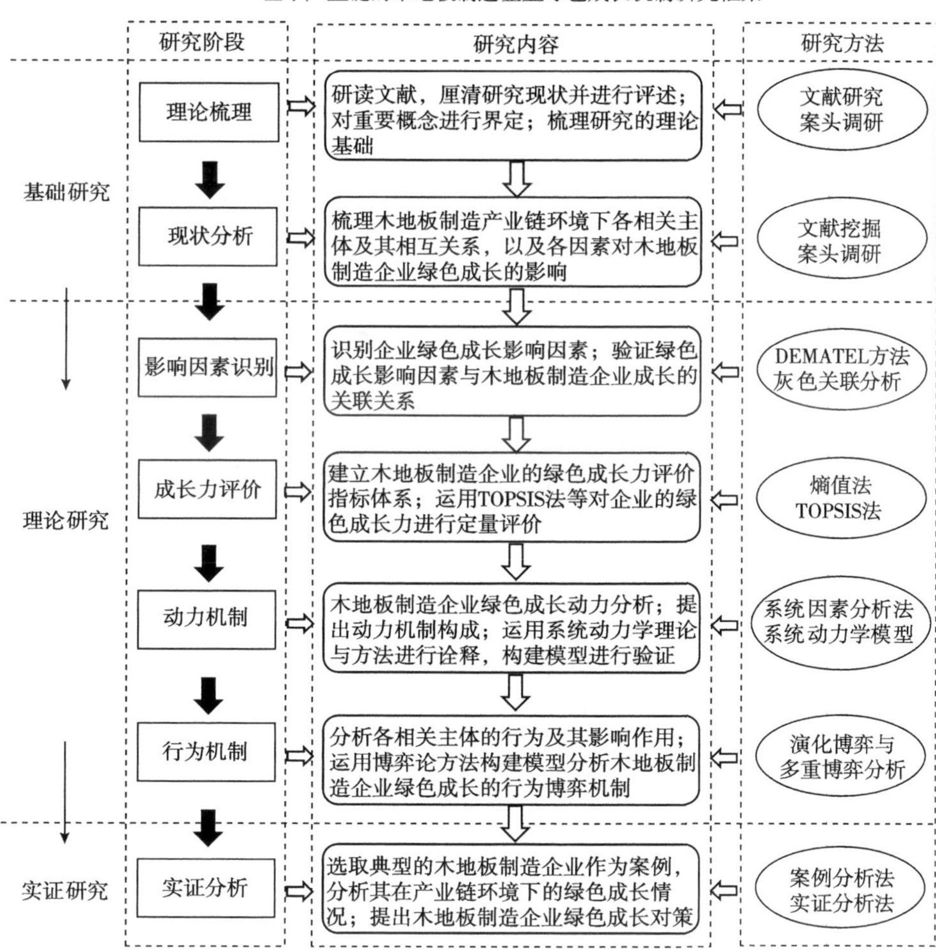

图1-4　本研究的技术路线

1.9 本章小结

本章对将要开展的研究进行了总体说明。首先从研究背景出发提出本研究需要解决的核心问题，明确了本研究的目的与意义；然后就研究现状进行了文献综述；进一步提出研究思路和分析框架；再之后介绍了主要研究内容、研究方法并提出研究的创新点；最后绘制了本研究的技术路线图。

2 相关概念、理论基础与主要研究方法

本章首先对本研究的重要概念进行了界定；然后通过系统梳理和归纳提炼，提出本研究的理论基础——企业网络化成长理论、企业环境责任理论；最后对主要研究方法及其应用进行综述。

2.1 相关概念及内涵

2.1.1 企业绿色成长

（1）企业成长

为更好地理解企业的绿色成长首先就要厘清企业成长的概念。《现代汉语词典》对“成长”一词的解释是向成熟的阶段发展。在生物学中，“成长”被用来解释有机体从小到大、由弱变强的发展机制和过程，也泛指事物从稚嫩走向成熟、从低级走向高级的发展演化过程。

关于企业成长的定义和内涵的理解在学术界持有不同的见解，尚未达成共识。一种观点是把企业成长看作企业增长，认为企业成长主要表现为企业规模的扩大。经济学之父 Smith（1776）基于“分工程度”从“量”的方面解释企业成长，指出单个企业的成长与分工程度正相关；认为分工的扩张可增加国民所得并促进国民消费，企业产品的市场容量随之扩张，从而促进企业成长。Mill（1865）认为企业资本量的大小决定着企业规模和成长。Marshall（1890）认为外部经济给企业成长提供了足够的市场空间。毛蕴诗（2002）认为业务规模的扩大代表了企业的“成长”。另一种观点则认为除规模扩大外，企业的成长还包括企业素质的提高。Coase（1937）认为企业成长

表现为企业经营规模的扩大和经营能力的拓展。Penrose（1959）认为成长过程的结果就是大规模化。在管理实践中产生的新知识提高了管理能力从而推动企业的成长。国内学者曾志伟（1999）指出企业的成长从量上来说指企业规模的扩大；从质上来说是企业效益的提高。李军波等（2011）认为企业成长是指企业在持续挖掘内外资源潜力的基础上所展现出的整体扩张态势。陈霞和马连福（2015）认为企业成长具体表现为规模的扩张和效益的增长。汪孟艳和陈通（2013）认为企业成长在“量”的方面体现为企业经营资源的增加，在“质”的方面则是变革和创新能力的提升。

综合以上学者的观点，本书同意企业成长本质包括量的成长和质的成长两方面，既有反映规模变化的“量”的成长，也有反映竞争能力增强、管理水平提高、经营条件改善等的“质”的成长。

本书认为，企业成长的内涵可定义为企业在复杂多变的环境中，在多种因素相互作用、相互影响、相互制约下，优化内、外部资源配置，不仅表现为“量”的增加，而且表现在“质”的改善。其中，“量”的成长表现在企业规模扩大、人员增加、资源增多、利润额上升等方面；而“质”的成长是企业管理效率的提高、竞争地位的增强和资源结构的改善。

（2）企业绿色成长

本书中的“绿色”特指环保、节能和可持续发展。木地板制造企业成长中的绿色主要体现在以下三方面：一是在生产过程中消除有害污染物的产生与排放，减少产品污染残留物对人体的侵害；二是有效使用和再利用木材资源，提高木材综合利用率；三是降低生产过程中的能源消耗，促进木地板生产企业效率的提高。其中第一方面对绿色的要求尤其关键。木地板属于家居类终端消费品，长期伴随人们的日常生活，一旦如游离甲醛一类的有害物质随着不合格产品流通进入消费环节，对人体健康的侵害将是长期的。因此，切实保障产品的绿色环保是对木地板产品最基本的要求。本书中提到的企业“非绿行为”指违反该类要求的环境不友好行为。

“成长”则表现为企业由小到大、从弱到强的演进过程。企业的绿色成长则反映了绿色与成长相辅相成的互动关系：企业是在“绿色”约束下去追求企业的“成长”；企业的“成长”则必须符合“绿色”要求。一方面，企业行为必须以“绿色”为基本前提，绝不能以牺牲环境为代价；另一方面，“绿色”是关系企业生存与成长的必要条件，正逐渐成为企业成长的核心内容，也是企业成长在“质”的方面的重要体现。

木地板制造企业的绿色成长是一个综合性概念，既要包含“绿色”要求，又必须体现出“成长”要素。因此，本书对木地板制造企业的绿色成长概念界定如下：以绿色发展理念为引领并贯穿木地板制造企业的生产经营管理实践之中，依托绿色技术创新和绿色管理创新，以消除环境污染、提高资源效率为基本特征，通过实施绿色战略、实施绿色行为，减少污染物残留、节约木材资源、降低能源消耗，为消费者提供环保、安全、健康的木地板产品，不断提高绿色竞争力，实现木地板制造企业由小到大、由弱变强的成长过程。

2.1.2　产业链的概念

在国外，产业链（Industrial Chain）的概念由艾伯特·赫希曼于 1958 年在其著作《经济发展战略》中提出，主要是从产业前向和后向联系的角度进行论述。之后，随着供应链、价值链等理论的兴起与广泛应用，有关产业链的研究逐渐趋于“弱化”。在国内，“产业链”一词在 20 世纪 90 年代初由傅国华在海南热带农业发展课题的研究中首先提出，与国外形成鲜明对比的是，产业链的相关研究始终“繁荣不衰”，甚至产业链被认为仅仅是一个中国化的名词。

（1）产业

产业（Industry）一词源于西方。在汉语里，产业常与“工业”“部门”“行业”“实业”等词通用。产业的英文是“industry”，含义比汉语更模糊。除了具有“产业”的本意外，同时还有“行业”“工业”“职业”等含义。在西方经济学中，产业指国民经济中以社会分工为基础，生产具有一定替代关系的同一类商品的生产者的集合。

国内关于产业的概念有广义和狭义之分。广义的产业的概念是国家基于宏观经济管理对社会所有的产品和服务所做的分类。狭义的产业的概念则指

"生产相同或相似产品的一系列企业"。杨志（1985）、杨公仆（1998）、安国良等（2001）、于立等（2002）均认同产业是"具有某类共同特征的企业的集合"这一观点。本书如无特别标注所指的产业均是狭义的产业概念。

（2）产业链

学界对产业链至今尚无一个权威的定义。Houlihan（1988）认为产业链是从供应商经生产者或流通者到最终消费者的所有物质流动。Harrison（1993）把产业链看作一种功能性网状链条，从企业采购原材料开始，经过生产环节生成产品并销售给用户。国内学者则基于各自专业背景从不同角度对产业链的概念进行了界定，始终未形成统一的观点。本书依据产业链定义的不同视角对其进行了归纳，如表 2-1 所示。

表 2-1　不同视角的产业链定义

观点或视角	代表学者	强调要点
基于"供—需"角度	刘刚（2005）等	建立在产业内部分工和供需关系基础上
基于"价值增值"角度	任红波（2005）等	使产品或服务价值增加的各种活动过程
基于"产业层次"角度	张耀辉（2002）等	产业链是产业层次的表达
基于"战略同盟"角度	刘贵富（2006）等	企业结成的一种战略联盟关系链
基于"技术关联"角度	龚勤林（2004）等	基于经济活动内在的技术经济关联链

资料来源：作者整理。

本书认为"产业关联"反映了产业链的本质特征。随着经济社会的快速发展和社会分工的不断深化，制造业的专业化程度日益提高。消费者需要的某一最终产品从最初原材料的提供，再到生产加工，直至最终产品进入市场并到达消费者手中的整个过程，往往要经过多个环节和不同企业的共同参与才能最终完成。"产业链"把从原材料到产成品直至消费者消费的各个中间环节按照参与阶段的先后顺序有机联结起来，其中，大量与原材料供应有关的企业共同形成了产业链上游环节，生产加工企业共同构成了产业链的中游环节，销售和服务企业则共同构成了产业链的下游环节。每一个环节都形成一个"产业"，每个产业都由众多提供相似功能产品的企业构成。产业链的这种有机连接，表现为一种相互依赖又相互制约的纵向的经济技术关联，体现在信息、技术、供需等各个方面，涉及知识的流动、交换和共享，反映的则是价值的转移和创造。以木地板制造产业为例，产业链中的木地板制造企业从上游产业获取木材资源作为自己的要素供给；同时，又把自己制造加工的木地板等产品提供给下游产业，通过产业链各环节专业化的分工协作，最终完成了商品"惊险的跳跃"，实现了价值的增值。由此，在这样一系列相互关联的采购、生产、加工、流转和服务环节中，形成了一种基于市场联结的上下游产业之间的纵向关联结构。这种由多个纵向衔接而又相互关联的环节所形成的纵向链条称为"宏观产业链"，如图 2－1 所示。不难发现，宏观产业链强调的正是产业链中上下游之间的"产业关联"。

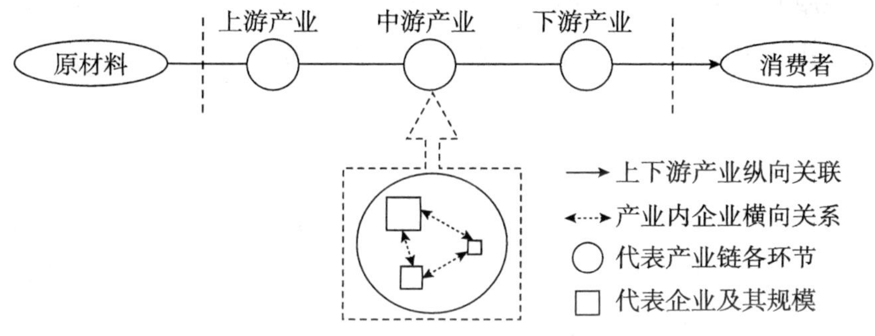

图 2－1　宏观产业链示意

如果把研究视角转到制造企业自身，通过对宏观产业链进一步"解构"，就可以从企业角度对产业链进行重新定义：产业链指为了完成某种最终产品的生产、流通与消费过程，由若干不同产业内的关联企业通过一定的经济技术关联，以分工合作为纽带所构成的一条纵向企业链，我们称为"微观产业链"。如图 2－2 所示。

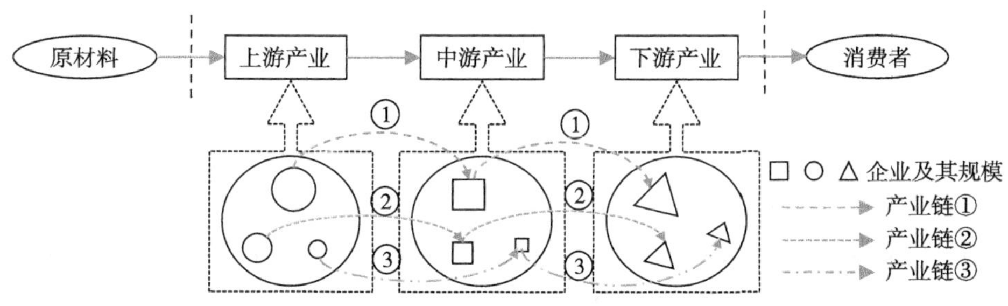

图 2－2　微观产业链示意

在图 2－2 中，①②③表示三条微观“产业链”。每一条产业链的上下游企业之间表现出来的是一种由前后相继的依靠“供—需”联结的分工合作关系。通过这种分工合作，保证整个链条的顺畅和供需渠道的稳定，以完成物质、信息和资金的交换。

需要说明的是，本书的立足点是木地板制造企业，是以企业为核心开展研究，因此，本书在后续章节中所指的产业链如无特别说明，均指“微观产业链”。

（3）产业链的“横向合作”

产业链的每一环节都聚集着大量提供相关配套服务与技术支持的组织，这些组织主要包括研发机构、高等院校、金融机构、中介机构、物流企业和提供其他服务的企业等，它们总是与产业链伴生而行，为产业内的企业提供各类专业化的服务和技术支持。例如，在制造环节，制造企业通过与研发机构、高等院校开展技术攻关或产品创新活动以获取竞争优势；又如，金融机构为制造企业提供信贷支持，用以解决制造企业初创期和扩大再生产的融资问题。如果说产业链各环节之间是一种纵向经济技术关联，那么产业内企业与服务支持组织之间则可以被认为是一种横向互补的合作关系。产业内企业与服务支持组织的横向合作如图 2－3 所示。

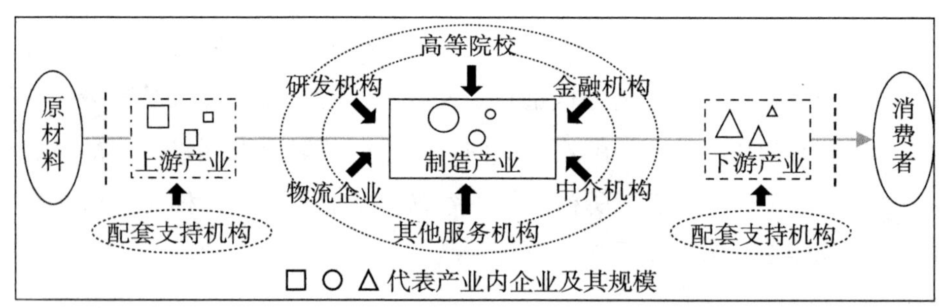

图 2－3　产业内企业与服务支持组织的横向合作

2.1.3　产业链环境

产业链环境指影响制造企业成长的并与企业所在产业链紧密相关的外部环境。产业链环境主要被划分为三个层次：最内层的“核心层”、中间层的“竞合层”和最外层的“支撑层”。

某制造企业 A 的产业链环境层次如图 2－4 所示。

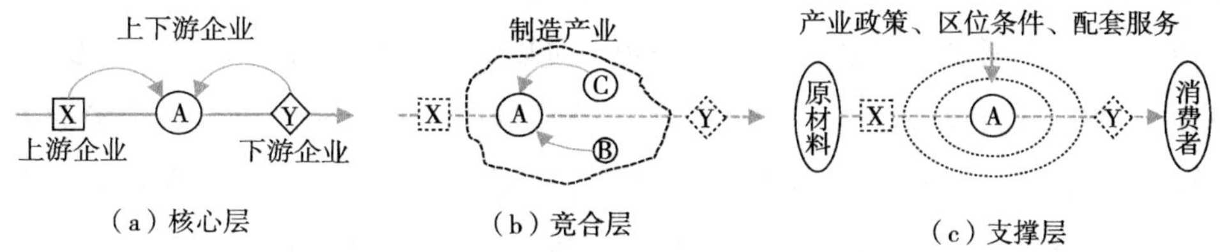

图 2－4　某制造企业 A 的产业链环境层次

（1）核心层

在“原材料—生产—成品—消费者”的全部环节中，单个企业越来越难以单独承担所有的生产经营活动，各相关企业按照参与生产经营阶段的先后顺序形成上下游关系。上下游企业与制造企业关系最为紧密，构成了产业链环境的“核心层”，是制造企业最直接、最重要的成长环境。可以说，哪个制造企业更善于发展自己与上下游企业的合作关系，哪个制造企业就将在资源供给和产品服务等方面获得更多的支撑，从而赢得更有利的竞争地位和成长机会。

在图 2－4（a）中，制造企业 A 对上游企业 X 提出原材料需求，对下游企业 Y 完成产成品供给。上游企业 X、制造企业 A 和下游企业 Y 相互衔接形成了一个完整的、纵向关联的产业链，它们通过分工与合作保证了整个链条的供需渠道的稳定。其中的上游企业 X 和下游企业 Y 构成了制造企业 A 成长环境的“核心层”。

（2）竞合层

竞合层主要由产业内其他制造企业构成，它们与该制造企业形成的是某种“竞合”关系，即“既有竞争又有合作”。因此，竞合层是制造企业所面临的最复杂的成长环境。在图 2－4（b）中，制造企业 A、B、C 代表了制造产业内的众多企业。不难理解，由于生产的产品具有高度可替代性，企业之间主要体现为竞争关系。对企业而言，只有通过提供具有核心竞争力的独特产品或服务才能在激烈的竞争中胜出。竞争下的微观企业个体首先考虑的是在已有的市场总量下如何扩大市场份额。在外部压力之下有时也表现出某种合作关系。外部压力一般来自竞争产业或需求变化，这种压力迫使制造企业加强合作。当今，“竞合”已经成为企业关系的常态。由于比较优势不同，一方面，各企业通过强强联合或取长补短，可以更有效地配置资源；另一方面，企业间通过联合攻关，有利于突破产业核心技术难题，加快知识和技术的形成、溢出、传播与共享。耶鲁大学的拜瑞·内勒巴夫教授和哈佛大学的亚当·布兰登勃格教授提出了合作竞争的新理念，并在他们合著的《合作竞争》一书中指出企业的经营活动是一种可以实现双赢的非零和博弈。

（3）支撑层

制造企业作为其所在产业的一员，产业发展及其上下游状况、产业政策与环境标准、技术进步现状、配套服务完善程度以及原材料供应和消费者需求变化等都会对制造企业的成长产生重要影响。上述影响制造企业成长的“产业”因素与企业自身所处区位条件共同构成了支撑层，给予制造企业以政策、技术、资金、市场等多方面的成长支撑。图 2 - 4（c）为支撑层示意。支撑层对制造企业成长意义重大，主要为制造企业提供政策引导、配套服务和各种支持功能。

需要说明的是，除了产业链的三个层次外，任何企业的成长都受到如政治环境、经济态势、社会发展和法律环境等宏观环境构成的影响，但是本书不将这些宏观环境因素作为重点给予更多关注。

2.2 企业网络化成长理论

企业成长问题始终是企业家、学者和政府共同关注的热点问题。企业成长理论起源于古典经济学家对大规模生产规律的研究，成形于新古典经济学时期。之后各个学派从不同角度研究企业成长，形成现代企业成长理论。随着企业成长问题研究的不断深入，理论成果日渐丰富。20 世纪 50 年代后期彭罗斯（Penrose）在其著作《企业成长理论》中建立了“企业资源—企业能力—企业成长”的分析框架，揭示了企业成长的内在动力，开创了企业资源成长理论。其他有影响力的成长理论还包括以格雷纳（Greiner）为代表的企业成长阶段论、以普哈拉（Prahalad）和哈默（Hamel）为代表的企业核心能力理论，以及以威廉姆森（Williamson）为代表的企业成长边界理论等。

经济社会的飞速发展使企业的成长环境发生了深刻变化，一方面，企业间竞争与合作的相互关系发生改变，合作的重要性日益凸显，合作竞争理念被学界与业界广泛接受；另一方面，企业对外部市场、产业和政策环境的依赖也越来越强。面对复杂条件下的企业成长问题，简单的线性方法已经不能准确描述企业内部各要素之间及其与环境的关系，而强调网络或系统思想的非线性成长机制则成为亟待研究的领域。

朱嘉红和邬爱其（2004）提出企业成长机制可归纳为内部成长机制、并购成长机制和网络化成长机制三种基本类型。其中，关于企业网络化成长机制研究受到学者越来越多的关注，逐渐成为研究的主流，企业网络化成长理论也因此得到进一步完善。本书主要基于产业链视角研究木地板制造企业绿色成长的机制问题，正好与企业的网络化成长机制有所契合，故网络化成长的相关理论可作为本书的理论支撑之一。

2.2.1 企业网络和企业网络化成长的概念

（1）企业网络

企业网络的概念源于对社会群体间跨界关系的研究，并于20世纪80年代被引入经济管理研究领域。目前，学术界对企业网络概念的界定尚未达成统一。Bengt（1988）认为，网络关系主要体现了企业之间的一种复杂关系，企业通过网络产生了相互作用。Thorelli（1986）认为企业网络是一种资源配置的组织形式。Jarillo（1988）提出战略网络是一种“组织形式”，可以帮助企业在激烈的竞争中占据有利地位；认为合作关系可以成为企业竞争实力的来源，制定战略要同时关注企业的合作和竞争行为。在国内，林润辉（2000）认为，网络组织具有传统企业明确的目标，又引入了市场的灵活机制，是一个介于传统组织形式与市场运作模式之间的组织形态。刘清华（2003）把企业网络定义为企业间关系的集合，并指出在时间维度上持续、在战略维度上合作的关系是企业网络的核心特征。张永安和张璐（2007）指出企业网络指企业主体构成的网络形态，企业之间具有一定程度的相互依赖性。总之，企业网络被认为是一种介于市场和产业层级间的柔性组织形态，体现了单个企业与其他企业或组织之间建立的合作关系。

（2）企业网络化成长

企业采取网络化成长已经成为一种可以有效应对挑战的策略选择，体现出鲜明的时代特征。所谓网络化成长，指企业凭借构建或参与的网络关系，通过有机整合内部资源与网络资源，最终实现成长的过程。

在新经济、新技术不断涌现的时代背景下，企业面临的环境日益复杂、多变，不可控因素不断出现，从而会对企业成长方式的选择产生深刻影响。首先，经济全球化的格局逐渐形成，国际分工日益深化、范围不断扩大。其次，网络经济的出现与繁荣，生产、交换、分配、消费等经济行为的网络化趋势明显加强。企业不仅要面对一个全球性的要素市场与商品市场，还要紧跟市场以满足消费者个性化与多样化的需求。显然，单个企业往往难以适应这种变化。由此，环境的变化为企业的网络化成长提供了客观存在的条件，合作企业之间的“群体竞争”模式逐渐取代了企业之间的“个体竞争”模式。

20 世纪中叶以来，信息技术和网络技术的迅猛发展极大地推动了组织网络化的进程。组织扁平化、供应链管理、业务流程重组等一系列管理技术和组织技术的涌现为企业组织形式的变革提供了可能。企业网络突破了传统的组织边界，企业成长也不再单纯地依赖内部资源，合作企业的资源状态、行为方式以及双方的合作沟通将发挥重要作用。青木昌彦（1994）认为广泛运用协作网络以弥补内部资源的不足是日本企业快速成长的主要原因。因此，采取建立企业网络或嵌入一个网络的方式来共同应对环境的挑战成为很多企业的可行选择之一。

2.2.2 借助网络获取企业成长的外部资源

邬爱其和贾生华（2007）认为企业的成长在很大程度上需要依赖所处网络的网络资源。Gulati（1999）强调了网络资源对于企业战略行为以及企业联盟的形成具有重要作用。Dyer 和 Singh（1998）认为企业的关键资源可能跨越企业边界并嵌入企业间的资源和惯例之中。彭迪云和刘彩梅（2011）指出企业通过与其他机构建立的正式与非正式合作关系能够促进技术创新优势的形成。因此，建立网络关系以获取外部资源是企业成长的一种重要方式和行动策略（Gulati 和 Sytch，2007）。

杨锐和夏彬（2016）指出，企业间网络关系由企业与产业链上下游企业或同行构建而成；非企业网络关系则由企业与科研院所等机构构建而成。企业依靠网络关系，不仅可以在复杂多变的环境下实现网络资源的共享，还可以迅速获取并整合诸如知识技术、财务资源、市场资源等以促进企业成长。可以说，企业整合外部网络资源为已所用构成了企业网络化成长的基本动力。

与非网络化成长相比，企业加入网络组织实现了内外资源的整合优化，突破了内部资源的瓶颈制约，获得了更强的成长能力、更快的成长速度等优势。企业可以通过创建企业网络，也可以通过嵌入已有企业网络实现网络化成长。核心企业往往凭借其实力处于网络中心位置并获取更多有价值的信息和资源（Jarillo，1988）。一般来讲，为了占据有利的网络位置以获取竞争优势，核心能力强的企业多选择构建“新网络”，中小企业则倾向于嵌入已有网络。无论企业采取哪种方式，都是为了获取外部的“异质性”资源以提高绩效并获取更好的成长机会。

2.2.3 借助网络开展互动学习与创新活动

在知识经济时代，技术创新速度不断加快，产品生命周期大大缩短，技术之间的相互渗透日益增强。同时，开发成本随着技术复杂程度的提高也大幅增加，创新活动的不确定性风险随之凸显。单个企业仅凭借自己拥有的知识资源很难在短时间内完成技术创新和产品开发。Rycroft 和 Kash（1999）认为，建立并维持一个有效的网络是创新成功的关键。Uzzi 和 Lancaster（2003）提出应更多关注企业之间而不是企业内部的学习网络，通过创建知识交易渠道和降低学习风险来塑造知识转移和学习过程。企业间合作网络所生成的共同的知识和技术基础有利于创新结果的产生（Tan，2006）。可见，通过构建或嵌入网络开展协作创新成为企业应对动态复杂环境、实现技术优势互补、增强自身竞争力、提高创新绩效的有效途径。

我国学者也从不同角度对企业网络、网络资源、创新能力等与企业成长的关系展开研究，指出知识资源的高效率获取、吸收和灵活运用成为关系企业可持续成长的关键因素。林岩（2009）认为，企业可以通过获取并运用供应链知识提升财务绩效、运作绩效以及改善产品质量。曾海燕（2015）指出，科技资源是科技人才资源、科技资金资源、科技信息资源以及科技知识资源等要素的集合，是企业和研发机构开展科技研发、成果扩散及产业化的物质基础。林润辉（2000）强调成员通过知识、信息的奉献与共享提高自身在网络组织的价值，作为回报，自己在互动学习过程中也能得到提高。张红娟等（2011）认为，当前环境下任何个体、组织或企业独立完成创新活动越来越困难，而创新网络内的共享环境为知识转化提供了平台。组建创新网络、开展协作创新成为企业普遍接受的方式。夏建华（2011）从"量"与"质"的维度构建了基于产业网络的企业成长模式，提出产业网络的知识共享机制可以不断推进知识存量增加，企业则依托产业网络的知识存量提升了基于知识的能力，最终实现基于产业网络的质的成长。

总之，企业网络具有一定的比较优势，催生出复杂多变环境下一种高效的企业成长模式——企业网络化成长。一方面，企业之间、企业和研发机构之间建立广泛而稳定的联系，形成"创新网络"对于企业获取和保持创新能力十分重要。企业不仅可以借助外部网络资源实现知识和技术共享，提高自身创新能力，而且可以打破资源的边界障碍，改善各创新主体之间无联系、联系少或联系间断的状况，使企业网络真正成为有效的创新载体，为企业成长提供创新知识资源的保障。另一方面，企业如何通过网络开展互动交流与学习，高效吸收和利用知识资源对于提高创新能力和创新绩效至关重要。正因如此，越来越多的企业选择采用网络化的成长方式。Thorelli（1986）强调了在开放市场下网络的重要性，认为网络要成为企业成长的引擎，需要在企业整体层面和成员企业中进行战略规划。因此，各创新主体需要不断提高学习能力，高效整合各方知识与技能，利用企业网络开展联合研发，实现资源共享、风险共担的合作格局，把知识资源转化为企业成长的动力。

2.2.4　企业网络化成长理论对于“基于产业链成长”的支撑

上述有关企业网络的研究成果还有助于加深对“产业链”的理解。产业链既可以看作构成企业网络的基础，又可以看作一种企业网络，产业链因此具备了企业网络的性质和特征，为进一步研究基于产业链的企业成长提供了参考依据。

产业链的思想源于亚当·斯密的分工理论。主要关注的是制造企业“采购—生产—销售”的内部活动，局限于企业自身资源的利用方面。马歇尔进一步强调了企业间分工协作的重要性，并把这种分工从单个企业内部的合作扩展到企业与企业之间的协作。从这个意义上说，真正的产业链才正式产生（马刚，2017）。

产业链能够将单个企业无法一体化的经济活动纳入由多个企业组成的高度专业化分工与协作网络中来（吴渭，2015），其内部的联系归根结底还是企业之间的联系（魏然，2010）。因此，产业链的实质就是不同产业的企业之间的关联，而这种关联的背后体现的则是各产业中的企业之间的供需关系。

在产业链的构建与优化过程中，制造企业作为所在产业的一员，与上下游企业建立了基于分工合作的纵向关联；与产业内部其他企业建立了以竞争为主、合作为辅的“竞合”关系；与配套服务和支持机构建立了合作互补的横向联系。在这些关系建立过程中，一方面，产业链上下游间的企业关系得到改善，由单纯的市场协调转变为市场协调与组织协调相结合，促进了企业资源与资本的有效配置，大幅度降低了交易成本，产业链获得协同效应。另一方面，在“横纵”双方向上增进了产业链相关主体间的信息传递、信息共享和互动学习，加快了知识溢出、技术扩散，使制造企业获得学习效应，有利于企业创新活动的顺利开展，在提升企业的竞争优势的同时促进了产业链的完善和所在产业的发展。

对于企业个体来说，企业成长的关键取决于企业所拥有的资源、将资源转化为服务的能力以及企业与所处环境的协调性。也就是说，企业能否健康成长不仅取决于自己的生产经营能力和管理水平，还与企业所处的外部环境息息相关。这里的外部环境指企业边界以外能够对企业成长产生影响的外部因素的总和。其中，尤以产业链与企业成长的关系最为密切，它以企业为载体进行分工，从不同环节对资源进行最优配置（王立华，2013），链上企业也通过产业链实现了资源共享，从而产业链为企业的可持续成长提供了组织保障和资源保障。因此，产业链对于制造企业的成长起到了至关重要的作用，制造企业的成长离不开产业链的支撑。

产业链既是企业成长的重要载体，又是信息流动与交换的平台，存在着丰富的外部经济，促进了企业间的信息共享和互动学习，加快了知识溢出、技术扩散，有利于开展由企业内外部信息交换与协调合作所带来的技术创新活动，增强企业对不稳定、不确定的外部环境变化作出快速反应的能力，从而提升了企业的生存和成长能力。可以说，几乎所有的支撑企业成长要素通过“产业链”都可以与企业建立联系，企业纷繁复杂的外部关系通过产业链的梳理也变得清晰起来。

由此可见，产业链在企业成长中的重要作用日益增强。链上企业通过“产业关联”有机联系在一起，相互配合、相互推动，不断地进行“链式创新”，使得整条产业链及其各环节企业处于有利地位，从而形成一种远远大于企业个体的整体竞争优势，即“1 +1 > 2”，借助产业链真正实现了多赢局面。当今正处于新一轮科技革命和产业变革的关键时期，制造企业仅仅依靠“单打独斗”已经无法赢得持续成长的机会。“产业链”则提供了研究制造企业成长机制问题的两条线索，一条主要线索是从“企业”视角研究产业链上下游企业和产业内相关企业所起的关键作用。另一条辅助线索是从“产业”视角重新审视从原材料到消费者的上下游产业发展现状、产业政策与环境标准情况，以及与配套服务支持组织的合作状况等所产生的重要影响。可以说，抓住产业链这条“纲”就抓住了研究制造企业成长的关键。

综上所述，本书认为研究木地板制造企业的绿色成长问题，引入“产业链”这个关键因素极为重要，在产业链环境下探索影响企业绿色成长的要素，并通过进一步分析搞清产业链环境下的企业绿色成长机制，对于推进木地板制造企业的绿色成长具有重要的理论价值和现实指导意义。

2.3 企业环境责任理论

全球环境危机的加剧以及绿色发展理念的推广，社会各界对于环境问题给予了前所未有的关注。企业环境责任被赋予了新的时代内容，已经从企业外在约束转变为可持续成长的必然要求。企业环境责任理论为制造企业的绿色成长实践提供了充分的理论依据。

2.3.1 企业环境责任的缘起

20 世纪六七十年代以来，社会经济的蓬勃发展和科学技术的飞速进步，人们的物质生活日益丰富，但是资源枯竭、污染严重、生态失衡等环境问题也越发严峻。在遭受一系列环境问题的打击与惩罚之后，人们开始对自己的生产和生活方式进行反思，环境意识逐渐觉醒，深刻认识到“保护和改善人类环境已经成为人类的一个迫切任务”（杨文会和邵玲莉，2007）。随之，绿色浪潮在世界范围广泛兴起，并引发了一场有关“发展观”的深刻革命，“绿色发展观”成为社会各界普遍达成的共识。

企业是工业化的微观基础，作为现代经济社会的基本单元，在向社会不断提供产品的同时，也在持续消耗大量能源与材料，并向周围环境排放出各种有害物质。有关专家对各种污染物的综合分析结果表明，目前环境所接受的污染物中大约有 80% 来自企业（李文和孙长江，2005）。工业化进程的进一步加快，制造企业带来的资源、能源消耗仍在不断增长，给环境造成的压力还在继续加大。从这个角度来看，企业的生产经营行为客观上确实对环境带来了负面影响。

著名经济学家米尔顿·弗里德曼（Milton Friedman）曾提出企业存在的目的是追求利润最大化，其责任就是“在公开、自由的竞争中，充分利用资源、能量去增加利润”。随着环境问题的日益严峻，这种单纯强调企业“经济利益”的观点遭到越来越多的质疑与批评。社会责任是对企业实现利润最大化的补充，这两个目标并不相互冲突（宋建波和李丹妮，2013）。绿色发展理念的提出与推广使人们认识到以牺牲环境为代价换取经济利益的做法并不可取。企业既是物质财富的创造者，又是环境污染的制造者，如何应对日趋严重的环境危机成为人们关注的焦点。

制造企业能否遵照可持续发展的要求转变以往低成本投入、高资源消耗、高污染代价的粗放式发展模式，履行环境责任、进行清洁生产、实施节能减排，选择集约化、低耗能、低污染、高效益的绿色成长方式成为化解环境危机的关键一环。企业除了考虑获取自身的经济利益之外，还应当承担起环境保护的社会责任。

企业环境责任源于企业社会责任，而企业社会责任理论最早起源于西方发达国家。随着企业社会责任研究的深化、细化和拓展，一方面企业社会责任的内涵由最初的经济责任为主延伸至经济责任与环境责任并重（赵惊涛，2010）；另一方面企业社会责任的研究内容拓展到环境问题。企业环境责任的理论研究逐步从企业社会责任的研究中分离出来成为专门研究对象。

2.3.2 企业环境责任的定义与内容

（1）企业环境责任的定义

目前，企业应当承担相应的环境责任的观点在学术界已经达成共识。但是对“企业环境责任”一词的界定仍然没有形成统一认识。一般认为企业环境责任（CER）是企业社会责任（CSR）的发展和延续。如美国学者乔治·恩德勒（2012）认为，环境责任是企业社会责任的一个重要方面。强调环境责任应减少自然资源的消耗、降低废弃物的排放，并致力于实现可持续发展。我国学者卢代富（2002）认为，企业环境责任是一种典型的企业社会责任。赵惊涛（2010）、黄晓梅（2012）、褚湛（2017）等均认同企业环境责任作为企业社会责任“延伸”的观点，强调企业获取经济利益应与保护生态环境统一起来，认为企业环境责任是履行保护环境和促进社会可持续发展的社会责任。

欧盟委员会（EC）把企业环境责任定义为“企业致力于更洁净的环境所

采取的自愿性的行动和措施。”强调企业环境责任是企业的一种自愿行为。世界可持续发展工商理事会（WBCSD）则把环境保护视为企业的法律责任之一，遵守法律对于环境保护的相关规定即为企业的环境责任。国内学者方世南（2007）认为企业环境责任指“企业在生产和经营的全过程，都要自觉地履行保护环境的社会义务，肩负起对环境这一公众所共有的公共产品和公共利益予以高度重视和悉心呵护的应尽责任。”本书同意方世南的观点，认为企业应当承担起“降低资源与能源消耗、减少环境污染、提高产品安全，以及有利于循环经济”的社会责任。

（2）企业环境责任的内容

企业承担环境责任，即要将环境责任思想和行动贯穿于企业发展全过程。李长青（2018）认为，企业环境责任的主要内容包括清洁生产、依法排污和接受监督三个方面，对于企业践行环境责任具有指导性意义。他指出企业应使用清洁能源和绿色材料、环保工艺与先进设备，以及综合管理手段和治理措施，全方位实施清洁生产，从源头进行减量化。企业还要主动公开环境保护等相关信息并接受政府和公众的监督。把预防和治理环境污染落到实处。

2.3.3 环境责任履行与企业成长的关系

企业既是经济社会的基本单位，又是实践环境责任的微观主体，在其生产经营过程中如何把来自外部的各种“绿色”压力转变为企业成长的动力具有极为重要的现实意义，因此迫切需要厘清履行环境责任与企业成长的关系。搞清这个问题有助于形成统一认识和指导企业的绿色实践。

（1）企业履行环境责任的动因

学术界对企业履行环境责任的动因进行了研究，现有文献目前主要将其分为外因和内因两种类型。外因说认为企业履行环境责任的主要动因来自外部压力。Christmann 等（2000）研究发现制度压力和消费者压力导致企业为了规避惩罚而主动承担环境责任。Küskü（2007）进行了一项研究，试图找出企业履行环境责任是出于社会期望，还是法律义务或者是自身的社会意识。其研究结果显示企业在实施环境行为时更多是受到来自“强制性法规”的影响。Albareda 等（2008）认识到政府在推动企业履行社会责任中的重要作用，指出公共政策对于提升企业社会责任意识非常关键。姜雨峰等（2014）认为利益相关者压力和制度压力对企业环境责任具有正向影响。龙文滨（2015）研究发现，环保规制对于中小企业的环境表现具有正向影响，而且这种效应在重污染行业的作用更加明显。姜雨峰和田虹（2015）的研究发现利益相关者压力对企业环境责任的履行具有正向影响作用。

支持内因说的学者则从企业内部挖掘履行环境责任的动因。Taylor（1992）、Colin（1992）都发现企业重视环境责任可以得到改善竞争地位、提高企业声誉、建立良好形象、吸引绿色消费者等一系列好处。Simpson 等（2004）认为中小企业通过采用良好的环境行为规范可以获得长足的竞争优势和实现可持续成长。Matin 等（2009）研究发现消费者对于那些积极履行环境责任的企业评价更为积极，认同感也更强。Heikkurinen（2010）认为建立对环境负责的形象可以提升企业的战略地位，也会提高员工的积极性、节约成本、为企业赢得声誉并且能够获得更高的客户忠诚度。Babiak 和 Trendafilova（2011）在企业社会责任（CSR）的框架之下考察了企业高管实施环境管理行为的内在动机和外部压力，研究发现企业战略动机是其承担环境责任的主要原因。Chang 等（2015）研究发现面对空气污染、噪声、二氧化碳排放等因素带来的负面影响，实施企业社会责任（CSR）可以提高航空业的可持续性。余瑞祥和朱清（2009）指出企业承担环境责任和响应政府有关环境政策的主要动力来自是否能够创造利润。薛力等（2017）认为应将企业履行环境责任视为一项可以给企业带来相应的环境收益投资，而不仅仅是成本，从而可以有助于提高企业履行环境责任的内在自觉性。

（2）履行环境责任与企业财务绩效

20 世纪 80 年代后，企业社会责任与企业财务绩效之间的关系开始受到学者们的广泛关注。Klassen 和 McLaughlin（1996）认为，环境管理对企业的财务绩效有着举足轻重的作用。他们提出一个将环境管理与财务绩效联系起来理论模型，研究发现较好的环境绩效可以通过市场收益提升和成本节约来提升企业的经济绩效。Boyd（1997）认为，财务责任制度是一种越来越普遍的环境监管形式。财务责任确保企业能为社会提供补偿资金以弥补在经营过程中产生的污染成本。Wahba（2008）以埃及公司为样本研究企业环境责任与盈利能力之间的关系。研究结果表明，环境责任对于用托宾Q值衡量的企业市场价值具有显著的正相关系数，那些关心环境的企业得到了市场的补偿。胡俊南和王宏辉（2019）、姜英兵和崔广慧（2019）的研究也支持这一观点，即环境责任承担可提升企业价值。Sohn（2015）、张弛等（2020）在探索企业环境责任与企业财务绩效关系的研究中，认为企业环境责任会正向影响财务绩效，特别是从长期来看，这种促进作用更加明显。

（3）履行环境责任与企业竞争优势

在企业履行环境责任对其竞争力的影响方面，学者进行了大量理论和实证研究。Porter和Kramer（2006）将履行社会责任视作机会而不是对企业生产力的破坏，认为企业社会责任可以成为创新和获取竞争优势的源泉。他们引入了一个识别企业行为和社会责任关系的框架，并充分利用这个框架来确定其行为的社会后果，研究指出企业增长和社会福利不再是零和博弈。鞠晴江等（2008）提出履行环境责任有助于培养企业竞争力。并从满足绿色消费需求获取额外收益，优化外部环境，激发技术创新活动三方面进行论证。陈宗仕和郑路（2019）发现环境责任比慈善责任对研发投入具有更强的诱发作用。企业积极履行环境责任会促使企业注重技术改进以提高资源利用率、减少污染和排放、节约能源，以及推出绿色产品，从而加大了企业的研发创新投入。

学界有关企业环境责任与企业声誉机制的研究方面成果丰富。Olsen等（2014）认为，企业履行环境责任有助于塑造良好的社会形象。消费者会依据企业自身条件和其所处行业形象建立“标准”来评价企业的环境责任活动（何昊等，2017）。赵红燕和余吉安（2016）建立了“企业环境责任—企业声誉—品牌态度”理论框架，该研究发现企业积极履行环境责任容易在青年消费者心目中树立有社会责任感的企业形象，在情感上获得消费者的支持，从而对于青年消费者形成良好的品牌态度，有正向促进作用。

2.3.4 企业环境责任研究的拓展

学者以往对环境责任的研究取得了丰富的成果，然而这些研究主要是针对企业个体行为展开的，在当前企业间经济联系日趋密切的背景下，一些学者开始把环境责任的研究视角由单独的企业个体拓展到企业所在的网络组织，特别是“供应链”“产业链”，开创性地提出了“供应链环境责任”“产业链环境责任”“绿色供应链”“绿色产业链”等研究新课题。Carteret 等（2000）在进行绿色采购对企业绩效影响研究中发现，绿色采购不仅对企业自身会有重大的影响，而且对其上游供应链的环境行为都会产生重大影响，研究进一步发现绿色采购与销售商品的净收入和成本都有显著的相关关系。Carter 和 Jennings（2002）指出，采购社会责任（PSR）对供应商的绩效有直接和积极的影响，同时通过改善信任和合作对供应链关系产生间接影响。Hsueh 和 Chang（2007）研究发现采用企业社会责任可以提高整个供应链网络的总利润。卢岚和杨双毓（2007）认为在社会责任方面，各企业除应考虑自身责任外还应考虑供应链整体的利益，通过企业间的合作促进实现“1 +1 > 2”的效果。吴真（2008）明确指出，在循环经济模式下，企业的环境责任应从生产者延伸至供应链上的供应商、设计者等多重主体。吴绒等（2016）指出，绿色供应链协同的目标就是实现高效、高质量与可持续发展。郑季良和周旋（2017）认为，高耗能企业的绿色管理超越了自身的管理范畴，需要进行跨产业的绿色供应链协同管理。

在资源短缺、能源危机和环境污染日趋严峻的背景下，环境规制执行力度的不断加大，公众环保意识的逐渐增强，致使企业面临的外部环境压力持续增大。企业如何达成经济增长和环境保护的双重目标，直接决定了企业能否建立起竞争优势和实现绿色成长。面对挑战，企业履行环境责任无疑是个“必选项”，在追求自身盈利的同时兼顾社会效益和环境效益，把绿色发展理念融入生产经营的全过程。而引入供应链或产业链为企业与上下游企业开展绿色合作提供了“空间”；同时，网络组织内部的绿色知识与绿色技术的共享、交流、学习为企业间合作提供了可能。链上企业通过彼此的互动，使绿色技术、研发能力、管理经验、市场信息和营销手段等实现了链内传播、学习及共享，企业不仅获得了合作伙伴的隐性知识，而且共同的技术开发还进一步分担了研发风险，整个链条的整体利益得到提升。正是由于有绿色知识与绿色技术的支撑，链上企业共同研发、合作创新、成果共享才得以不断涌现，并以良性循环方式推进企业和所在网络组织的发展。因此，供应链、产业链等为企业履行环境责任完成了“组织安排”方面的准备，而网络组织的运行机制则为企业开展绿色实践提供了“物质保障”。

在环境责任的具体实践研究方面，学者们普遍认同引入“绿色”理念，把供应链管理拓展到“环境”领域。供应链各成员之间的关系不再是简单的竞争关系，而是一种“合作—双赢”的关系。通过合作创造出比竞争关系更大的收益，从而实现了双赢（李滢棠和乔忠，2014）。供应链的竞争优势就在于它的协同效应，供应链中各个环节共同努力可以创造出大于各环节价值简单总和的供应链整体价值（张莹，2004）。绿色供应链成员间的协同合作是绿色供应链高效率运作的基础与关键（张曙红，2010）。企业通过与上下游企业的紧密合作共同面对来自外部的环境压力，从产品设计、原料选择、生产加工、产品销售，直至废料回收再利用的整个供应链环节实施绿色供应链管理，其结果是提高了资源利用率，减少了污染物的产生与排放，最终有利于实现降低对环境的负面影响，优化资源能源配置、增进社会福利和改善生态环境的目标。可见，正是协同机制把链上的各个成员组织起来，企业在与其所在链条的“绿色互动”中实现了绿色成长。

企业环境责任的相关理论为开展本研究奠定了理论基础，而企业环境责任拓展到“链”环境责任则进一步拓展了研究视角。总之，本书认为企业环境责任背后隐含着一条环境责任链，它是推进企业开展绿色实践的依据，绿色实践把企业环境责任与企业绿色成长有机联系起来。因此，有必要开阔视野，借鉴环境责任链的有益思想，开展基于产业链的木地板制造企业绿色成长机制研究。

2.4 主要研究方法

本研究应用了 DEMATEL 方法、灰色关联分析法、TOPSIS 法、熵值法、系统动力学模型和博弈论等多用研究方法，其中，对本研究起到了最重要作用的是系统动力学方法和博弈论方法。

2.4.1 系统动力学及其应用

系统动力学（System Dynamics，SD）起源于控制论，是研究信息反馈系统动态变化规律的科学。最早是由美国学者 Forrester 教授提出的系统仿真方法（1956 年）发展而成；1958 年 Forrester 教授发表的 *Industrial Dynamics：A Major Breakthrough for Decision Makers* 则成为系统动力学的奠基之作；20 世纪 70 年代末系统动力学开始逐渐引入我国。

系统动力学以反馈控制理论为基础，将系统视为一个具有多重信息因果反馈机制（曹翠珍和赵国浩，2014）。系统动力学注重从系统的内部结构寻找问题发生的根源，认为系统结构决定系统功能，系统内部的信息反馈机制决定了其所在系统的行为模式，因此可以通过建立系统动力学模型对真实系统进行计算机动态模拟仿真，从而能够直观呈现出各个变量之间的因果关系、考察系统行为的动态变化及发展趋势，并通过不断地寻找各个系统中的较优结构来求得较优的系统行为。基于上述优势，系统动力学擅长分析社会、经济、生态等复杂系统的结构、功能与行为之间的内在关系（张波等，2007），从而能够以“低成本”方式完成预测、管理、优化与控制等功能（陈国卫等，2012），为解决实际问题提供决策依据。应用系统动力学分析问题的完整步骤如图 2 - 5 所示。

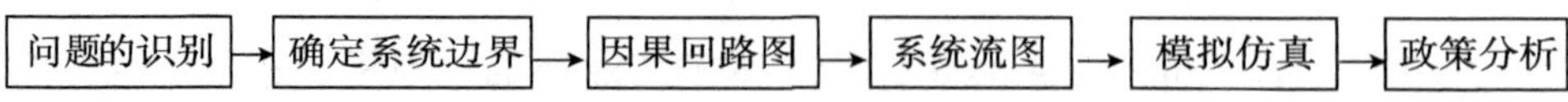

图 2 - 5　应用系统动力学分析问题的完整步骤

在图2-5中，绘制因果回路图和系统流图是构建系统动力学模型的关键步骤，该研究方法首先通过系统剖析建立起因果回路图，然后重点考虑变量之间的函数关系再将之转变为系统流图。而Vensim是目前应用最广泛的系统动力学仿真平台。Vensim于1992年开始商业化，这种方法的出现使仿真模型变得直观和易于理解（杨顺顺，2017）。Vensim是一款可视化的系统动力学建模工具，为研究提供了一种基于因果关系链、状态变量和流图的建模方式。不仅能够清晰地反映出变量之间的因果关系与回路，还能利用方程编辑器把变量、参数间之数量关系以方程式功能写入模型，以便于分析和模拟仿真。

目前，系统动力学已经逐步发展成为横跨系统科学与管理科学的交叉学科，理论体系逐渐完整，分析方法日趋成熟，研究内容不断深化，应用范围日益广泛，在工业、生态、经济、管理、医药等多个领域取得了一系列令人瞩目的研究成果。结合研究主题，本书重点对系统动力学在绿色供应链管理和企业绿色行为方面的研究进行梳理（见表2-2和表2-3）。

表2-2　关于绿色供应链管理研究

作者	发表年份	研究内容
陈小青	2012	针对企业实施绿色供应链进行了系统动力学建模，验证了影响企业绿色形象各因素间的相互影响，以及企业绿色形象对企业经济效益的影响作用
成琼文和周璐	2016	建立了系统动力学模型并利用Vensim进行模拟仿真，对绿色回收、内部环境管理、绿色采购、绿色设计等绿色供应链管理实践要素的相互关系和作用机理进行了系统分析
冯婧等	2019	建立了系统动力学模型就新兴绿色产业链价值增值的影响因素展开分析，并应用Vensim PLE软件对新兴绿色产业链的价值增值进行模拟仿真预测

资料来源：作者整理。

表 2-3　关于企业绿色行为分析

作者	发表年份	研究内容
Dong 等	2011	采用系统动力学模型，通过对典型电镀企业的模拟，分析了清洁生产政策对企业投资决策的影响
田红娜等	2012	运用系统动力学方法绘制了制造业绿色工艺创新要素间的因果关系图和系统流图，并构建了系统动力学模型以综合反映绿色工艺创新运行过程的状况
贺汇文	2018	将矿业绿色循环发展系统分为经济子系统等五大子系统，并综合设计出系统动力学模型以全面了解矿业绿色循环发展系统的内部结构，以及矿产资源开发与经济、环境、人口、科技等因素之间的内在关系和相互作用
杨朝均等	2018	基于系统动力学方法构建了开放经济下工业企业绿色创新动力传导机制的综合流图，并使用 Vensim PLE 软件进行政策模拟，为制定我国工业绿色创新动力提升政策提供了依据
赵敏等	2019	采用系统动力学对地方政府行为下企业绿色责任承担的动力机制进行了研究

资料来源：作者整理。

总之，系统动力学模型为本书的研究找到了理论依据；而有关学者的研究则验证了系统动力学方法应用于“链”环境下企业绿色行为分析的适用性，从而为开展本书的研究提供了方法支持。本书将应用系统动力学方法对木地板制造企业绿色成长动力机制背后的“动力系统”的作用机理展开分析。

2.4.2　博弈论、演化博弈论及应用

（1）博弈论简介

博弈论（Game Theory）又称对策论，是使用严谨的数学模型研究冲突对抗条件下最优决策问题的理论（张建英，2005）。冯·诺依曼（Von Neumann）和奥斯卡·摩根斯坦（Oscar Morgenstern）合著的《博弈论与经济行为》（1944）成为博弈论理论体系的奠基之作；同时，他们将博弈论思想引入

经济领域，逐渐形成了经济博弈论。艾伯特·塔克（Albert Tucker）于 1950 年定义了“囚徒困境”（Prisoner’s Dilemma）；约翰·纳什（John Nash）在经济博弈论领域作出了划时代的贡献，他发表的《n 人博弈的均衡点》（1950）和《非合作博弈》（1951）两篇重要论文，提出了著名的“纳什均衡”（Nash Equilibrium）。上述研究成果奠定了现代非合作博弈论的根本基础。之后，大量学者的研究也在持续推动着博弈论的快速发展并相继取得了丰硕的研究成果。目前，博弈论已经发展成一门理论体系完整的学科。

博弈包括三个基本要素：局中人（players），即独立决策、独立承担博弈结果的博弈参与者；策略（strategies），即每一局中人可供选择的策略或行动方案（actions）集；得失（payoffs），也称“支付”，是各博弈方从博弈中获得的收支情况。

根据博弈的过程和信息结构情况划分为常见的四种博弈类型，如图 2－6 所示。

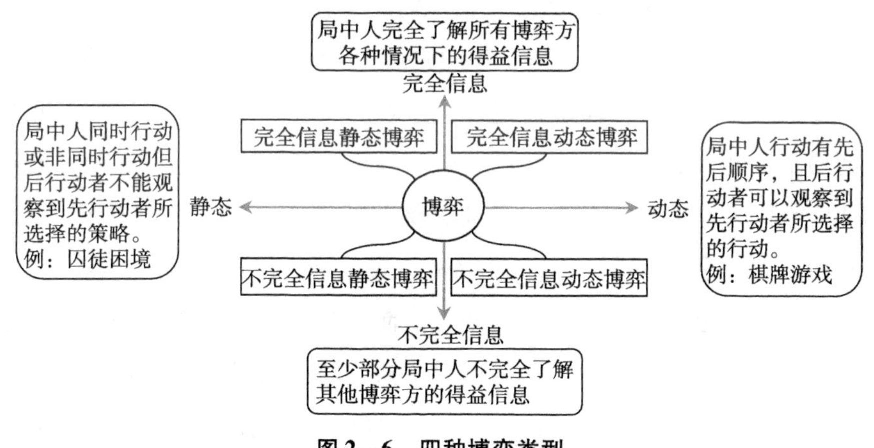

图 2－6　四种博弈类型

在图 2－6 中，按照局中人参与行动的先后顺序，博弈可以被划分为静态博弈和动态博弈。按照局中人是否掌握各方得益的完全信息，博弈可以被划分为完全信息博弈和不完全信息博弈。

关于博弈的分类，还可以分为合作博弈和非合作博弈。如果局中人之间具有一个约束力的协议，这种博弈就是合作博弈；否则就是非合作博弈。此外，博弈还有多种分类方法，将以上论述归纳如图 2－7 所示。

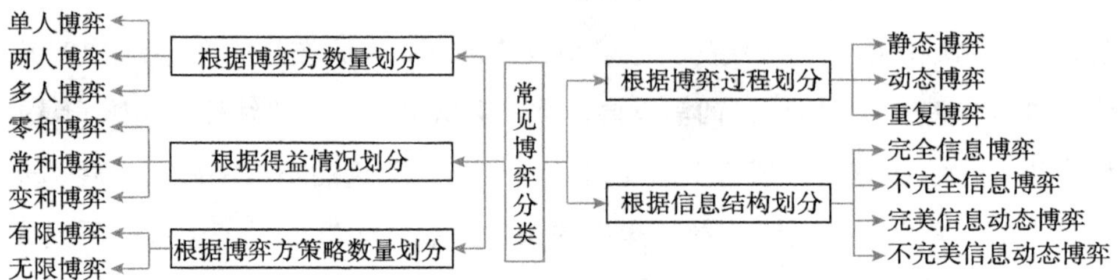

图 2－7　博弈的分类

（2）演化博弈简介

在实际中，人们面对比较复杂的决策问题时所表现出来的理性往往难以满足“完全理性假设”的要求，因此应以“有限理性”的博弈方作为博弈分析的基础（谢识予，2001）。演化博弈理论（Evolutionary Game Theory）整合了理性经济学与演化生物学的思想，把博弈理论分析和动态演化过程分析结合起来（易余胤和刘汉民，2005），研究博弈过程中参与人行为策略的动态调整和学习过程（刘伟兵和王先甲，2009），参与人通常是通过试错的方法实现博弈均衡的（江汉臣等，2015），从而克服了“完全理性假设”给博弈分析造成的局限，极大地拓展了博弈论的研究和应用范围。演化博弈论以有限理性的博弈方作为博弈分析的基础，研究的是博弈群体成员的策略调整过程、趋势和稳定性（余孝军，2011）。它从有限理性的个体出发，认为博弈方之间的策略均衡是学习、模仿和调整的结果，而不是一次性选择的结果。如果某种策略获得了成功，则采用这种策略的参与人将越来越多，最终达到的是一种“动态平衡”，反映出的是有限理性群体行为的变化趋势，而这种由初始状态转向稳定状态的动态博弈过程被称为演化博弈。

演化博弈理论源于生物进化论，因此也被称进化博弈理论。20 世纪 70 年代，Smith 和 Price（1973）提出了演化稳定策略（Evolutionary Stable Strategy，ESS），标志着演化博弈理论的正式诞生。Taylor 和 Jonker（1978）则将 ESS 模型化，提出了“复制动态方程”。此后，关于演化博弈的研究日渐繁荣，自 20 世纪 80 年代至今一直是博弈论最重要的前沿研究领域。

演化稳定策略和复制动态方程共同构成了进化博弈理论的两个核心概念（方齐云和郭炳发，2005）。演化稳定策略指在最终达到的动态平衡状态中任何一个个体不再愿意单方面改变其策略（孙庆文等，2003）。复制动态方程则是进化博弈理论的基本模型，是描述某一个特定策略在一个群体中被采用比例的动态微分方程。即如果某一策略的收益高于群体的平均收益时，这个策略就会被群体中其他成员所模仿、学习和发展（余孝军，2011）。

（3）博弈论与演化博弈论的应用

博弈论、演化博弈论作为重要的研究分析工具被广泛应用于经济学、社会学和生态学领域的各个方面并涌现出大量研究成果。结合本研究内容，博弈论及演化博弈论对本研究的支撑主要体现在以下四个方面。

①集群中企业间的博弈分析。阮爱清和刘思峰（2008）指出企业具有学习和进化能力，并运用进化博弈链结构模型描述了产业集群的成长过程。王长峰（2011）利用演化博弈理论分析了现代产业集群中的企业竞争与合作行为。尹波（2009）、李旭升等（2013）以进化博弈理论为基础构建了建筑开发商群体的动态博弈模型，认为政府实施经济激励措施有利于开发商实施绿色行为。有学者针对群体中学习速度很慢的成员随机配对下的反复博弈情况进行了研究。魏晓平和李昆（2005）、于斌斌（2011）均提出在“慢速学习”型的有限理性决策下，集群中企业的“演化”呈现出渐进性特征，他们会在不断重复的博弈过程中观察到自己与对手获取收益的对比情况，其中得益较差的局中人一旦认识到改变策略对自己有利，便开始学习模仿其对手的策略。即集群中具有某种特征的企业比例较高时，其“优势”可以起到示范作用，从而被其他企业学习与模仿，最终具有这种特征的企业将蔓延至整个产业集群。

②上下游企业间的博弈分析。孙凌宇（2011）运用演化博弈分析了资源型企业的纵向链接关系，指出上下游企业构成了非对称演化博弈，它们在演化过程中将走向合作。特别提出政府的宏观指导和微观激励在资源型企业生态产业链的形成过程中发挥了积极作用。李丽君和汪星星（2019）运用博弈论方法分析了供应链成员间零合作、横向合作、纵向合作、全合作等合作模

式下的策略，得出供应链成员任何一方纵向合作下的供应链总利润都优于分散情况，且绿色制造商的纵向合作要优于普通制造商的纵向合作的结论。

③“链合作”的稳定性分析。学者基于演化博弈理论与方法探讨了链上企业博弈行为的演化稳定问题。卓翔芝等（2010）研究了对称和非对称两种情况下供应链联盟伙伴合作关系的演变。研究发现联盟的收益与合作成本的比例越大，联盟中伙伴合作的意愿越大，联盟就越稳定。很多学者在进行合作稳定性分析时都指出了“重复博弈”的作用。李季芳（2014）指出重复博弈是一种特殊的博弈。供应链节点上的企业之间既有为了追求自身个体利益最优化甚至不惜牺牲其他战略伙伴的利益的倾向，又有避免零和博弈、寻求供应链整体协同最优的合作基础。王玲（2010）认为在无限次重复博弈中，由于博弈次数的无限性降低了可预测性是“囚徒”走出“困境”的原因所在。也正因如此，企业会因长期利益而放弃机会主义行为。陈长彬等（2015）就如何克服供应链中上下游企业合作中的“囚徒困境”问题，提出把双方博弈由静态转化为动态，通过“无限重复博弈”并采用冷酷触发策略，使博弈各方重视未来合作的价值，从而建立相对稳定的合作关系。

④引入政府参与的博弈分析。有学者针对企业与企业或企业与利益相关者之间的博弈关系展开研究，一些研究中特别强调了政府的作用。王明亮（2013）在分析企业社会责任形成机理时指出企业疏于承担社会责任的根本原因在于不对等的博弈格局，因而需要政府的参与和介入。陆杉和李丹（2018）通过对比绿色与非绿色生产经营活动中农业产业链利益主体博弈行为的演化过程，发现在龙头企业与合作社的博弈中引入政府有利于经济主体的行为回归至绿色化发展的纳什均衡策略上。刘春蓉等（2012）以循环绿色食品产业集群为研究对象，运用多种博弈分析方法建立了政府与企业间的博弈模型，通过分析政府与企业、企业与企业之间在集群生成过程中的利益博弈，指出政府的策动力和龙头企业的影响力对集群的生成具有重要作用。刘戈等（2014）研究发现通过引入政府补助和环境污染惩罚措施，绿色建材产业链上博弈主体将更趋向于演进为合作型企业。有学者建立了有政府参与的三方的动态博弈模型。章辉美和邓子纲（2011）建立了政府、企业和社会三方动态

博弈模型来分析企业社会责任问题，采用逆向归纳法求出三方利益最大化的动态博弈均衡解。刘倩等（2014）把研究视角从企业延伸到供应链，在考虑消费者行为策略影响的基础上，构建了中央政府、地方政府和供应链三方动态博弈模型，提出解决环境污染的重要途径是供应链环境成本的内部化。

综合来看，众多学者基于博弈理论构建了多种博弈模型，从不同视角对企业成长过程中的各种博弈关系进行了梳理和分析，并产生了大量研究成果，不仅为开展本研究奠定了坚实的理论与方法基础，也进一步拓展了研究思路，从产业链环境中的行为主体及其行为博弈关系入手进行梳理，系统地研究了木地板制造产业内部企业绿色行为演化博弈；产业链上下游企业之间绿色协同的演化博弈关系并探讨了这种关系的稳定性；创新性地把木地板产业链作为一个整体参与与政府和消费者组成的三方博弈之中并展开研究，因而前人的研究成果极具参考和借鉴价值。

2.5 本章小结

本章首先对研究中涉及的重要概念进行了界定，特别是对产业链、产业链环境等概念进行了原创性的思考。然后对相关理论进行系统梳理，提出本研究的理论基础，主要包括企业网络化成长理论、企业环境责任理论。最后对主要研究方法及其应用进行综述，主要包括系统动力学及博弈论方法。

3　木地板制造企业绿色成长的产业链环境现状

木地板制造企业的绿色成长与企业外部环境密不可分，有利的外部环境能够促进企业的绿色成长。产业链环境对于木地板制造企业的绿色成长有着深刻影响。

3.1　木地板制造产业链的构成与属性

3.1.1　木地板产品的加工流程

实木地板、强化木地板、实木复合地板、竹木地板、软木地板是木地板制造产业的五大品种，其中，实木地板、实木复合地板和强化木地板是目前最主要的木地板品种，形成了“三分天下”的产品格局。

实木地板是最传统的地面铺装材料，主要是由天然木材直接加工而成，因而具有良好的保温、隔热、隔音、吸音、绝缘性能。

实木复合地板自身的外观有着与实木地板相同的漂亮木材纹理，分为表层面板、芯板和底板。一般使用天然硬质木材作为表层面板材料，芯板和底板则可以使用软质木材、胶合板或中高密度纤维板材质并经胶水粘贴和高温压制而成。实木复合地板的尺寸稳定性好，易于铺设和维护。

强化木地板由基材层、装饰层、表层耐磨层、底层平衡层经高温热压的工艺加工而成。基材主要由中、高密度板或刨花板构成；装饰层以一层或多层专用纸经热固性树脂浸渍加工形成；表层由耐磨材料构成；底层主要起防潮和稳定作用，通常被称为“平衡层”。需要说明的是，构成基材的中、高密度板或刨花板主要由速生林木材绞碎经高温高压成型，因此具有节约木材、综合利用资源的优势。

三种木地板产品的加工流程如图 3 -1 所示。

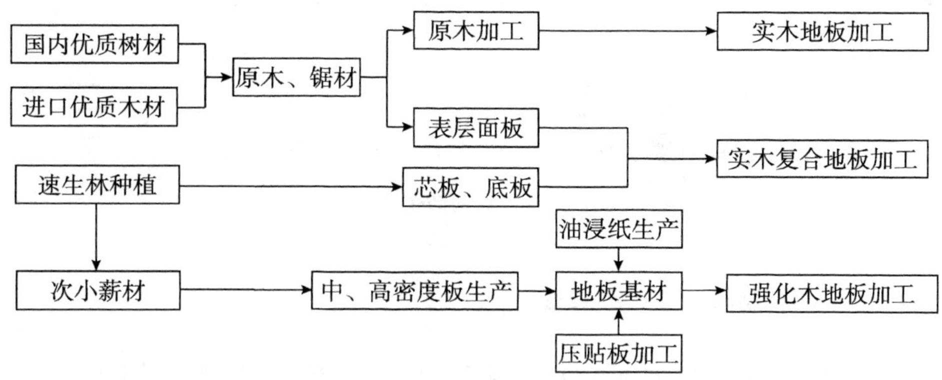

图 3 -1　三种木地板产品的加工流程

3.1.2　木地板制造产业链的构成

木地板制造产业链的上游环节由林木生产企业、木材及木质原料供应商构成，上游产业的发展对木地板制造业的发展具有较大制约作用；中游环节由木质板材加工企业和木地板制造企业构成，这是木地板制造产业链的主体；下游环节由木地板销售商、木地板铺装服务商构成，它们为木地板最终实现使用价值发挥了重要作用。上、中、下游各环节分别由大量不同功能的企业组成。

木地板制造产业链的基本结构如图 3 -2 所示。

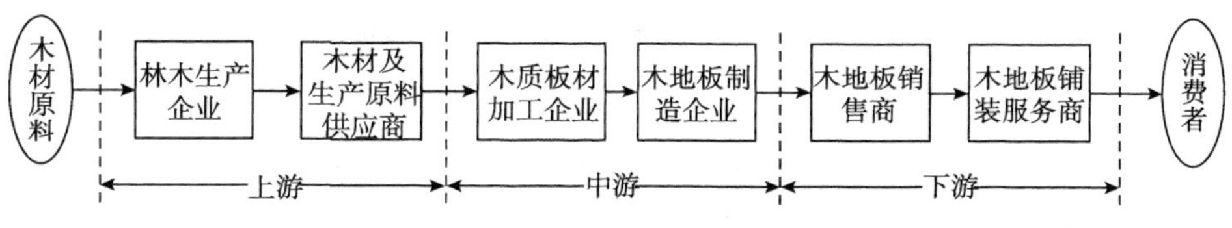

图 3 -2　木地板制造产业链的基本结构

对某一个具体的木地板制造企业而言，其需要从上游企业获取原材料等资源以完成木地板产品制造；同时也向下游开拓市场以寻求木地板产品价值的实现。因此，构建并优化自己的产业链是木地板制造企业成长的必经过程。同样，对木地板产业链上下游企业而言，加入相对稳定的产业链也是实现自身价值的有效途径。木地板制造企业与其上下游特定企业一起构成了一条纵向的企业链，即前文中提到的“微观产业链”，如图3－3所示。

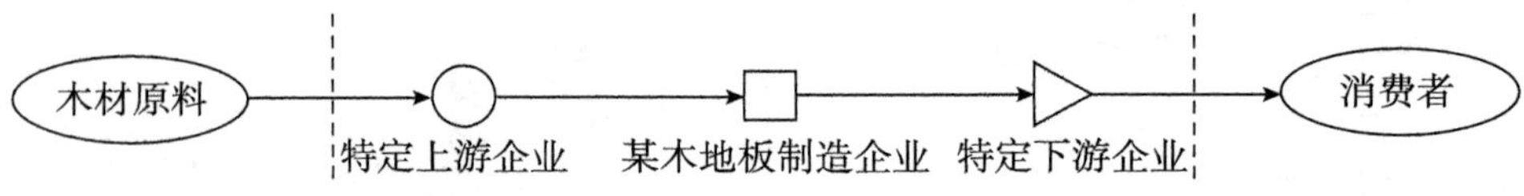

图3－3　某木地板制造企业的产业链

3.1.3　木地板制造产业链的属性

木地板制造产业链的属性包括产业链的长度、厚度、宽度与关联度。

（1）产业链的长度

木地板制造产业链的长度表示从木材资源到最终的木地板产品铺装完毕的整个过程中所涉及的产业数量。如果从企业角度来看，木地板制造产业链的长度包括木地板制造企业自身在内的上下游所有企业的数量。通常情况下，木地板制造产业链长度相对较短，参与主体较为清晰，一般以木地板制造企业为核心，其上游主要包括营林企业、采伐企业和木材贸易公司等；中游由木质板材加工企业、木地板制造企业等构成；下游主要是木地板销售企业和铺装服务企业等。

产业链的长度反映了产业链的纵向延伸程度，产业链的长度越长，说明涉及的企业越多，但并不意味着产业链越长越好。木地板制造企业应当根据自身实力、地域条件、市场环境等因素综合考虑是否向上下游延伸。

（2）产业链的厚度

木地板制造产业链的厚度同样可以分别从产业角度和企业角度来理解。从产业角度来看，木地板制造产业链的厚度指木地板制造产业达到规模经济时的企业数量，意味着产业整体实力的增强、产业经济利益的增加。从企业角度来看，产业链厚度的增加主要指作为产业链核心的木地板制造企业自身的规模的扩大和企业实力的提升。

产业链的厚度反映了产业链的横向拓展程度，产业链的厚度越厚，说明木地板制造企业自身的规模越大、实力越强。

（3）产业链的宽度与关联度

产业链的宽度与关联度是一组相关的概念。木地板制造产业链的宽度指木地板制造企业自身所涉及的产业和领域的多少。产业链的宽度越宽，则所涉及的产业和领域越广泛。产业链的关联度指所涉及的产业和领域的相关程度，关联程度高则有利于实现对资源的综合利用。例如，木地板制造企业在生产木地板的同时也从事木门的生产加工，则企业所拥有的木地板与木门等两条产业链的关联度较高。

3.2 木地板制造产业链的演化

木地板制造企业建立之初，往往独自承担了从资金筹措到原料采购、再到加工、销售、铺装等一系列环节，企业本身与其他相关企业的纵向联系少，配套服务和支持机构缺乏。产业链作为木地板制造企业绿色成长的支撑环境，其演化过程实际上是产业链在“质”的改善，例如，企业所在产业链的完善度、稳定性、控制力和协同力的提升，以及产业链环境下企业与相关主体合作关系的深化。综合起来主要表现在以下几方面。

3.2.1 产业链纵向分工的加强

木地板制造企业开始寻求与上下游企业建立稳定的合作关系，分工程度得以进一步加强。各类企业找到了产业链上的各自位置，相对较有实力的木地板制造企业占据产业链的生产制造环节，上游企业承接原材料供应环节，下游企业承接营销环节，一些较小规模的企业则承担木地板铺装服务等环节的工作。产业链分工日趋细化，企业间的纵向合作关系不断加强。随着信息流动加快和信息共享质量的加强，产业链整体效率得到提高。一般来讲，木地板制造企业居于其所在产业链的核心地位并起到主导作用，对上下游企业具有较强的谈判力。

3.2.2 产业链横向关系的深化

木地板制造产业链的横向关系主要包括两种，一种是木地板制造产业链和提供配套服务及提供技术支持组织之间的关系，二者互为依托。配套服务和技术支持组织主要包括研发机构、金融机构、物流企业、建材市场和其他服务机构等。随着各种配套与支持功能的不断完善，这种横向联系得到进一步深化。另一种是具体的某个木地板制造企业及其产业链与其他木地板制造企业及其产业链之间的关系。其产业地位主要表现为企业的核心竞争力以及产品的市场占有率等情况。随着产业内主体间信息沟通日益便利和相互学习得到加强，这种横向关系从主要以竞争为主逐渐演变为竞争与合作共存的"竞合关系"。

产业链横向联系的深化，使组织之间的联系更加密切，内容更加广泛，关系更加复杂，基于知识溢出的绿色技术流动更加普遍，从而为木地板制造企业的绿色成长创造了良好条件。

3.2.3 产业链环境的改善

木地板制造企业绿色成长的产业链环境主要指与企业所在产业链紧密相关、对企业绿色成长具有显著影响的外部环境。具体包括木材原材料供应、市场需求变化、技术环境、产业政策与环境标准情况，以及木地板制造产业发展等，即产业链环境中的"支撑层"。其中，木地板制造产业发展状况还包括配套设施和服务与支持机构的发展情况，它们共同为木地板制造企业的绿色成长提供服务保障。服务与支持机构主要包括：研发机构与高等院校提供高端人才和智力支持；金融机构为企业的资金融通提供服务；物流为企业提供专业化储运服务；装修装饰、木材交易等专业市场则充当着企业与企业、企业与消费者之间沟通的桥梁和枢纽。

木地板制造企业的产业链环境框架如图 3 –4 所示。

改善产业链的支撑环境，就是下大气力不断推进企业的配套基础设施建设、服务平台建设和社会化服务保障体系建设，在特定产业链中融入专业化

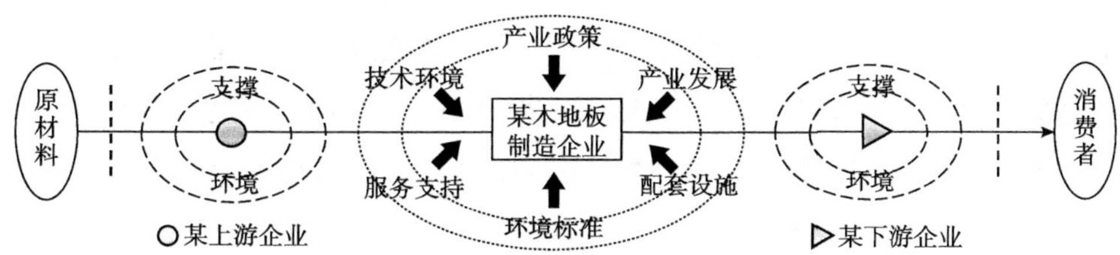

图 3－4　木地板制造企业的产业链环境框架

的服务，为木地板制造企业获得行业协会、中介机构、金融机构和其他相关主体的支持，以及加强与高校、科研院所等研究机构之间的合作力度创造良好的外部条件，促进木地板制造产业链更好地发育、成长，为提高产业链的稳定性和抵御风险能力提供可靠的保证。

3.3　产业链上游木材资源现状

我国正处于工业化、城市化加速发展的新阶段。一方面，国内对木材资源的需求量急剧增加。据测算，我国木材需求增长率随人均 GDP 每增长 1 个百分点而增长 0.61 个百分点，未来木材需求年均增长率维持在 4.58% 的水平上（中国企业社会责任报告白皮书，2015）。另一方面，木材资源的质量同样十分关键，直接影响中游的板材加工和下游的建筑、装修质量。

木地板制造产业属于资源约束型产业，与木材资源之间存在很强的依存关系，木材资源质与量不仅关系到木地板制造产业的可持续发展，而且与木地板制造企业的绿色成长息息相关，上游木材资源得不到有效保障，木地板制造企业的绿色成长就无从谈起。

3.3.1　我国森林资源相对匮乏

在资源禀赋方面，中国是一个森林资源相对匮乏的国家。主要表现在以下三方面。

（1）森林资源总量不足

2020 年相关统计数据显示，我国森林覆盖率从改革开放初期的 12% 提高到了22.96%，森林蓄积量增加了85亿立方米，成为全球森林资源增长最多的国家。在取得巨大成就的同时，也面临艰巨的挑战。我国森林覆盖率数据还远低于全球31%的平均水平，人均森林面积0.15公顷，不足世界人均占有量的1/4（杜灿，2014）；人均森林蓄积11.20立方米，约为世界平均水平的1/7（中国企业社会责任报告白皮书，2015）。

（2）木材提供能力较弱

从森林资源林龄结构看，我国目前森林资源中过熟林、近熟林、中龄林、幼龄林面积的比重分别为18%、14%、35%、33%，这一结构说明目前我国森林提供木材的能力还比较弱。东北、内蒙古等国有重点林区，可采资源不足5000万立方米，且分布在采伐难度很大、采运成本很高的地区（石峰，2008）。

（3）森林资源质量不高

从森林资源的材种上看，我国木材的供需结构性矛盾也十分突出，木材供应的特点是“三多三少”，表现为小径材多、大径材少；针叶材多、阔叶材少；低质材多、珍贵材少。木材消耗以中小径级材为主的局面进一步加剧，木材径级越采越小，中小径级材采伐消耗量所占比例由59%相继提高到63%和67%。优质大径材，特别是珍贵阔叶材的需求则主要依靠国外进口。

3.3.2 我国木材自给能力有限

我国是世界上木材生产大国。中国木材产量（2009—2018年）如表3-1所示。

表3-1 2009—2018年中国木材产量（万立方米）

年份	2009	2010	2011	2012	2013	2014	2015	2016	2017	2018
产量	7068	8090	8146	8175	8438	8233	7218	7776	8398	8432
同比增长	-12.8%	14.46%	0.69%	0.36%	3.22%	-2.43%	-12.33%	7.73%	8.00%	0.4%

资料来源：《中国林业统计年鉴》。

表3－1显示，2010—2013年国内木材产量处于小幅上涨的阶段，2014年、2015年则呈下滑趋势，因为国家为了保护生态环境启动了天然林保护工程，很多地区都降低了砍伐指标并着力推进新型材料对木材的替代。2015年后木材产量保持了平稳的小幅上升态势。

木材加工业的迅猛发展拉高了作为生产原料的木材需求量。我国人造板产量已居世界第一位，木地板、木门和木家具等产品因物美价廉也深受国际市场的青睐，出口量位居世界前列。数据显示，2016年我国人造板、实木地板和木质家具制造等木材加工业共消费木材20720万立方米。与木材需求一直呈持续增长状态相反，木材自给能力却有明显不足。改革开放以来，我国木材消耗量年均增长3.7%，而木材产量年均增长1.9%，缺口比例年均加大近2个百分点。据估算，2020年国内木材缺口将进一步拉大到5亿立方米（企业社会责任报告白皮书，2015）。

我国通过加强林业投资，加快国内森林资源培育，努力提高木材自给能力。近年来，人工速生丰产林建设有效缓解了木材市场供需矛盾，为木质板材生产企业提供了原料保障。不仅对于保护我国天然林资源、修复区域生态环境发挥了重要作用，而且带动了就业环境的改善，促进了地方经济的发展。但是，人工速生林建设大都以短周期的工业原料林建设为主，树种单一、用途单一等问题仍然存在，不能从根本上满足市场多样化的需求。

3.3.3　进口木材成为重要资源

我国已经成为世界最主要的林产品消费国，消费缺口极大（姚予龙等，2018）。面对巨大的需求量，国内木材自给能力明显不足。特别是天然林保护工程实施后，全面禁止了天然林的商业性采伐，进一步加剧了木材原料的短缺，供需缺口需要依靠大量进口木材来填补。目前，我国木材资源的对外依存度接近50%。原木、锯材进口分别约占全球总出口量的35%和20%，均为世界第一位。木材成为继石油、铁矿石之后，对外依存度较高的自然资源之一（企业社会责任报告白皮书，2015）。

（1）原木进口量大幅增长

原木是我国木材资源进口的主要产品，而木地板原材料中最为珍贵的原木有80%以上依靠从国外进口。随着我国天然林保护工程的启动，进一步加剧了原木资源的紧缺状况。为了满足日益增长的木材需求，我国采取了一系列鼓励性的木材进口贸易政策措施。例如，1998年起，不仅对各种进口木材实施零关税，而且经营进口木材的企业由以前有木材进口权的单位放宽到有进出口权的单位（陈水合，2018）。这些措施的实施推动了我国以原木为代表的木材进口贸易的快速增长。尤其是进入20世纪90年代以来，中国原木进口量持续上升，从1997年的447.1万立方米猛增到2014年的5141万立方米，形成了全面禁止天然林砍伐后的上涨小高峰。2014年原木进口暴增之后市场逐渐趋于理性。

中国原木进口数据（2013—2018年）如表3－2所示。

表3－2　　2013—2018年中国原木进口数据

年份	2013	2014	2015	2016	2017	2018
原木进口量（万立方米）	4515.94	5119.49	4456.90	4872.47	5539.80	5975.10
原木进口量增长率（%）	19.18	13.36	－12.94	9.33	13.70	7.86

资料来源：《中国林业统计年鉴》。

（2）锯材进口量不断增加

锯材是我国木材资源进口的另一种主要产品。中国锯材进口数据（2013—2018年）如表3－3所示。

表3－3　　2013—2018年中国锯材进口数据

年份	2013	2014	2015	2016	2017	2018
锯材进口量（万立方米）	2404.30	2573.92	2659.77	3215	3739.30	3676.57
锯材进口量增长率（%）	16.32	7.05	3.34	20.88	16.31	－1.68

资料来源：《中国林业统计年鉴》。

一方面，由于我国锯切工艺方面的技术落后，锯材出材率远低于国际先进水平；另一方面，木材资源丰富的国家提高了对林产品出口附加值的要求，加大了对原木出口的管控。二者共同作用下，我国只能依靠大量进口锯材来满足巨大的市场需求。

（3）木材资源进口难度加大

森林资源的持续减少使许多木材出口国采取各种措施提高对本国森林资源的保护力度。加上美国雷斯法案、欧盟木材法规和澳大利亚2011禁止非法砍伐法案的影响，我国依靠国际市场平衡木材需求的难度越来越大，木材安全问题逐渐上升为资源战略问题，受到越来越多的关注。

①各国出台禁止或限制出口措施。自2009年哥本哈根会议后，迫于环境保护的压力，世界主要木材出口国都进一步压缩了森林砍伐的幅度，一些国家通过提高原木出口关税或出台政策以禁止或限制出口珍贵树种木材和大径阔叶树材。例如，西非的加蓬、东非的马达加斯加等国政府已颁布法令禁止本国珍贵木材的出口（程宝栋，2011）。莫桑比克出台法案要求2017年1月1日起全面禁止出口原木以保护遭受破坏的本国硬木森林。因此，我国的原木进口，特别是热带阔叶材的进口越来越困难。

②鼓励高附加值木材产品出口。许多木材产品生产国和木材资源输出国正在采取措施推进本国木材产业升级。一方面出台政策限制本国原木出口；另一方面则基于促进本国木材产业发展的目标，鼓励具有高附加值木材产品的生产和出口。例如，老挝于2016年5月出台法令，要求木材在出口前必须根据工贸部制定的标准转为木制成品，禁止未加工木材的出口。越南政府部门近年来积极引导并推动传统木材行业升级，提高林木产品的附加价值。拥有丰裕木材资源的俄罗斯远东地区，一些大型林产项目也都响应政府号召采用通过林木加工等多种方法增加林产品附加值（程宝栋等，2010）。因此，我国将依靠锯材进口的增长来满足国内木材市场快速发展的需要，但可能面临由此带来的进口材种杂、材质差的问题。

3.3.4 木材资源价格持续高位

“木材资源的硬约束”不仅关系到木地板制造企业能否顺利组织生产活

动，而且推高了木地板制造企业的生产成本。从产业链视角看，上游的木材资源供应环节对木地板制造产业具有极其重要的影响作用。根据调研，木地板成本的构成中，原材料是最大的一块，约占总成本的60% ~70%，而人工生产成本仅占5% ~8%。虽然实木地板、实木复合地板和强化木地板三者原材料所占成本比例不尽相同，但木材原料成本都是最主要的成本构成。目前，多种因素叠加造成的木材资源紧缺进一步加剧了供需矛盾，致使木材价格长期高位运行。

总之，我国木材供需总量缺口大、树材结构不合理的问题日益凸显，而持续增长的社会需求也进一步加剧了木材资源的总量压力与结构性矛盾。解决问题的途径一方面要立足国内，推进工业原料人工速生林基地和国家木材战略储备生产基地建设，在保护好天然林的同时，提高木材自给能力。另一方面要积极拓展境外木材供应渠道，加强国际林业投资合作，有效利用境外森林资源。

3.4　产业链下游消费市场现状

木地板制造产业处于产业链的中游，同时受到上游木材生产和原材料供应的制约，以及下游消费市场需求的影响。一方面是资源环境压力的不断加大；另一方面则是消费升级趋势的日益明显。在上述双重因素的驱动下，绿色家居产品逐渐成为装修装饰产业的消费主流，为木地板制造企业及其产业链上的各个主体带来了快速成长的历史机遇，绿色木地板产品具有广阔的市场空间。

3.4.1　木地板制造产业生命周期分析

产业生命周期指产业从出现到完全退出社会经济活动所经历的时间（梁文潮，2003）。产业生命发展周期主要包括幼稚期、成长期、成熟期和衰退期四个发展阶段。判断产业所处生命周期阶段的主要指标有市场份额、需求增长率、产品品种、竞争者数量等。

目前，我国木地板市场规模增长迅速，产量、销量及出口均呈稳定增长态势。但同时仍然存在着木材原料短缺、产能过剩、进入门槛低、企业数量多、市场集中度低、同质化竞争激烈的情况；原料、物流、人工、环保等生产成本的上升挤压了中小企业的盈利空间。综合判断，我国木地板制造产业目前正处于从成长期转向成熟期的过渡阶段。其特点主要表现为市场需求增速迅猛，增长率较高，企业进入壁垒提高，技术发展已达到一定水平，但在新产品的研发与创新、生产工艺的改进等方面仍有一定余地与发展空间。

木地板制造产业所处生命周期如图 3 –5 所示。

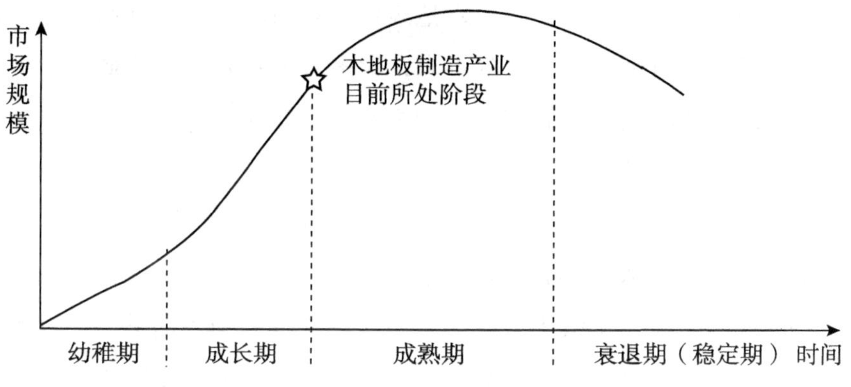

图 3 –5 木地板制造产业所处生命周期

3.4.2 木地板产品绿色消费需求不断攀升

（1）木地板产品绿色消费需求不断攀升

①消费者绿色消费观念的形成。随着绿色运动的蓬勃发展，消费者崇尚自然、追求健康、环保安全意识逐渐增强，人们对于环境保护与资源消耗的关注度不断提高，绿色消费观念逐渐深入人心。人们在选购商品时，比以往任何时候都更加关注产品是否节能、是否绿色环保、是否有害健康，绿色成为影响人们消费行为的重要因素。调查显示，中国有 53.8% 的消费者在选购家居产品时非常注重产品的环保性能，更有 43% 的消费者在购买木地板时将“绿色环保”定为首要标准，代替了从前以价格、质量、实用为中心的传统消费观念。2016 年家居销售情况数据显示，绿色环保型家居产品占到销售总额

的一半以上。总之，绿色木地板产品蕴含着大量商机，逐渐成为建材家居产业的消费主流，也是未来市场发展的主旋律。

②满足了消费者对于绿色家居的诉求。受到近年来生态恶化、雾霾肆虐，以及各种污染物排放等环境问题的困扰，人们对于家居环境的绿色环保要求更加严苛，并逐渐成为影响消费选择的重要因素。相对于木地板生产过程中是否节能、环保和绿色，消费者更关注和自己利益直接相关的最终产品的“绿色度”。例如，当木地板产品由于甲醛残留超标被当成反面教材予以报道时，一时间“甲醛”一词令消费者“谈虎色变”，甲醛含量成为选购产品时的重要参考条件。因此，尽管绿色木地板价格相对较高，但其因其出色的环保性能满足了人们对于绿色家居的诉求，大多数消费者愿意为此支付更高价格，绿色木地板逐渐成为家居市场上的主流地板产品，受到广大消费者的青睐，形成了广阔的市场需求。

（2）木地板产品绿色需求增长的推动因素

①消费者可支配收入增加。随着我国城乡居民可支配收入的快速增长，消费者的实际消费能力持续提升，消费层次和消费结构不断升级。受消费需求上升规律的影响，属于非生活必需品的木地板产品将从生存需求向享受需求、发展需求过渡，越来越多地进入家庭，并成为家装地面处理的首选材料。人们对于木地板的需求也不再局限于普通的地面装饰材料这一简单功能需求，而是趋向于个性化、节能化、环保化和智能化，需求多样化趋势明显。但无论如何，产品材料达标、健康无害，“绿色环保”是消费者对木地板产品最基本的要求。

2013—2018 年全国居民人均可支配收入及其增长速度如表 3－4 所示。

表 3－4　2013—2018 年全国居民人均可支配收入及其增长速度

年份	2013	2014	2015	2016	2017	2018
全国居民人均可支配收入（亿元）	18311	20167	21966	23821	25974	28228
比上年实际增长（%）	8.1	8.0	7.4	6.3	9.0	6.7

资料来源：国家统计局。

②房地产业的快速发展。木地板下游市场主要包括房地产、家装等领域，下游行业发展前景及现状影响市场对木地板产品的需求。通过分析比较长周期全国商品房销售面积与全产业木地板产量变化情况发现，木地板产品需求量与房地产销售面积呈正相关。木地板产品市场需求主要体现在三方面：一是新建住宅装修的新增需求；二是已有住宅重新装修的改善需求；三是办公楼、公共建筑、体育场馆等商用装修需求。

随着我国城镇化速度的加快，商业地产和商品房市场经历了较长时间高速发展阶段。在此带动下，下游的装修装饰产业空前繁荣，木地板市场需求旺盛，产业规模迅速增长，市场空间不断拓展。近年来，受房地产业严格调控等宏观环境因素影响，下游产业旺盛增长的势头有所减缓，木地板产品产销增速趋于平缓。但这种变化并没有从根本上影响木地板产业的长远发展。一方面，城市化建设的持续推进以及保障房的建设仍然存在较大的市场机会；另一方面，随着生活水平的提高，城乡居民改善居室条件仍然是持续的消费热点，装饰装修业将在较长时期内保持稳定发展。目前，在世界范围内地面装饰材料的市场容量为每年 140 亿平方米，其中木地板所占比例接近 20%。在中国这一比例却不到 10%，有着极大的提升空间。

2014 年 1 月，国家启动《绿色建筑行动方案》，根据该方案的目标测算，“十二五”期间绿色建筑带动的绿色建材市场需求达到 2 万亿元。“十三五”期间，国家继续加大政策支持力度，推进绿色建筑产业健康发展。与国家绿色环保产业政策相契合，优化产业结构、实施绿色转型成为新阶段中国木地板产业的发展主线，促使木地板产业回归理性的发展轨道，引领木地板制造企业通过绿色转型实现绿色成长。

2013—2018 年全国房地产发展状况如表 3 – 5 所示。

表 3 – 5　　2013—2018 年全国房地产发展状况

年份	2013	2014	2015	2016	2017	2018
房屋施工面积（万平方米）	665572	726482	735693	758975	781484	822300
商品房销售面积（万平方米）	130551	120649	128495	157349	169408	171654

资料来源：国家统计局。

3.4.3 绿色木地板消费市场空间巨大

（1）木地板产品市场销售规模

我国是木地板产品的生产与消费大国，木地板市场需求始终保持在一个相对稳定的水平。从木地板销量数据看，2014 年为 5.32 亿平方米，2015 年为 5.26 亿平方米，2016 年为 5.61 亿平方米，2017 年为 5.45 亿平方米，2018 年为 5.13 亿平方米。容易发现，2014—2018 年，木地板销量虽有小幅波动，但一直保持在 5 亿平方米以上。在进一步平滑房地产周期对木地板需求带来的阶段性影响后，预计未来 5 年木地板市场销售规模仍将保持一个较低的年复合增速，整个销售规模呈现小幅波动状态。

（2）绿色木地板市场前景广阔

木地板是室内地面装饰装修的主要材料之一。居民的生活水平的显著提高，增强了人们改善室内居住环境的愿望，消费能力的提升和绿色消费理念的普及为这一愿望成为现实奠定了坚实的基础。

受下游市场需求拉动，以及产业政策、环保政策等因素影响，木地板制造企业将加大绿色木地板的生产加工。绿色木地板市场需求成为产业发展的重要拉动力，环保、健康、安全的绿色木地板在地面铺装材料比重不断扩大，在未来消费结构升级的刺激之下，绿色木地板市场需求仍将继续保持稳定增长的态势，并且还存在极大的上升空间，远没有达到饱和的状态，“市场蛋糕”依然巨大。

3.5 木地板制造产业绿色现状分析

3.5.1 产业发展格局

木地板制造产业作为我国木材加工业的重要一员，发展迅猛，从小到大，从分散到集中，呈现“集群化”发展趋势。目前，浙江南浔（实木地板）、常州横林（强化木地板）、湖北武汉（强化木地板）、广东中山（实木地板）、浙江安吉（竹地板）、上海南汇（实木地板）、吉林敦化（多层地板）、江西奉新（竹地板）、浙江嘉善（多层地板）是规模较大的产业集群。它们有的靠近原材料产区；有的则离消费市场较近。而区位条件良好、配套设施完善、交通发达便利则是其共同特点。从消费市场来看，逐渐演变为珠三角、长三角、京津冀“三足鼎立”的市场格局。

3.5.2 环境风险分析

世界卫生组织白皮书宣称，世界上2/3的建筑物内空气中有害气体超标，其中超过64%的污染源来自木制品（钱小瑜，2012）。木地板在给人们带来舒适、享受的同时，也存在容易被人们忽视的环境问题，这些环境问题可能引发的环境风险突出地表现在以下三个方面。

（1）木材资源的消耗与浪费

实木地板和实木复合地板的表板基本都是用生长期长达几十年的大径级优质天然阔叶树材加工而成。天然林生长周期长、再生速度慢、恢复能力弱。根据有关专家的统计估算，一棵生长了十年的大树只有5%的效益是砍伐后当作木材用的经济效益，其他95%的效益是生态效益（王祥，2006）。我国从事木地板生产企业约有3000家，绝大多数为小型企业，年产量达到5万平方米以上的企业只占3%～5%。技术设备更新滞后、工艺水平参差不齐、选材改性难以控制等问题普遍存在；再加上管理水平不高、人员素质整体偏低，致使木材资源浪费现象十分严重。有关数据显示，我国木地板生产中的木材平均利用率只有65%左右，相比而言，一些发达国家的木材平均利用率已经达到80%。

（2）生产环节的污染与高能耗

木地板基材的生产要经过造材、制材、刨光、锯切、旋切、企口等工艺环节，不可避免地会产生大量噪声；而原木切片、热压等诸多环节都是高耗能环节。这些在木地板生产过程中的环境问题往往不是消费者所关注的，他们对产品绿色的要求更多地集中在对人体健康有直接影响的甲醛等污染物的排放上。甲醛是世界公认的主要致病源之一，以致消费者“谈醛色变”。从木地板制造加工环节来看，产生的有害物质主要有两种：一种是原料本身在生产加工过程中通过物理变化释放出的污染物，如木材在“开料”工序中产生的木质纤维粉尘，不仅存在火灾，甚至存在爆炸的安全隐患，还可能危害一线生产工人的身体健康，增加患上皮肤病和尘肺病的风险。另一种是原料在被加工过程中由于化学变化衍生并释放出的污染物，其中的苯、二甲苯、游离甲醛等有害挥发物不仅对人的健康造成严重危害，还是大气污染物的重要来源。此外，来自涂饰、贴面、防腐和阻燃等加工过程中的铅、镉、汞、铬、砷等重金属污染风险也不容忽视，可能会随着木地板的使用从表层材料溶出或随着表层材料的脱落而暴露出来危害人体健康。

以市场占有率最大的强化木地板为例，强化木地板加工工艺需要使用胶黏剂并经加热、加压压制而成。其中胶黏剂的使用直接关系到木地板的“绿色度”。当前，以甲醛为原料的“脲醛树脂胶”因其胶黏性高、价格低仍在广泛使用。它在常温下就可能发生可逆反应，分解出的甲醛会以气态形式向周围环境中逐渐释放，其周期长达 10～15 年，成为木地板甲醛释放的主要来源和名副其实的“隐形杀手”。杜绝甲醛污染不能寄托于短期行为和末端控制，特殊工艺处理手段短期内可以使板材的甲醛释放量很低，然而一旦“锁住”失效，游离甲醛就会被释放出来，对人体健康造成伤害。

（3）铺装服务环节潜在的环境风险

木地板行业中有一句俗语叫作“三分造、七分装”，强调的就是木地板铺装环节的重要性，即使是有经验铺装人员也要借助专业的工具才能完成。与生产环节相比，铺装服务环节存在的环境风险具有隐蔽性，消费者往往更容易忽视。要使木地板良好的使用价值能够充分体现出来，地板胶、踢脚板等铺装辅料的选用极为关键，不容忽视。优质地板胶可以在地板块连接处形成胶膜以有效锁住地板中游离的甲醛，如果辅料环保不达标或是“锁住”技术不过关，最终产品就会存在游离甲醛被释放出来的环保隐患，这时即使地板的款式再新颖、造型再美观、色彩再丰富都将毫无意义。

此外，在木地板产品包装物的选择，木地板加工过程中的枝丫材、剩余物、边角料的利用，以及废旧木地板的回收等方面与发达国家相比还存在很大差距，迫切需要积极推进以提高木材综合利用率和消耗材料的可重复利用。

木地板加工制造环节的环境风险如表3－6所示。

表3－6　　木地板加工制造环节的环境风险

地板种类	主要原料	环境风险
实木地板	整块优质阔叶木材	珍贵木材消耗，资源利用率低；高能耗；木质粉尘及噪声污染
实木复合地板	表板为名贵木材；中间层胶合板、纤维板；背板为旋切单板	木材消耗；使用胶水较多，有害气体污染；生产过程高能耗；木质粉尘、重金属及噪声污染
强化复合地板	表层为耐磨纸和装饰纸；中间层为中高密度板、纤维板或刨花板；底层为平衡层	释放甲醛、苯等有害气体，污染环境、危害健康；生产过程高能耗；木质粉尘、重金属及噪声污染

资料来源：作者整理。

“绿色木地板”无疑是摆脱木地板的环境风险最有效的途径。所谓绿色木地板指在生产加工过程中体现环境友好，降低资源能源消耗；在使用过程中注重安全环保，不会危害人体健康的环保型木地板。木地板制造企业只有在设计研发、原料供应、生产加工、铺装服务等整个产业链环节不断提升“绿色度”，才能顺应绿色潮流、满足绿色需求，从而赢得可持续成长的机会。

3.5.3　竞争状况分析

（1）木地板制造产业的集中度分析

产业集中度是用于反映市场竞争程度高低的重要指标，一般可以用产业内前N家最大企业所占市场份额之和表示。

由于进入障碍较低，目前我国数千家木地板生产企业几乎全部是中小企业，品牌企业如大亚圣象、德尔未来等拥有一定的市场占有率，但其市场份额仍然没有超过10%，因此，木地板制作产业属于典型的低集中度产业。

国内木地板制造企业市场份额情况如表3－7所示。

表 3－7　　国内木地板制造企业市场份额情况

企业名称	大亚圣象	德尔未来	菲林格尔	升达林业	扬子地板	大自然	兔宝宝
市场份额	6.47%	1.34%	1.26%	0.95%	0.92%	0.64%	0.38%

资料来源：千讯咨询（2018）。

（2）木地板产品的差异化分析

木地板制造产业的集中度偏低，发展不均衡，仍存在大量落后产能，工艺水平低、产品质量差的小型加工企业。从整体看，“产业大、企业小，竞争激烈但层次不高”是当前木地板制造环节的突出特点。

①产品同质化现象较为严重。木地板制造企业数量众多，绝大多数规模较小，抗风险能力较弱，大多定位于中低端产品，在产品品种及花色等诸多方面同质化问题突出，普遍缺乏独特竞争优势，消费者转换成本极低。产品同质化会对木地板制造企业造成较大的经济损害，往往加剧低水平的市场竞争。在当下同质化日趋严重的情况之下，坚持走差异化道路是木地板企业的必由之路，在质量、服务、健康、环保、安全等方面加大技术创新投入和先进设备投入，增加产品的附加值，特别是绿色附加值，以赢得更多的利润空间。

②木地板产品“绿色度”不高。产业集中度低也是导致目前木地板产品“绿色度”较低水平的主要原因。木地板制造企业众多，企业实力与管理水平参差不齐。大型木地板企业由于资金雄厚，在绿色产品研发、改进落后工艺、引进先进设备等方面投入高，原材料采购、设备采购等环节做到严格把关，生产出的木地板产品绿色度较高。而占市场绝大多数的小企业因投入不足或为降低成本，使用有害物超标的原材料、辅料进行生产加工，最终产品质量无法得到根本保证。再加上木质板材本身制造工艺复杂，对检测手段要求高，而目前国内地板行业标准尚未达到统一和规范，进一步加大了产品质量监管成本和监管难度，容易滋生出“假冒伪劣”“以次充好”等机会主义行为。例如，某些不良企业为了谋取更高利润，将带有污染隐患的不合格产品混入市场，从而也直接侵害了消费者权益，挫伤了消费者的购买信心。其后果不

仅是企业个体的声誉受损，还有可能损害整个木地板制造产业的形象，最终将造成木地板企业及其所在产业链上下游企业的集体损失。

（3）地板产品与替代产品的竞争

从目前市场看，木地板产品的替代品大致有三种，分别是地毯、陶瓷地砖和天然石材。地毯脚感和环保性最好，但是对环境要求高，易磨损且清洁难度大。陶瓷地砖和天然石材防水防潮、易于清洗，耐磨性能最好，适用范围广泛，但是材料表面硬冷而脚感欠佳。相比之下，木地板以木材为原料加工而成，具有木材特有的重量轻、弹性好、耐冲击、纹理美观、色调丰富等特点，兼具脚感舒适、环境友好及易清洁等优点，与消费者提高生活品质的心理需求较为契合。可以说，木地板产品在与替代产品的竞争中占据一定的优势。需要注意的是，只有不断提高产业的整体实力，在保证绿色环保与健康安全的前提下进行持续改进，努力满足消费者多样化和个性化需求，木地板制造产业才能在激烈的竞争中保持优势地位，从而置身于产业中的企业个体才有可能受惠于产业的壮大，在做强、做大产业的基础上“多分得一杯羹”，获得更有利的成长机会。

3.5.4 绿色技术环境

（1）绿色技术创新作用日益增强

绿色技术指绿色经济发展所需的支撑技术（陈晓芳，2017）。一般把针对环境保护目的的管理创新和技术创新统称为绿色技术创新，主要包括绿色产品创新和绿色工艺创新（钟晖和王建锋，2000）。

绿色技术创新对于推进木地板产品的绿色环保具有越来越重要的作用。以强化木地板为例，其生产用的基材原料以速生树材和次小薪材为主，木材利用率高达90%以上，从而践行了生态环保和资源高效利用的理念，符合国家节约资源、保护环境的基本国策和可持续发展的要求，在很大程度上缓解了木地板制造产业的发展对木材资源的过度依赖。然而，人工速生树材存在着密度较小、材质疏松、稳定性差等天然缺陷。为了使其能够真正替代优质木材，就需要加大对速生树材改性技术的研究，进一步提高木材硬度、强度、耐腐、阻燃等性能，以用于木地板的生产加工和附加值更高的板材及家具产品的生产。

当前，木地板制造过程中的加工组合型生产技术亟待提高，如低有机挥发物和低重金属含量的涂料技术，浸渍环保胶黏剂和敷贴技术，功能型人造板产品定制技术，以及生产中的节能降耗技术等（国际木业，2015）。因此，居于产业链的核心地位的木地板制造企业首先应从自我做起，通过绿色技术创新，不断开发新工艺、新材料、新产品，减少污染物排放、降低能源消耗、提高对现有木材资源的有效利用，提高产品附加值。其次要带动产业链上下游企业积极参与绿色技术创新实践，不断提高整条产业链的绿色竞争力，力争在激烈的市场竞争中占得先机，共同实现绿色成长。

（2）绿色专利技术申请有所突破

近年来，我国有关木地板的专利申请总量稳步增长，其中绝大多数为含金量较高的发明专利和实用新型专利，仅有极个别的外观设计专利。从专利申请的内容来看，木材资源的高效利用、节能减排的生产工艺、产品的健康环保等有关“绿色”的专利占很高的比例。例如，在木地板生产材料创新方面，基于天然木质纤维和塑料、采用特殊工艺加工而成的木塑复合材料制备技术取得了实质性突破，刨花板、OSB 板等基材工艺取得了显著进步；而杨木、桉木等速生材的表面硬度、静曲强度和弹性模量等物理性能不是很理想，近年来，表层密实化改性专利技术的应用改变了这一状况。实现了“小材大用、劣材优用”。这些专利技术的实际应用，不仅直接减少了木材消耗，大幅提高了木材资源的综合利用率，而且实现了对传统木材的有效替代。又如，坯料合成技术的专利申请主要集中在板材去甲醛、抗氧化、防霉抗菌，以及木地板着色、防火阻燃等性能提升方面。此外，无毒、不含甲醛的改良型地板胶黏剂、木地板甲醛清除剂，以及木地板用无毒高效去污、抑菌型清洁剂等方面的专利技术申请也占有很高的比例（杨忠等，2016）。可以看出，绿色技术创新日益受到重视，木地板在结构、性能、功能、油漆、胶黏剂、环保和安装等方面取得了一系列的技术进步，这将有利于整个木地板产业提高生产效率、降低生产成本，实现绿色发展。

（3）先进绿色技术遇到资金瓶颈

木地板制造企业在生产经营过程中产生的环境风险，很大程度上是由于落后的生产工艺和老旧的制造设备。例如，胶黏剂配方不科学和制胶工艺的落后很容易造成木地板中游离甲醛释放量的超标。如何降低和控制人造板材中的甲醛释放量是当前亟待解决的问题，末端治理措施只能在一定程度上控制污染的加剧，不能从根本上彻底消除环境污染的潜在威胁。因此，使用无醛胶黏剂是生产绿色板材的关键。目前已研制成功并进入市场的无醛胶黏剂已有多种，它们使用大豆胶、淀粉胶、MDI 改性胶和树脂胶等原料制成。但由于无醛胶黏剂的胶黏效果一般，加上成本较高，致使“含醛”胶黏剂仍在普遍使用。

实现“绿色突破”、生产绿色木地板不仅需要木地板制造企业聘请高端专业人才，开展绿色技术研发，采用绿色环保材料，引进先进生产设备，推行清洁生产工艺，还要进行消费者教育，在宣传产品的同时也可以帮助消费者获得鉴别和使用绿色产品的知识，而这一切都需要大量的资金投入，都会不同程度地拉高制造成本。受短视行为影响的企业在看不到直接经济效益的情况下往往不愿为此付出高额费用；更多的中小企业则因资金不足无力承担由此造成的成本上升。因此，资金不足是制约企业采用先进绿色技术的瓶颈之一。

（4）横向合作技术创新依然薄弱

木地板制造属于技术密集型产业，技术创新能力成为决定木地板企业竞争力的关键性因素。在产业内部，一些实力较强的木地板制造企业加强研发投入和专利申请，开发出一批具有自主知识产权技术的系列产品，企业竞争力得以提升。但从产业整体看，大多数木地板制造企业自身的研发创新能力仍显薄弱。即使某些企业已经意识到自主创新的重要性，但由于研发前期投入大、持续时间长、风险高、见效慢，导致企业的技术创新积极性不高。

当前，仅依靠企业单打独斗式的研发已无法实现产业做强、做大的目标，企业之间迫切需要加强横向合作。一方面，需要在产业内部开展企业间的横向合作，如联合采购、合作物流、合作销售等以降低成本；合作研发、联合攻关以突破技术难题；另一方面，加强与高等院校、科研院所等研究机构的合作，联合进行技术研发，力求从根本上突破技术瓶颈，解决制约木地板制造产业发展中的环境问题。

综上所述，当前，从整体来看木地板产业绿色发展水平不高，新型材料和先进工艺的应用仍然有限，节约和综合利用木材原料、污染物残留与排放、降低能源消耗等方面还有很大的提升空间，可持续发展的绿色制造体系尚未真正建立。“绿色”已经成为最鲜明的一抹亮色，体现出健康环保理念在产业未来发展中的重要性。木地板制造产业必须坚持经济、社会、生态协调发展的绿色经营理念，以“绿色发展”为指引向“绿色化”转型升级，实现产业的绿色增长和企业的绿色成长。

3.6 产业政策与环境标准

木地板产业是一个受政策因素影响较大的产业，政策涉及面广，影响较为深远。从宏观政策层面看，一是国家财政（包括中央财政及地方财政）在环境保护方面的支出持续保持增长势头，对生态环境治理的支持力度持续增加。2018 年环境保护支出达到 6352.75 亿元，同比增长 13.1%，自 2007 年起年复合增长率达到 18.3%，增速显著高于国家财政支出总额。二是全国公共财政支出预算对节能环保的支出持续增长。财政部《关于 2018 年中央和地方预算执行情况与 2019 年中央和地方预算草案的报告》显示，2019 年全国一般公共预算支出中节能环保支出占比为 2.9%，约 6822 亿元，较 2018 年实际支出增长 7.4%。其中，中央层面将安排 600 亿元财政资金支持污染防治，较 2018 年增长 35.9%。此外，2019 年年初召开的全国财政工作会议提出，2019 年财政将增加生态环保等领域的投入。由此可见政府对环境治理力度加大、决心空前。

在当前强调绿色发展的时代背景下，政府已经出台了一系列有关推进节能减排、发展循环经济、加大资源综合利用、实现可持续发展的产业政策和环境标准，来引导与限制企业的行为，对“绿色企业”给予政策优惠，而对污染企业则给予经济制裁乃至关闭的惩罚。木地板制造企业要关注并研究产业政策和环境标准变化情况，以及对企业可能造成的影响，采取积极的应对措施化解由产业政策变化所带来的风险。

3.6.1　产业政策现状

近年来，一系列与木地板制造业相关的产业政策陆续出台。例如，在《林业产业政策要点》中提出"鼓励木材资源综合利用开发，次小薪材和废旧木质材料回收利用及开发。"又如《林业产业发展"十三五"规划》中提出改造提升木材加工产业的建议，"鼓励企业实施技术改造，加速淘汰落后工艺和落后产能，加快调整产业结构，促进产业升级"；"大力推动清洁生产"；"严格控制生产过程污染物排放，支持企业通过装备升级和改进生产工艺等有效措施，降低污染物排放"；"推进产品质量与国际先进标准接轨，满足消费升级和多样化需求，积极推广绿色建材"，等等。这些政策作为激励机制的一部分，为木地板制造企业选择绿色成长方式提供依据，对于木地板制造企业实施绿色行为、履行环境责任起到了很好的促进作用。

木地板产业发展相关产业政策情况如表 3－8 所示。

表 3－8　木地板产业发展相关产业政策情况

产业政策	颁布时间（年）	相关内容
《林业产业政策要点》	2007	鼓励木材资源综合开发利用、次小薪材和废旧木地板材料回收及利用；鼓励林业企业提高开拓国际市场能力，鼓励林业重点龙头企业在国内资本市场上市
《林业产业振兴规划（2010—2012）》	2009	对林业产业发展目标、林业产业发展的保障措施提出具体要求
《产业结构调整指导目录》	2013	"次小薪材、沙生灌木和三剩物（采伐、造材和加工剩余物）的深度加工及系列产品开发"和"木基复合材料及结构用人造板技术开发"属于鼓励类项目
《循环经济发展战略及近期行动计划》	2013	发展木材精加工，严控木材粗加工项目。淘汰高耗能落后工艺、技术和设备，推动木材、竹材加工设备节能改造，鼓励发展绿色建材产品

续表

产业政策	颁布时间（年）	相关内容
《外商投资产业指导目录》	2015	“林业三剩物，次小薪材和竹材的综合利用，新技术新产品开发与生产”属于该目录中鼓励外商投资产业项目
《“十三五”节能减排综合工作方案》	2016	大力推动林业“三剩物”的资源化利用
《全国国土规划纲要（2016—2030 年）》	2017	人造板工业，特别是刨花板等非单板型人造板的生产不消耗大径级优质木材，以人工速生丰产林、加工剩余物、次小薪材等为主要原料，生产加工过程对生态环境的影响比较小，且易治理。有利于实现循环经济和低碳经济的发展模式
《林业产业发展“十三五”规划》	2017	推动林业产业节能、降耗、减污、增效，完善清洁生产标准，严格控制产品质量和生产过程环境影响因素。推进木材加工、人造板等重点领域节能减排，鼓励企业改进技术工艺、改造升级生产装备；鼓励使用木材节能干燥、人造板高效除尘等先进技术

资料来源：作者整理。

此外，《建筑业发展“十三五”规划》指出，大力发展绿色建筑，从使用材料、工艺等方面促进建筑的绿色建造、品质升级，制定有利于促进新建建筑全装修交付的鼓励政策；提高新建住宅全装修成品交付比例，为用户提供标准化、高品质服务；持续推进既有居住建筑节能改造，不断强化公共建筑节能管理，深入推进可再生能源建筑应用。对于与建筑业密切相关的木地板产业来说既有压力又有动力，更是指明了“绿色”前进方向。

3. 6. 2　环境标准现状

随着社会公众环境意识的大幅提升，人们对环境质量的要求不断提高，环保标准日趋严格。木地板制造企业应提前做好应对准备，加大绿色技术创新力度，抵御由此带来的经营风险。

（1）国内环境标准制定情况

我国出台了一系列国家标准来规范木地板产品生产和提高产品质量，例如，实木复合地板标准（GB/T18103—2013）、强化复合地板（GB/T18102—2007）、实木地板技术要求标准（GB/T15036.1—2009）等。在绿色环保方面，都强调产品要具有不损害消费者健康和有利于环境保护的特性。尤其是对木地板甲醛释放和重金属含量提出了具体要求。

①甲醛释放限量要求。中华人民共和国国家质量监督检验检疫总局、中国国家标准化管理委员会发布修订后的《室内装饰装修材料人造板及其制品中甲醛释放限量》（GB18580—2017）国家标准于2018年5月1日开始执行。新标准提高了甲醛释放限量要求，规定室内装饰装修材料用人造板及其制品中甲醛释放限量值为0.124mg/m^3，并将甲醛释放限量值的测定方法统一为"1m^3气候箱法"。该标准与国外人造板行业环境标准对接，如美国的CARB认证、日本的JIA认证等，进一步对产品质量安全性能要求、生产原料和工艺要求、检验方法等内容进行了规范。针对绿色人造板和无醛人造板，2018年7月1日开始执行的《绿色产品评价——人造板和木质地板》标准中明确了绿色人造板的甲醛释放量应不超过0.05mg/m^3。2018年5月1日发布，2018年8月1日实施的《无醛人造板及其制品》行业团体标准中对无醛人造板的定义是"以木材或非木材植物纤维材料为主要原料，加工成各种材料单元，施加无醛胶黏剂或不施加胶黏剂，且不添加含有甲醛成分的其他添加剂生产，并满足本标准的指标限制要求的人造板"，并规定无醛人造板的甲醛释放量限量值为0.03 mg/m^3。

②重金属元素含量测定标准。《木质地板饰面层中铅、镉、铬、汞重金属元素含量测定》中规定的国家标准于2017年5月1日起正式实施。该标准对于现有的实木地板、实木复合地板、强化木地板、PVC饰面地板等地板饰面层中重金属元素总量和可溶性重金属元素含量都提出了明确的指标要求。

总之，尽管目前关于绿色产品的统一标准尚未出台，但上述标准的制定与实施对于有效防止木地板中甲醛、有机挥发物（VOC）、铅等重金属超标对人体造成的侵害发挥了积极作用。

（2）国外环境标准制定情况

近年来，欧美等主要发达国家以避免贸易活动可能导致的环境污染与生态破坏，以及维护人类健康和环境安全为理由，纷纷开始制定更加严格的绿色技术标准，许多国家甚至将环境问题与贸易措施结合起来。例如，美国联邦法规 CFR40P63 和美国环保署法规 EPARIN2060 - AG52、EPA74.30 等对胶合板、纤维板、家具等木质林产品中的甲醛、苯酚、乙醛、铬、汞、铅和有机化合物等提出了严格的限量标准。欧盟也针对林业有关产品在 1996 年、2003 年、2004 年和 2009 年连续出台要求更高的绿色环保标准。尤其对木地板中甲醛释放量给予了具体的标准划分：欧洲 E1 标准规定在“穿孔萃取”测试法下甲醛含量小于 9mg/100g；在“干燥器”测试法下甲醛释放量小于 1.5mg/L。欧盟 CE 认证规定只有符合 E1 标准的木地板才可以直接用于室内。而欧洲 E0 标准则更为严格，规定在“干燥器”测试法下甲醛释放量小于 0.5mg/L（于成钢，2011）。此外，欧洲的 EN 标准对实木地板的阻燃性能、五氯苯酚含量、破坏强度、防滑性、导热性和生物侵害耐久性等提出要求（张训亚等，2010）。

（3）出口认证

通常，认证是产品质量安全的标识，相关标志能够减少信息不对称，增加生产者与消费者之间的信任，提高消费者的支付意愿（徐玲玲等，2014）。越来越多的发达国家要求进口产品提供认证证明，因此，中国木地板产品往往需要通过一系列认证才能进入国际市场，使原本具有企业自愿性质的认证在一定程度上变为强制手段。对于木地板制造企业而言，出口认证在客观上提高了企业产品质量意识，对产品的绿色化起到推动作用。但同时也对我国木地板产品进入国际市场、参与国际竞争提高了“门槛”，特别是由此变相形成的绿色贸易壁垒则成为限制我国木地板产品的出口的“利器”，也不可避免地给我国木地板制造企业造成了极大的压力。

①主要认证种类。目前，除了 ISO9001 质量管理体系、ISO14001 环境管理体系、OHSAS18001 职业健康安全管理体系和 SA8000 社会责任标准等较为通用的“体系类”认证，针对木地板产品的认证主要包括 Floor Score 认证、

欧盟 CE 认证、美国 CARB 认证，以及 FSC、PEFC 森林认证。木地板产品出口主要认证如表 3－9 所示。

表 3－9　木地板产品出口主要认证

名称	相关内容
Floor Score 认证	Floor Score 认证属于第三方认证，是以测试地板产品符合最严格的室内空气质量指标和低排放的可持续地板产品质量标准，不仅有对 E0—E1 级甲醛释放限定标准，还有对有机挥发物（VOC）、重金属等其他任何有毒挥发物含量的评估
欧盟 CE 认证	CE 认证属强制性认证标志，产品的范围几乎覆盖了木地板出口的所有种类。加贴 CE 标志的商品表示在欧盟销售的人造地板产品符合安全、卫生、环保和消费者保护的要求。该认证对甲醛释放量、五氯苯酚含量等有明确标准
美国 CARB 认证	该认证规定任何进入美国加州市场的复合板材及复合木制品都必须通过 CARB（美国加利福尼亚州空气资源局）认可的第三方公证机构进行认证。对于在该州出售使用的硬木胶合板、刨花板以及中密度纤维板等甲醛排放量限定要求明显高于 E1 标准

资料来源：作者整理。

②森林认证。目前，森林管理委员会（FSC）和泛欧森林认证体系（PEFC）是国际上广泛认同的森林认证体系，对其进行认证的目的是确保所有产品的原材料都源自经过良好管理的森林。很多欧美国家将森林认证产品纳入政府采购，规定经过认证的木材会被优先购买。作为目前全球最具影响力的森林认证体系，FSC 制定了 10 个原则和 56 个标准来衡量森林经营单位是否实现了“良好经营”。森林认证虽然是非强制性的，但是未通过认证的木地板产品将不能进入“环境敏感”国家以获取较高的“环境溢价”，甚至失去进入国际市场的“通行证”。越来越多的大型建材连锁集团要求供应商必须提供具有 FSC 认证标识的产品。瑞典宜家家居公司、德国欧倍德、法国的家乐福、英国百安居，以及美国家得宝等木地板采购商均对我国木地板产品提出了相关的森林认证要求。

西方发达国家虽然不承认森林认证是一种贸易壁垒，但事实上它的确发挥了“绿色壁垒”的作用。所谓绿色壁垒指某些发达国家为了维护本国的经济利益，以保护环境为借口，设置近乎苛刻的环保法规和标准，采取准入限制或禁止措施将外国特别是来自发展中国家的产品拒之门外，这些措施的内容主要包括绿色关税、环境配额、环境许可证、绿色补贴、绿色标签、绿色包装等多种形式（王利民和王金兰，2004）。

推进中国木材合法性认定是突破绿色壁垒的关键手段。中国作为世界上最大的木材进口国和最大的木材加工制品出口国，一方面，我国积极建立自己的森林认证体系，先后制定了《中国森林可持续经营标准与指标》《中国森林认证 森林经营》《中国森林认证 产销监管链》等多项标准。另一方面，与FSC（森林管理委员会体系）和PEFC（泛欧森林认证体系）两大国际权威认证体系保持良好的合作关系；与美国可持续林业倡议（SFI）、美国林场体系（ATFS）等区域性认证体系保持沟通顺畅。

由于起步较晚，尽管政府高度重视并积极推动相关认证工作，不得不承认我国森林认证的程度远远落后于欧美发达国家。我国木地板出口企业为保护国际市场开始进行森林认证，并且一些企业已经获得了认证，然而，仍有不少木地板出口企业对森林认证的认知非常有限。面对今后更加严格的环境标准，木地板制造企业一方面要加大环保投入，形成绿色产业链，迅速适应新的环保标准；另一方面要坚持绿色产品理念，积极参与环境认证实践，最大限度地满足消费者日益增长的绿色需求。

3.7 产业链环境现状分析对企业未来成长方向的指引

作为木地板制造企业成长的重要载体，产业链不仅为企业提供各种物质资源和信息资源来促进其自身的成长，还为企业勾勒出成长的战略方向，将其概括起来就是“一条主线、三个维度”。所谓“一条主线”就是把“绿色实践”作为企业成长的主线，在当今绿色发展成为时代主题的背景下，木地板制造企业只有坚持绿色方向才能获得更好的成长机会。所谓“三个维度”

则可以将其想象成在一个立体坐标系中，木地板制造企业的成长方向包括三个维度：企业的纵向延伸、横向扩张和多元化拓展。坐标系中的纵轴表示木地板制造企业分别向上下游纵向延伸；横轴表示木地板制造企业在现有产业内的横向扩张，纵轴与横轴共同组成了一个“平面”。而企业的多元化成长则表示企业由现有“平面”拓展到另一个新“平面”。

3.7.1 坚定企业绿色成长方向

面临日益突出的环境问题，绿色发展成为产业变革的方向。作为经济活动的微观主体，企业必须彻底抛弃片面追求速度与规模传统思维，综合考虑环境影响和资源效益，以绿色理念为引领，加快推进生产经营活动的绿色化，为企业扩大产能拓展新的发展空间。企业只有坚定绿色方向，走绿色成长之路，才能满足消费者的绿色需求，才能在激烈的市场竞争中立于不败之地。

当前，单个企业之间的竞争越来越表现为企业所在产业链之间的竞争。企业之间的这种竞争在绿色约束下这一特征表现得更为直接。为保证最终产品的“真绿”，特定产业链上的每一个企业都应对产品的“绿色”负责，各个环节必须实施协调一致的绿色行为，不容出现任何“短板”，就像坦克履带一样，既不能缺失、损坏任何一环，又必须联结紧密、协调一致才能保证战车顺利前行。

木地板制造企业要想赢得竞争优势，除了自身的“绿色努力”，还要带动自身所在的整条产业链的绿色化，每个环节都做到绿色、环保、节能、高效、无害。可以认为，绿色产业链是木地板制造企业实现绿色成长的依托。

3.7.2 基于产业链的纵向成长

基于产业链的纵向成长指木地板制造企业沿着产业链纵向方向的成长，即由制造环节向产业链上下游延伸以获取较高的“附加值”。木地板制造企业在加强木地板产品精深加工的同时，可以通过产业链的纵向延伸来提升产业链的整体价值。一是沿产业链向上游延伸到原材料供应、技术研发和产品设计环节；

二是沿产业链向下延伸到以产品多样化和服务差异化为特点的下游消费市场，通过布局销售网络、规范铺装服务提高产业链中产品的附加价值。形成从上游林地、原料采购到产品制造，再到销售、铺装服务等一条完整的高附加值产业链。

木地板制造企业实施基于产业链的纵向成长，主要是考虑要试图打破其所在产业链的上游或者下游存在的“瓶颈”制约，在加强木地板制造企业对产业链控制的同时，协调整个产业链内各要素关系，充分发挥各自作用、获取整体最大收益。一方面，应对上游原料供应约束，木地板制造企业通过“圈地造林”、投资“木材交易市场”等对产业链的关键环节实施有效控制，降低由于原材料缺乏造成价格上涨的不利影响，可以极大地增强企业抗风险能力。另一方面，克服渠道垄断、铺装隐患等风险。木地板制造企业通过强化下游消费市场环节，加快消费市场反馈速度，实现产品服务差异化，有效提高企业竞争力。总之，通过产业纵向延伸企业都实现了对资源的有效整合和高效利用，不仅提高了产业链运行效率，而且有利于降低产业链运行成本。

3. 7. 3　基于产业链的横向成长

企业认为自己所在产业仍然具有较大潜力，因此可以通过横向扩张提高其在产业中的地位。需要引起各界注意的是，企业选择横向扩张时需要认真评估自身对产业链的控制力，在确保具有较高控制力的基础上实施扩张行为。这是因为随着企业规模的增大，受到上下游瓶颈的制约就越大，如果控制力不能相应加强，企业的竞争优势就有可能会被削弱。

木地板制造企业基于产业链的横向成长包括两种类型：一种是通过并购其他木地板制造厂商快速实现企业规模的扩张。同时，这种并购行为也是对产业现有产能的整合，提高了产业集中度，在一定程度上降低了产业内恶性竞争风险。另一种是通过企业自身积累实现的成长，表现在企业规模的扩大、企业竞争能力的增强等方面，如生产木地板产品种类增加、市场占有率扩大、企业收益和利润增长等。上述两种类型的“横向成长”实际上都是木地板制造产业链在制造环节的“加厚”，是企业及产业链实现规模经济的过程。

伴随着木地板制造企业规模的扩大，与之相配套的服务和支持机构合作力度需要进一步加强。金融机构、物流企业、研究机构及其他相关主体的专业化、高水平的服务支持，有助于提高木地板制造产业链的稳定性和抗风险能力，降低企业的成长成本，增强企业的竞争力，从而为木地板制造企业的绿色成长保驾护航。

3.7.4　基于产业链的多元化成长

无论是基于产业链的纵向成长还是横向成长的角度考虑，木地板制造企业的成长过程都表现为依托“木地板制造”这条产业链的成长。将其置于在立体坐标系中考虑，就是在同一“维度”内追求规模的扩大、实力的增强和竞争力的提升等。而多元化成长则是制造企业为追求范围经济围绕多个产业链的成长方式，实际上是企业在不同“维度”上同时开展业务。

木地板制造企业的多元化成长方向如图3－6所示。

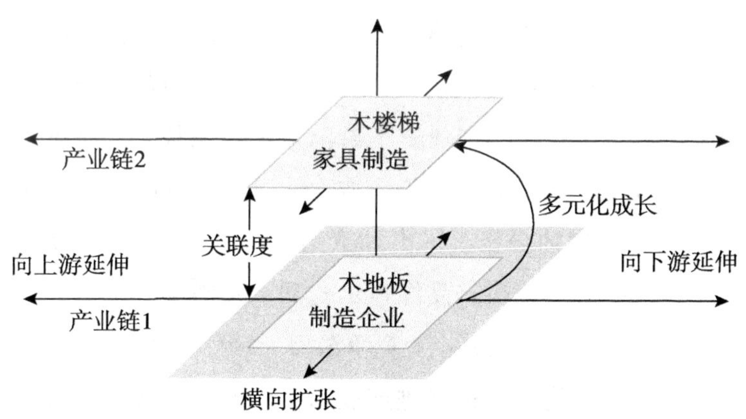

图3－6　木地板制造企业的多元化成长方向

多元化成长方式可以避免企业单一化发展的风险，有利于实现范围经济，提高企业的综合效益。需要注意的是，企业的多元化成长较为复杂，木地板制造企业准备实施多元化时，要慎重选择陌生产业，一旦布局不当就会面临巨大的风险。

木地板制造企业利用现有资源和技术优势，站在未来的战略高度，储备潜力业务，培育和构建相关产品产业链，例如，开发木质家具、木楼梯、木门等产品，从而形成木地板制造、木楼梯制造、木门制造等多条产业链。

结合图3－6，木地板制造企业由现有产业进入木楼梯、家具制造等新产业，由于新旧产业都具有“木”属性，说明新从事的产业与现有产业具有较高的关联度，新旧两个“平面”距离较近。两个“平面”距离越远表示新进入产业与原产业关联度越低。

3.8 本章小结

本章主要从产业链角度对木地板制造企业绿色成长支撑环境的现状进行分析。首先，对木地板产业链的构成进行了描述，并指出木地板制造产业链的属性包括产业链的长度、厚度、宽度和关联度。其次，对木地板制造产业链的演化过程进行了总结，指出产业链作为木地板制造企业绿色成长的支撑环境，其演化过程实际上是产业链在“质”的方面的改善，主要包括产业链纵向分工的加强、产业链横向关系的深化和产业链环境的改善。再次，分别从产业链上游木材资源现状、产业链下游消费市场现状、木地板制造产业绿色现状，以及产业政策与环境标准等各方面，对木地板制造企业绿色成长的产业链环境进行了详细的分析。得出如下结论：①上游木材资源约束趋紧、价格持续走高；②下游木地板产品绿色消费需求不断攀升、消费市场空间巨大；③制造环节存在环境风险、企业竞争激烈、绿色技术创新作用日益增强；④政府不断推出支持与优惠政策促进产业与企业的绿色转型成长、环境标准不断提高、森林认证范围日趋广泛。最后，对木地板制造企业的成长方向进行了归纳总结，概括为“一条主线、三个维度”，即把“绿色实践”作为企业成长的主线，木地板制造企业的成长方向包括在三个维度上的选择：企业产业链的纵向延伸、横向扩张和多元化拓展。

4 木地板制造企业绿色成长影响因素识别与分析

我国木地板制造产业面临着资源与环境的双重约束，在挑战日趋严峻的同时，也伴随着绿色消费规模持续增长带来的机遇，越来越多的木地板制造企业认识到走绿色成长之路符合其自身长远利益。本章首先应用DEMATEL方法对影响木地板制造企业绿色成长的因素进行识别，并对其参与企业绿色成长中的作用进行了详细的分析；然后选取代表性木地板制造企业，通过灰色关联分析验证构成企业绿色投入的各种因素与企业典型成长性指标之间是否存在关联关系及关联程度如何，从而为后续深入研究木地板制造企业绿色成长的动力机制提供了关键线索。

4.1 制造企业的绿色行为意愿与绿色成长方式选择

在对木地板制造企业绿色成长的影响因素进行有效识别之前，我们必须先要明确如下重要问题：在市场经济背景下，制造企业为什么选择绿色成长方式？众所周知，企业经营的目标是创造更多价值、追求股东效益最大化。如果企业实施绿色行为不能给企业带来任何商业价值，仅仅是迫于外界压力的无奈之举，可以预见，企业的绿色实践将不可能持久。

学者研究显示，绿色产品比普通产品有5%~15%的成本增量。企业投入资金改进生产工艺势必会增加企业经营成本；绿色产品在性能提升的同时，也会导致其售价的提高，有可能降低消费者的支付意愿。然而，以往大量的学术研究都认为企业绿色行为和主营业务增长之间存在正相关关系。学者研究发现采用绿色技术、研发绿色新工艺、开发绿色新产品，不仅能够满足市场不断增长的绿色需求，还可以有效地减少资源浪费与废物排放，既保护了环境，又节约了成本；而且可以获得诸如增强企业竞争力、提高社会认同度、提升企业形象等无形收益。波特教授在2006年指出，跨国公司的环境责任一旦与公司战略成功结合，履行责任就不止是一种成本、限制或慈善，而是创新和竞争优势的潜在源泉。可见，企业实施绿色行为、追求绿色成长既有其内在要求，也有其现实存在的基础。

在绿色发展成为时代主旋律背景下，“绿色”被制造企业视为自身成长的机遇，通过树立绿色观念、实施绿色制造、履行环境责任适应市场的“绿色化”趋势，希望在赢得更多消费者关注和认可中获取“绿色溢价”。可以认为，企业能够从绿色行为中获益是其实施绿色行为的内部动力。当然，这里的“获益”指企业通过实施绿色行为而获取的长期收益。

综上，从理性经济人的假设出发，基于“利益”的驱动，特别是企业对长期经济利益的追求，在很大程度上是制造企业实施绿色行为、履行环境责任、选择绿色成长方式的出发点和动力源。正因如此，在追求自身利益的驱动下，迫于“绿色”造成的压力也好，响应“绿色”形成的拉力也罢，当有利于企业获取绿色增值的各种“绿色动力”因素出现时，企业实施绿色行为的主观意愿得以增强。

4.2 木地板制造企业绿色成长影响因素的识别

探索木地板制造企业绿色成长动力机制的前提是掌握影响其绿色成长的关键因素。因此，首先就要对影响木地板制造企业绿色成长的因素进行有效识别，尤其需要特别关注那些能够提高企业“绿色行为意愿”的外部影响因素。

4.2.1 木地板制造企业绿色成长影响因素分析的概念模型构建

木地板制造企业的绿色成长是一项“系统工程”，覆盖范围广、内容丰富、成长机制复杂。为了更好地分析各有关因素对企业绿色成长的影响及作用，以各因素参与企业绿色成长的不同阶段为线索，木地板制造企业绿色成长影响因素分析的概念模型如图 4 – 1 所示。

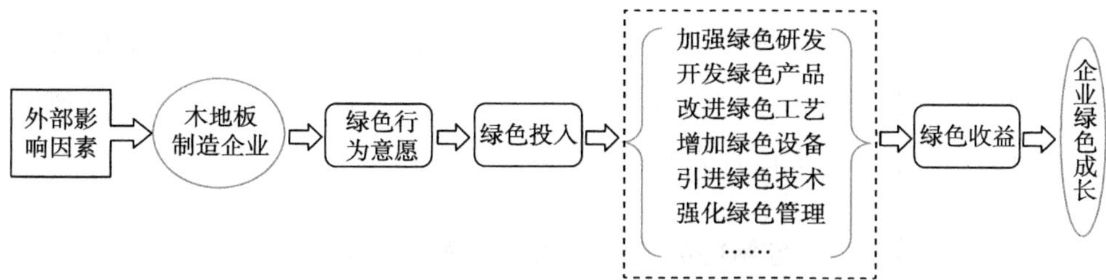

图 4 – 1　木地板制造企业绿色成长影响因素分析的概念模型

该模型的逻辑假设：外部影响因素作用于木地板制造企业，企业绿色行为的意愿相应得以提升，进而加大绿色投入并产生一系列绿色行为；这些绿色行为通过各自不同的方式推进企业获取绿色收益，促进企业实现绿色成长。即“外部影响因素→木地板制造企业→绿色行为意愿提高→企业实施绿色行为→企业收益增加→企业实现绿色成长。”

图 4 – 1 中几个相关概念的界定如下。

①绿色行为意愿。绿色行为意愿的主体是木地板制造企业，主要指在一系列影响因素综合作用之下，企业自身实施绿色行为的主观意愿程度，是连接外因与内因的关键因素。

②绿色投入。绿色投入主要包括资金投入和技术人员投入。资金投入数量直接反映出了企业对绿色环保的重视程度与实施力度；技术人员投入则是企业保证绿色实施效果、赢得绿色竞争优势的核心资源。

③绿色行为。绿色行为是企业实施的一系列有利于其可持续发展的环境友好行为。主要包括以下四类：一是绿色产品开发，即依托绿色技术设计开发出节约资源、降低能耗、减少排放、消除污染、健康环保的绿色新产品。二是绿色工艺改进，包括清洁生产及末端治理两个方面，即通过引进技术、优化工艺、更新设备等途径，实现节能降耗以及污染治理的绿色工艺创新。三是绿色技术研发，通过在污染预防和污染治理方面的技术创新提高企业的绿色竞争力。四是加强绿色管理，通过绿色企业文化建设、加强员工培训和

完善绿色管理制度，使员工树立并贯彻企业的绿色经营理念，提高绿色环保意识，自觉履行环境责任。

④绿色收益。绿色收益是因实施绿色行为而带来的企业环境收益和经济收益的增加。前者不仅表现为污染排放与有害物残留的减少，以及节能降耗带来的直接收益，而且包含因绿色形象提升带来的间接收益。后者则体现为企业收入和利润的增加以及成本费用的减少。

4.2.2 木地板制造企业绿色成长影响因素的筛选过程

木地板制造企业绿色成长影响因素的筛选过程如图 4－2 所示。

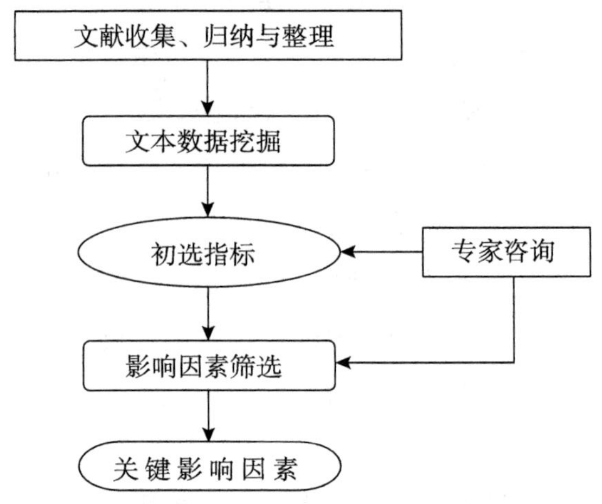

图 4－2　木地板制造企业绿色成长影响因素的筛选过程

第一步，收集、归纳、整理文献。通过文献检索广泛收集中国知网、维普资讯、同方知网、万方数据等数据库收录文献；百度文库、互联网上文献；相关图书资料。

第二步，进行文本数据挖掘。仔细阅读收集到的国内外文献，抽取“企业成长”“成长动力”等关键词，结合木地板制造企业特点进行综合分析，初步列出木地板制造企业绿色成长的影响因素。

第三步，应用德尔菲法开展专家咨询。邀请 9 名在企业成长和绿色发展领域的专家组成专家咨询组。专家咨询组成员由 4 名大学教授、2 名研究所研究员、2 名咨询机构高级咨询师和 1 名木地板制造企业的高层管理者构成。专家组经多轮交流讨论后，剔除掉重复及不合理的影响因素，遴选出“关键因素”或“重要因素”作为木地板制造企业绿色成长的备选影响因素。

4.2.3　识别企业绿色成长影响因素的方法与步骤

本研究运用 DEMATEL 方法识别木地板制造企业绿色成长的影响因素。

（1）DEMATEL 方法简介

DEMATEL 方法直译为决策实验室分析法，最早由美国国家实验室提出，运用图论理论与矩阵工具对系统中各个因素之间的逻辑关系进行分析，是一种识别和分析因果关系的有效方法，得到学术界的广泛认可。

许多学者运用 DEMATEL 方法成功地进行了企业绩效评价、绿色产品评价等方面研究。李洪伟等（2008）采用 DEMATEL 方法定量地揭示出绿色产品开发中各影响因素之间的综合相互影响程度。马飞等（2011）借助 DEMATEL 方法对绿色供应链关键绩效评价指标进行了识别。肖丁丁和张文峰（2010）定量地揭示出影响绿色物流发展的各因素之间综合影响程度及其原因度和中心度。学者的研究成果对于如何借助 DEMATEL 方法开展本研究提供了很好的方法借鉴与支撑。

（2）运用 DEMATEL 方法识别绿色成长影响因素的步骤

DEMATEL 方法有助于将错综复杂的关系简单化。借助专家的专业知识和丰富经验，通过判断系统中各因素之间的逻辑关系构建直接影响矩阵。利用有关矩阵的运算分析出各个因素对其他因素的影响程度以及被影响度，进而计算出各个因素的中心度与原因度（袁腾等，2014）。运用 DEMATEL 方法识别绿色成长影响因素的主要步骤如下。

第一步，绿色成长影响因素的初步筛选。由于影响木地板制造企业绿色成长的因素相当广泛，各影响因素之间又相互制约、相互作用。逐一考察这些因素既不现实，也无必要。可行的思路是采用“文献挖掘 + 专家咨询”对绿色成长影响因素进行初步筛选，形成木地板制造企业绿色成长影响因素的“备选集”，从而有利于规避单纯从理论视角或者单纯从实践视角进行分析决策的片面性。

第二步，确定各个因素之间的影响关系。各影响因素之间进行两两比较以确定每一个因素与其他因素之间的影响关系。邀请专家咨询组为上述每一组“影响关系”赋分，分值取0～4间的整数，数值大小不同表示因素之间影响关系的强弱差异。

影响因素间的“影响程度”判断如表4－1所示。

表4－1　影响因素间的“影响程度”判断

影响程度	没有影响	较小影响	中等影响	较强影响	巨大影响
评分	0	1	2	3	4

第三步，构建直接影响因素矩阵。依据专家赋值，构造影响因素之间的直接影响矩阵$\boldsymbol{A}$，设直接影响矩阵为$\boldsymbol{A} = [a_{ij}]_{n \times n}$，$a_{ij}$代表行因素$a_i$对列因素$a_j$的影响程度大小。

第四步，直接影响矩阵规范化处理。将直接影响矩阵进行规范化处理，得到规范化影响矩阵$\boldsymbol{B}$。规范化具体方法：首先计算规范化直接影响系数h_{ij}，求出直接影响矩阵$\boldsymbol{A}$的行和，从所有行和中找到各行和的最大值，记为maxZ；

$$\max Z = \max \sum_{j=1}^{n} X_{ij}, i = 1,2, \cdots, n$$

然后用直接影响矩阵中的值a_{ij}除以行和的最大值$\max Z$，得到$h_{ij} = a_{ij}/\max Z$，构成规范化影响矩阵$\boldsymbol{B} = [h_{ij}]_{n \times n}$。

第五步，求出综合影响矩阵。通过规范化影响矩阵$\boldsymbol{B}$，可计算出综合影响矩阵$\boldsymbol{T}$。

$\boldsymbol{T} = \boldsymbol{B} + \boldsymbol{B}^2 + \boldsymbol{B}^3 + \cdots + \boldsymbol{B}^n$，当$n$充分大时，可以用$\boldsymbol{B}(\boldsymbol{I} - \boldsymbol{B}^n)^{-1}$近似计算$\boldsymbol{T}$，其中$\boldsymbol{I}$为单位矩阵。即$\boldsymbol{T} = \boldsymbol{B}(\boldsymbol{I} - \boldsymbol{B})^{-1} = [t_{ij}]_{n \times n}$，$t_{ij}$表示因素$i$对因素$j$的直接影响和间接影响程度。

第六步，计算影响度和被影响度。根据综合影响矩阵$\boldsymbol{T}$，确定各个影响因素之间的影响关系，计算得出各影响因素的影响度D_i和被影响度F_i。计算公式为：

$$D_i = \sum_{j=1}^{n} T_{ij}(i = 1,2,\cdots,n) \quad (4-1)$$

$$F_i = \sum_{j=1}^{n} T_{ij}(i = 1,2,\cdots,n) \quad (4-2)$$

因素 X_i 的影响度就是综合影响矩阵 $\boldsymbol{T}$ 中元素按行相加的行和，是 X_i 对其他因素影响程度的综合值；

因素 X_i 的被影响度就是综合影响矩阵 $\boldsymbol{T}$ 中元素按列相加的列和，是 X_i 受其他因素影响程度的综合值。

第七步，计算各因素的中心度和原因度。中心度 H_i 与原因度 J_i 的计算公式如下：

$$H_i = D_i + F_i(i = 1,2,\cdots,n) \quad (4-3)$$

$$J_i = D_i - F_i(i = 1,2,\cdots,n) \quad (4-4)$$

因素 X_i 的中心度是该因素综合影响值和综合被影响值的和，中心度表示因素在系统中的地位，中心度越大表明 X_i 在系统中的地位越高，所起作用越大（杨望，2017）。

因素 X_i 的原因度是该因素综合影响值减去其综合被影响值，原因度表示影响因素之间的作用方向，即某一因素是属于影响因素还是被影响因素。若 X_i 的原因度 >0，则其为原因性因素，表明因素 X_i 对其他因素影响大；若 X_i 的原因度 <0，则其为结果性因素，表明因素 X_i 受到其他因素影响大（马丽荣等，2016）。

综上，DEMATEL 方法不仅有利于找出关键影响因素，而且可以根据中心度和原因度初步分析各影响因素之间的相互作用机理，从而为探寻木地板制造企业绿色成长动力机制提供参考。

4.2.4　实证分析

（1）准备企业绿色成长影响因素的备选集

本研究在梳理相关文献的基础上，参考绿色成长影响因素分析的概念模型并结合木地板制造企业的特点，经过专家咨询组的多轮讨论，形成木地板制造企业绿色成长影响因素的备选集。主要影响因素如下。

①政策因素。主要包括政府政策支持和环境标准约束两类影响因素。前者主要是通过制定与执行优惠、补贴和奖励政策促进企业实施绿色行为、实施绿色转型成长；后者则包括相关环境标准制定、推行及监管。

②产业因素。主要包含绿色市场需求、市场竞争状况、绿色技术进步以及企业所在区位支持等因素。其中，绿色市场需求是企业绿色成长的必要前提，主要体现为人口、购买力和购买愿望等要素。市场竞争状况主要表现为以木地板制造企业为核心的各条产业链之间的竞争现状。绿色技术进步是绿色创新的重要支撑，是“绿色”质量高低的决定因素。区位支持主要指企业所在地区的产业配套等“软、硬件”发展水平，对企业绿色成长具有保障作用。如公共服务设施、生产要素交易市场、物流配套网络，以及当地经济发展水平、“政、产、学、研”合作创新情况和产业信息环境等。

③产业链因素。主要指产业链上企业的绿色协同。其主要表现为产业链上企业之间的合作深度，以及针对木地板制造企业发起的“绿色要求”，上下游企业的响应程度。

之所以强调产业链因素，是因为随着专业化分工的不断深化，以及上下游企业合作的日益密切，单个企业之间的竞争已经演化为产业链与产业链之间竞争，产业链的稳定与链上企业的生存与成长息息相关。从长期来看，产业链上个别企业的利益与产业链的整体利益具有一致性的特点。实际上，每一个链上企业都在为产品顺利进入市场发挥作用并作出贡献，只有这样链上的各企业才有机会从“做大的蛋糕”上多分得一块。因此，维护产业链的相对稳定成为参与企业的共同愿望，也正是隐藏在产业链背后的利益链条把上下游企业联结为一个有序运行的整体。对于产业内某个企业个体来说，建立或嵌入一条相对稳定、竞争力较高的产业链就成为企业的一种主动行为。因此，“产业链”对木地板制造企业绿色成长的影响不容忽视。

④绿色行为意愿因素。绿色行为意愿反映了木地板制造企业自身实施绿色行为的主观意愿程度，是制造企业绿色成长的“外因”转化为“内因”的关键一环。

⑤绿色投入力度因素。绿色投入力度是促进企业绿色成长的关键因素和动力源泉，通过“绿色投入—绿色产出”过程产生经济效益与环境效益。投入力度的强弱直接决定着各种投入资源数量的多少和质量的高低，因此成为反映企业绿色竞争力的重要标志。具体有绿色环保投入强度（如绿色产品开发、制造工艺改进、生产设备更新、末端污染治理等）、绿色研发投入强度和技术人员数量等因素。

⑥绿色管理水平因素。绿色管理水平指在可持续发展思想指引下，将绿色环保理念融入企业生产经营的各方面和全过程，达到控制污染、节约资源，塑造企业绿色形象、实现企业可持续成长所体现出的“绿色”综合管理能力。绿色管理水平主要通过绿色战略制定与执行、产品绿色质量提升和企业绿色形象树立等因素体现出来。

⑦绿色产出成果因素。绿色产出成果是企业通过绿色投入取得的一系列绿色治理成果和绿色研发成果，如反映企业综合实力的专利申请数量等。这类因素对于企业成长的可持续性具有重要影响。

（2）构建直接影响矩阵

首先，把木地板制造企业绿色成长主要影响因素命名并列表，如表4－2所示。

表4－2　　木地板制造企业绿色成长主要影响因素

维度	影响因素
政策环境	政府政策支持f_1、环境标准约束f_2
产业环境	绿色市场需求f_3、市场竞争状况f_4、绿色技术进步f_5、企业所在区位支持f_6
产业链	产业链绿色协同f_7
绿色行为意愿	企业绿色行为意愿f_8
绿色投入力度	绿色投入强度f_9、技术人员数量f_{10}
绿色管理水平	绿色战略制定与执行f_{11}、产品绿色质量f_{12}、企业绿色形象f_{13}
绿色产出成果	专利申请数量f_{14}

资料来源：作者整理。

其次，邀请专家咨询组的9位专家分别对上述14个影响因素进行两两之间评价，并将不同因素根据表4－1“影响程度判断表”打分，形成影响因素之间的量化关系值并将其填入表中，每一组影响量化关系值表示某个影响因素对另一个影响因素的直接影响程度。

再次，分别对9位专家的打分结果在去掉一个最高分和一个最低分后用余下的数计算平均值，四舍五入取整之后，形成直接影响矩阵 $\boldsymbol{A}'$。

最后，把 $\boldsymbol{A}'$ 再反馈给各位专家进行确认，修正后完成直接影响矩阵 $\boldsymbol{A}$。如表4－3所示。

表4－3　　　　直接影响矩阵 $\boldsymbol{A}$

	f_1	f_2	f_3	f_4	f_5	f_6	f_7	f_8	f_9	f_{10}	f_{11}	f_{12}	f_{13}	f_{14}
政府政策支持 f_1	0	0	1	2	1	2	2	4	3	1	3	3	3	2
环境标准约束 f_2	0	0	2	3	4	2	2	4	4	2	4	4	3	3
绿色市场需求 f_3	2	2	0	4	3	2	3	4	4	2	4	4	4	3
市场竞争状况 f_4	1	3	0	0	3	2	3	4	4	3	4	4	4	3
绿色技术进步 f_5	0	4	2	2	0	2	1	4	4	3	3	3	2	3
企业所在区位支持 f_6	1	0	2	1	2	0	0	1	1	1	1	1	0	1
产业链绿色协同 f_7	2	3	2	2	1	1	0	4	3	1	4	4	3	2
企业绿色行为意愿 f_8	1	1	0	2	1	1	3	0	4	4	4	4	4	3
绿色投入强度 f_9	0	0	0	2	2	0	1	3	0	4	2	3	3	4
技术人员数量 f_{10}	0	0	0	1	1	0	0	1	2	0	2	3	2	3
绿色战略制定与执行 f_{11}	1	1	0	1	1	0	2	3	4	3	0	4	3	2
产品绿色质量 f_{12}	0	0	1	2	1	0	2	3	3	2	3	0	4	2
企业绿色形象 f_{13}	0	0	0	1	0	0	1	3	3	2	3	2	0	2
专利申请数量 f_{14}	0	0	0	2	3	0	0	2	2	2	2	4	4	0

资料来源：作者整理。

（3）完成正规化影响矩阵 $\boldsymbol{B}$

以构建的直接影响矩阵 $\boldsymbol{A}$ 为基础，求出直接影响矩阵 $\boldsymbol{A}$ 各行的14个元素之和，该和的最大值为41；然后对结果进行无量纲化处理运算，即用直接影响矩阵中的每个值除以行和的最大值41，以其值构建正规化影响矩阵 $\boldsymbol{B}$ 。如表4－4所示。

表4－4　　正规化影响矩阵 $\boldsymbol{B}$

	f_1	f_2	f_3	f_4	f_5	f_6	f_7	f_8	f_9	f_{10}	f_{11}	f_{12}	f_{13}	f_{14}
f_1	0.0000	0.0000	0.0244	0.0488	0.0244	0.0488	0.0488	0.0976	0.0732	0.0244	0.0732	0.0732	0.0732	0.0488
f_2	0.0000	0.0000	0.0488	0.0732	0.0976	0.0488	0.0488	0.0976	0.0976	0.0488	0.0976	0.0976	0.0732	0.0732
f_3	0.0488	0.0488	0.0000	0.0976	0.0732	0.0488	0.0732	0.0976	0.0976	0.0488	0.0976	0.0976	0.0976	0.0732
f_4	0.0244	0.0732	0.0000	0.0000	0.0732	0.0488	0.0732	0.0976	0.0976	0.0732	0.0976	0.0976	0.0976	0.0732
f_5	0.0000	0.0976	0.0488	0.0488	0.0000	0.0488	0.0244	0.0976	0.0976	0.0732	0.0732	0.0732	0.0488	0.0732
f_6	0.0244	0.0000	0.0488	0.0244	0.0488	0.0000	0.0000	0.0244	0.0244	0.0244	0.0244	0.0244	0.0000	0.0244
f_7	0.0488	0.0732	0.0488	0.0488	0.0244	0.0244	0.0000	0.0976	0.0732	0.0244	0.0976	0.0976	0.0732	0.0488
f_8	0.0244	0.0244	0.0000	0.0488	0.0244	0.0244	0.0732	0.0000	0.0976	0.0976	0.0976	0.0976	0.0976	0.0732
f_9	0.0000	0.0000	0.0000	0.0488	0.0488	0.0000	0.0244	0.0732	0.0000	0.0976	0.0488	0.0732	0.0732	0.0976
f_{10}	0.0000	0.0000	0.0000	0.0244	0.0244	0.0000	0.0000	0.0244	0.0488	0.0000	0.0488	0.0732	0.0488	0.0732
f_{11}	0.0244	0.0244	0.0000	0.0244	0.0244	0.0000	0.0488	0.0732	0.0976	0.0732	0.0000	0.0976	0.0732	0.0488
f_{12}	0.0000	0.0000	0.0244	0.0488	0.0244	0.0000	0.0488	0.0732	0.0732	0.0488	0.0732	0.0000	0.0976	0.0488
f_{13}	0.0000	0.0000	0.0000	0.0244	0.0000	0.0000	0.0244	0.0732	0.0732	0.0488	0.0732	0.0488	0.0000	0.0488
f_{14}	0.0000	0.0000	0.0000	0.0488	0.0732	0.0000	0.0000	0.0488	0.0488	0.0488	0.0488	0.0976	0.0976	0.0000

资料来源：作者整理。

（4）构建综合影响矩阵

根据 $\boldsymbol{T} = \boldsymbol{B}(\boldsymbol{I} - \boldsymbol{B})^{-1} = [t_{ij}]_{n \times n}$，通过矩阵计算求得出综合影响矩阵 $\boldsymbol{T}$，如表4－5所示。

表4－5　　综合影响矩阵 $\boldsymbol{T}$

	f_1	f_2	f_3	f_4	f_5	f_6	f_7	f_8	f_9	f_{10}	f_{11}	f_{12}	f_{13}	f_{14}
f_1	0.0215	0.0363	0.0444	0.1165	0.0840	0.0712	0.1085	0.2058	0.1918	0.1264	0.1838	0.1976	0.1926	0.1485
f_2	0.0288	0.0559	0.0782	0.1694	0.1814	0.0832	0.1320	0.2533	0.2655	0.1916	0.2526	0.2730	0.2415	0.2144
f_3	0.0788	0.1068	0.0347	0.2019	0.1670	0.0882	0.1647	0.2719	0.2834	0.2039	0.2707	0.2919	0.2822	0.2282
f_4	0.0499	0.1204	0.0326	0.0976	0.1556	0.0808	0.1513	0.2507	0.2623	0.2107	0.2505	0.2707	0.2608	0.2122
f_5	0.0247	0.1376	0.0746	0.1376	0.0838	0.0793	0.0996	0.2337	0.2455	0.1979	0.2128	0.2322	0.2009	0.1999
f_6	0.0345	0.0212	0.0589	0.0604	0.0794	0.0151	0.0310	0.0810	0.0848	0.0734	0.0800	0.0874	0.0612	0.0748
f_7	0.0724	0.1140	0.0738	0.1361	0.1022	0.0564	0.0789	0.2358	0.2237	0.1498	0.2355	0.2521	0.2235	0.1734

续表

	f_1	f_2	f_3	f_4	f_5	f_6	f_7	f_8	f_9	f_{10}	f_{11}	f_{12}	f_{13}	f_{14}
f_8	0. 0448	0. 0619	0. 0233	0. 1240	0. 0919	0. 0477	0. 1343	0. 1291	0. 2285	0. 2059	0. 2193	0. 2374	0. 2307	0. 1854
f_9	0. 0148	0. 0309	0. 0155	0. 1051	0. 0983	0. 0187	0. 0726	0. 1642	0. 1051	0. 1804	0. 1443	0. 1810	0. 1767	0. 1805
f_{10}	0. 0084	0. 0174	0. 0092	0. 0607	0. 0567	0. 0103	0. 0315	0. 0846	0. 1121	0. 0566	0. 1065	0. 1386	0. 1153	0. 1247
f_{11}	0. 0395	0. 0534	0. 0183	0. 0875	0. 0778	0. 0201	0. 1002	0. 1723	0. 2019	0. 1628	0. 1045	0. 2084	0. 1828	0. 1418
f_{12}	0. 0179	0. 0323	0. 0386	0. 1059	0. 0747	0. 0196	0. 0987	0. 1675	0. 1755	0. 1364	0. 1683	0. 1127	0. 1986	0. 1361
f_{13}	0. 0121	0. 0203	0. 0098	0. 0662	0. 0379	0. 0120	0. 0611	0. 1380	0. 1452	0. 1134	0. 1393	0. 1288	0. 0794	0. 1120
f_{14}	0. 0124	0. 0290	0. 0150	0. 0988	0. 1137	0. 0175	0. 0468	0. 1347	0. 1424	0. 1274	0. 1346	0. 1887	0. 1865	0. 0800

资料来源：作者整理。

（5）计算各指标的影响度、被影响度、原因度和中心度

根据公式（4－1）至公式（4－4）所得的结果，分别计算出各指标的影响度、被影响度、原因度和中心度，从而可以判断要素之间关系的有无及其强弱。结果如表4－6所示。

表4－6　各指标的影响度、被影响度、原因度和中心度

影响因素	影响度 D_i	被影响度 F_i	原因度 J_i	中心度 H_i
政府政策支持 f_1	1. 7289	0. 4607	1. 2682	2. 1896
环境标准约束 f_2	2. 4207	0. 8374	1. 5833	3. 2581
绿色市场需求 f_3	2. 6743	0. 5270	2. 1473	3. 2014
市场竞争状况 f_4	2. 4061	1. 5676	0. 8385	3. 9736
绿色技术进步 f_5	2. 1600	1. 4044	0. 7556	3. 5644
企业所在区位支持 f_6	0. 8432	0. 6202	0. 2230	1. 4634
产业链绿色协同 f_7	2. 1277	1. 3112	0. 8165	3. 4389
企业绿色行为意愿 f_8	1. 9642	2. 5225	－0. 5584	4. 4867
绿色投入强度 f_9	1. 4881	2. 6678	－1. 1797	4. 1558
技术人员数量 f_{10}	0. 9325	2. 1365	－1. 2040	3. 0690
绿色战略制定与执行 f_{11}	1. 5714	2. 5027	－0. 9313	4. 0740
产品绿色质量 f_{12}	1. 4828	2. 8004	－1. 3176	4. 2832
企业绿色形象 f_{13}	1. 0754	2. 6327	－1. 5573	3. 7080
专利申请数量 f_{14}	1. 3277	2. 2120	－0. 8843	3. 5397

资料来源：作者整理。

以研究的影响因素的中心度为横坐标，原因度为纵坐标，标出各因素在平面坐标系中的位置，形成各影响因素之间的综合影响关系图，如图4－3所示。

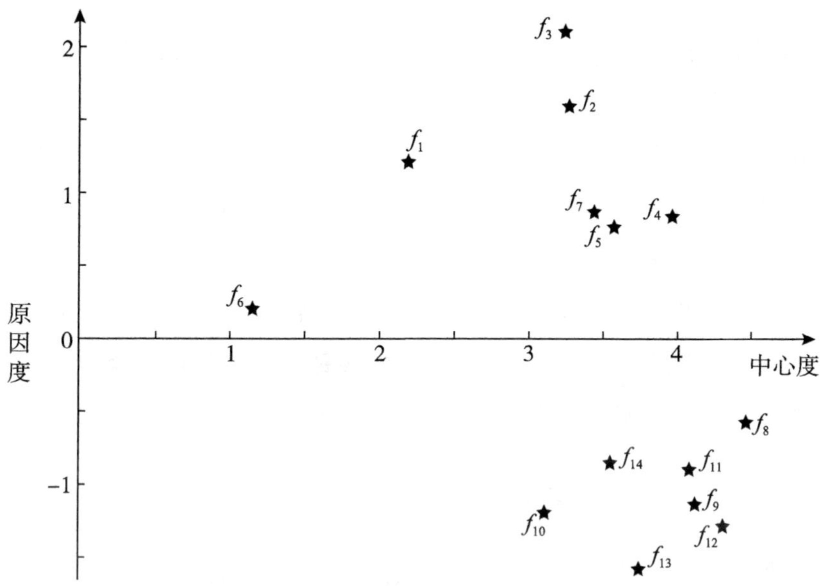

图4－3　各影响因素之间的综合影响

（6）结果分析

通过对综合影响矩阵 T 中的因素进行运算，得出各指标的影响度、被影响度、原因度与中心度，其中原因度与中心度的分析更为重要。通过对上述计算结果数据的进一步分析，可以得到如下结论。

①从原因度来看，各个指标影响因素的原因度有正有负，从而说明各因素对木地板制造企业绿色成长的影响是一个复杂的过程。其中，$f_1 - f_7$ 为正值，表示其属于原因性因素。$f_8 - f_{14}$ 为负值，表示其属于结果性因素。

原因性因素（原因度大于0的因素）的重要程度由大到小依次包括绿色市场需求 f_3、环境标准约束 f_2、政府政策支持 f_1、市场竞争状况 f_4、产业链绿色协同 f_7、绿色技术进步 f_5 和企业所在区位支持 f_6。其中，原因度大于0.75的影响因素依次为绿色市场需求、环境标准约束、政府政策支持、市场竞争状况、产业链绿色协同和绿色技术进步。上述6个因素是推动木地板制造企业绿色成长的关键动力所在。

结果性因素（原因度小于 0 的因素）可通过原因性因素施加的影响，对木地板制造企业绿色成长产生促进作用。

②从中心度来看，企业绿色行为意愿 f_8 的中心度最大，中心度大于 4 的其他影响因素依次是产品绿色质量 f_{12} 、绿色投入强度 f_9 和绿色战略制定与执行 f_{11} ，这些因素是企业管理者需要着重关注的重要问题。

影响因素中企业所在区位支持 f_6 的中心度分值最低，表明该因素对木地板制造企业绿色成长的影响程度较小，其原因度分值也是最低的。综合考虑，可以考虑剔除该影响因素。

总之，木地板制造企业的绿色成长绝不是由单一变量影响或决定的，而是受多种因素相互作用和共同影响的，这些影响因素之间的关系十分复杂，因此分析起来极具挑战。

4.2.5　绿色成长影响因素的进一步分析

根据原因度识别出的影响因素可以被划分为两类，一类是“原因性”影响因素，主要包括绿色市场需求、环境标准约束、政府政策支持、市场竞争状况、产业链绿色协同和绿色技术进步 6 个因素。另一类属于“结果性”影响因素，主要包括企业绿色行为意愿、绿色战略制定与执行、绿色投入强度、产品绿色质量、企业绿色形象、技术人员数量和专利申请数量。

（1）原因性影响因素的作用分析

原因性影响因素主要通过对木地板制造企业是否实施绿色行为施加正向作用。在自身利益最大化这个根本驱动下，绿色市场需求、环境标准约束、政府政策支持、市场竞争状况、产业链绿色协同和绿色技术进步 6 个原因性影响因素也在共同作用，使企业的绿色行为意愿得到提高，进而产生一系列绿色行为，并进一步帮助企业获取绿色收益，从而促进了木地板制造企业绿色成长。因此，上述 6 个原因性影响因素为企业绿色成长提供了最重要的外部动力支持，成为木地板制造企业绿色成长的动力因素。

（2）结果性影响因素分析

结果性影响因素既是影响因素，又是被影响因素。其中，企业绿色行为意愿这个影响因素对整个过程至关重要，该因素也成为连接企业外部动力因素和企业内部影响因素的关键，承担着把外部动力转化为内在行动的核心功能。其他结果性影响因素则以不同方式不同程度地直接参与到企业的生产经营活动之中，共同为促进木地板制造企业的绿色成长发挥作用和做出贡献。

4.3 绿色投入与木地板制造企业绿色成长的相关性分析

通过研究木地板制造企业绿色成长影响因素分析的概念模型，不难发现木地板制造企业实现绿色成长包括两个环节，第一个环节是外部影响因素作用于企业，企业绿色行为意愿提升并加大绿色投入力度；第二个环节是企业增加绿色投入并产生一系列绿色行为，这些绿色行为通过各自不同的方式推进企业获取绿色收益，促进企业实现绿色成长。其中第一个环节逻辑清晰，容易理解。第二环节背后的作用机理则复杂得多（本书第6章将对其进行重点分析）。但是，如果能够验证企业绿色投入与企业成长具有较高的相关性，就能在一定程度上为“概念模型”的合理性提供支撑，同时，这些结果也可以为后续深入研究木地板制造企业绿色成长的动力机制起到探索作用。

4.3.1 研究假设

为了回答“企业绿色投入与企业成长是否相关联以及关联程度如何”这一核心问题，首先，本研究需要列出参与“验证”的企业绿色投入因素。提及的因素主要包括以下方面：①企业研发投入强度和研发人员占比等，它们是企业在绿色技术方面的资金投入和人员投入。②政府对企业的补贴性或奖励性资金投入，如企业扶持资金等，可以看作政府对于企业开展绿色实践、取得绿色成果所给予的资金支持。③发明专利数量和专利申请数量等因素，它们作为企业绿色技术创新的成果，体现出对企业绿色成长后劲的有力支撑。此外，补充反映企业成长质量和绿色投入效率的因素，如生产能耗等。考虑到数据的可获得性，本研究暂时舍弃企业绿色技术引进、设备改造和工艺改进等资金投入因素。其次，为了便于进行数量分析，假定企业的成长主要体现为“量”上的增加，如产品销售额增长、销售利润提高。那么上述核心问题就转化为去验证“构成绿色投入的各种因素（如研发经费投入强度）与企业典型成长性指标（如主营产品销售额）是否存在关联关系及关联程度如何”。如果二者相关联且关联度越高，说明该因素与企业成长的关系就越密切，该因素就越“关键”。

基于上述分析，提出如下假设：木地板制造企业绿色投入的各构成因素与代表企业成长水平的关键指标相关联且具有正向影响。

4.3.2 研究方法

本书采用灰色关联分析法验证研究假设。

（1）灰色关联分析法简介

灰色关联分析是基于灰色系统理论的一种研究分析方法。灰色关联分析通过“灰色关联度”来衡量系统各个因素间关联程度。在系统发展过程中，若两个因素变化的趋势具有一致性，即同步变化程度较高，则可认为二者关联程度较高（李旭辉和江奎，2014）。该研究的基本思想是根据“参考数据列”和若干个“比较数据列”形成曲线的几何形状来判断因素之间的关联程度。结论是比较数列与参考数列的发展方向和速率越接近，关联度就越大。

灰色关联分析法被广泛应用于社会科学和自然科学的各个领域并取得较好的应用效果。薛智（2007）、张军波和江文丽（2015）、马树云（2017）采用灰色关联分析法对上市企业的综合成长力进行了评价。刘旭东（2010）选择销售量（销售收入）作为企业成长性指标，把专利申请数量、员工人数等若干选项设定为企业成长的影响因素，运用灰色关联分析法对二者的相关关系进行研究，研究发现技术创新是影响企业成长的关键性因素。

相对于回归分析、主成分分析等数理统计量化方法，灰色关联分析法的最大优点在于对样本量要求不高，也不需要研究对象有典型的分布规律，计算量相对较小，而且不会出现量化结果与定性分析结果不符的情况（黄永春和谢名洋，2002）。由于木地板制造企业上市企业样本极少，无法运用传统的数理统计方法进行定量分析，灰色关联分析法恰好对小样本系统有明显的分析优势，使用该方法分析和比较企业绿色成长影响因素与企业成长之间的相关性具有相应的适用性和有效性。

（2）灰色关联分析的步骤

灰色关联分析的具体计算步骤如下。

第一步，建立原始数列的因变量参考数列和自变量比较数列。

设因变量为参考数列，以 $x_0 = \{x_0(k)\}$ 表示，第 1 个时刻的值为 $x_0(1)$，第 2 个时刻的值为 $x_0(2)$，第 k 个时刻的值为 $x_0(k)$；因此，参考序列 x_0 可表示为：

$$x_0 = [x'_0(1), x_0'(2), \cdots, x_0'(m)]$$

自变量为比较数列，记作 $x_i = \{x_i(k)\}$，比较数列 x_i 可表示为：

$$x_i = [x_i'(1), x_i'(2), \cdots, x_i'(m)], i = 1,2,\cdots,n$$

第二步，原始数据的无量纲化处理。

原始数据可能由于量纲不同不便进行比较或在比较时难以得到正确的结论。因此在进行灰色关联度计算分析之前，需要对原始数据进行规范化处理，消除由于单位、数量级大小不同带来的影响，以便于进行计算和比较分析。

应用初值化法进行数据的无量纲化处理：

$x_i(k) = \dfrac{x_i'(k)}{x_i(1)}, i = 0,1,2,\cdots,n; k = 1,2,\cdots,m$。其中 $x_i(1)$ 为每组序列的第一个值，且 $x_i(1) \neq 0$。

无量纲化后的数据序列处理成为如下矩阵：

$$(x_0, x_1, \cdots, x_n) = \begin{pmatrix} x_0(1) & x_0(2) & \cdots & x_0(m) \\ x_1(1) & x_1(2) & \cdots & x_1(m) \\ \vdots & \vdots & & \vdots \\ x_n(1) & x_n(2) & \cdots & x_n(m) \end{pmatrix}$$

第三步，逐个计算每个被评价对象比较序列 $x_i(k)$ 与参考序列 $x_0(k)$ 对应元素的绝对差值，即 $\Delta_i(k) = |x_0(k) - x_i(k)|$，（$k = 1,2,\cdots,m; i = 1,2,\cdots,n$；$n$ 为被评价对象的个数）。

第四步，确定最小差和最大差。

最小差 $\Delta\min$ 为 $\min_i \min_k |x_0(k) - x_i(k)|$，最大差 $\Delta\max$ 为 $\max_i \max_k |x_0(k) - x_i(k)|$

第五步，计算关联系数。

分别计算每个比较序列与参考序列对应元素的关联系数。

$$\xi_i(k) = \frac{\min_i \min_k |x_0(k) - x_i(k)| + \rho \max_i \max_k |x_0(k) - x_i(k)|}{|x_0(k) - x_i(k)| + \rho \max_i \max_k |x_0(k) - x_i(k)|}$$

$$(k = 1, 2, \cdots, m)$$

记 $\Delta_i(k) = |x_0(k) - x_i(k)|$，则

$$\xi_i(k) = \frac{\min_i \min_k \Delta_i(k) + \rho \max_i \max_k \Delta_i(k)}{\Delta_i(k) + \rho \max_i \max_k \Delta_i(k)} (k = 1, 2, \cdots, m)$$

其中，$\rho \in (0, \infty)$ 称为分辨系数。ρ 越小，分辨力越大；ρ 的取值区间为（0，1），具体取值可视情况而定。当 $\rho \leqslant 0.5463$ 时，分辨力最好，因此，一般常取 $\rho = 0.5$。

第六步，计算关联度。

关联系数是比较数列与参考数列在各个时刻（曲线中的各点）的关联程度的数值（曹欣婷，2011）。由于研究中的关联系数不止一个，因此有必要将各个时刻（曲线中的各点）的关联系数集中为一个值以方便整体性比较（郭慧芳和莫连光，2007）。并计算其平均值，平均值 γ_i 就称为比较数列 $x_i(k)$ 与参考数列 $x_0(k)$ 的关联度。关联度 γ_i 计算公式如下：

$$\gamma_i = \frac{1}{m} \sum_{k=1}^{m} \xi_i(k), k = 1, 2, \cdots, m$$

第七步，依据各观察对象的关联序，得出综合评价结果。

观察对象的关联度越接近于1，则其彼此间的关联程度越大。根据经验，当 $\rho = 0.5$ 时，如果两因素的关联度大于0.6，便认为其关联性显著。关联度 γ_i 按大小排序，反映了对于参考数列 $x_0(k)$ 来说各比较数列 $x_i(k)$ 的“优劣”关系。例如，如果 $\gamma_1 < \gamma_2$，则参考数列 $x_0(k)$ 与比较数列 $x_2(k)$ 更相似，关联度更高。

4.3.3 实证分析

（1）样本选择

选择大亚圣象（股票代码：000910）作为代表企业。以2015—2018年企业年报公布的数据为基础进行灰色关联分析。需要说明的是，大亚圣象在2014年经历股权变动，2015年剥离了烟草包装印刷、汽车轮毂、信息通信等非木业资产，同时收购部分木业子公司的少数股东股权，形成以木业为主营业务，以木地板、人造板为主要产品的经营模式，因此选取2015年后的数据更具可靠性。此外，补充扬子地板（股票代码：430539）作为对比分析，扬子地板主营业务“聚焦”于木地板制造，2013年年底在“新三板”上市，故仍然选取2015—2018年的真实数据进行研究。

（2）数据选择

①因变量的选择。企业的成长首先表现为企业产出在量上的增长，这种增长的程度可以通过多种成长性指标反映出来，例如，产品销售额的增加、销售利润的提高等。郭蕊等（2005）认为营业收入是反映企业成长性最具代表性的指标。销售额增长是衡量企业成长重要指标之一（Weinzimmer等，1998）。本书结合具体问题和木地板制造企业生产经营特点，选择木地板产品的年销售额为因变量来代表企业的成长程度，并形成参考数列$\{x_0(k)\}$。

②自变量的选择。本书原始数据均来自企业的真实数据。按照前述三类绿色投入的因素划分，首先，选择研发经费投入强度和技术人员占比等影响因素作为自变量进行研究。其次，选择政府补助中的企业扶持资金与专利申请数量、发明专利数量，以及通过计算可以获得的单位生产能耗等有客观数据支撑的因素作为自变量，并形成上述自变量的比较数列$\{x_i(k)\}$。

（3）原始数据收集

大亚圣象原始数据如表4－7所示。

表 4－7　　大亚圣象原始数据

项目＼年份	2015	2016	2017	2018	
木地板产品销售收入（亿元）	39.39	44.44	49.32	50.47	x_0 参考数列
研发经费投入强度[a]（%）	2.00	1.88	1.96	2.05	x_1 比较数列
技术人员占比（%）	9.85	9.13	9.23	9.23	x_2 比较数列
专利申请数量（件）	13	9	25	54	x_3 比较数列
发明专利数量（件）	11	6	18	29	x_4 比较数列
单位生产能耗[b]（元）	4.2278	4.2314	3.8289	3.8466	x_5 比较数列
企业扶持资金[c]（万元）	2023.24	932.97	1601.31	1641.45	x_6 比较数列

注 a：研发经费投入强度为研发经费支出金额/企业主营业务收入。

b：单位生产能耗根据营业成本中水电气等能源支出与木地板产量之比计算得出。

c：由于大亚圣象的政府补助中缺乏政府奖励的明细，故选用企业扶持资金代替。

资料来源：作者整理。

扬子地板原始数据如表 4－8 所示。

表 4－8　　扬子地板原始数据

项目＼年份	2015	2016	2017	2018	
木地板产品销售收入（亿元）	3.24	3.63	4.21	4.32	x_0 参考数列
研发经费投入强度（%）	3.09	3.19	3.49	3.12	x_1 比较数列
技术人员占比（%）	6.12	6.69	6.35	6.57	x_2 比较数列
专利申请数量（件）	19	8	14	43	x_3 比较数列
发明专利数量（件）	12	3	4	15	x_4 比较数列
单位生产能耗[a]（元）	—	—	—	—	x_5 比较数列
企业扶持资金[b]（万元）	26.35	54.73	62.28	134.03	x_6 比较数列

注 a：由于无法获得营业成本中水电气等能源支出数据，故此项暂空缺。

b：根据政府补助中政府奖励的明细数据（自主创新奖励＋岗位技能提升培训补贴＋财政奖补资金）计算得出。

资料来源：作者整理。

（4）计算过程

①建立原始数据矩阵。分别对大亚圣象为企业 A，扬子地板为企业 B，根据原始数据分别建立大亚圣象原始数据矩阵（x'_A）以及扬子地板原始数据矩阵（x'_B）：

$$(x'_A) = \begin{pmatrix} 39.39 & 44.44 & 49.32 & 50.47 \\ 2.00 & 1.88 & 1.96 & 2.05 \\ 9.85 & 9.13 & 9.23 & 9.23 \\ 13 & 9 & 25 & 54 \\ 11 & 6 & 18 & 29 \\ 4.228 & 4.231 & 3.829 & 3.847 \\ 2023 & 933 & 1601 & 1641 \end{pmatrix}$$

$$(x'_B) = \begin{pmatrix} 3.24 & 3.63 & 4.21 & 4.32 \\ 3.09 & 3.19 & 3.49 & 3.12 \\ 6.12 & 6.69 & 6.35 & 6.57 \\ 19 & 8 & 14 & 43 \\ 12 & 3 & 4 & 15 \\ 26.35 & 54.73 & 62.28 & 134.03 \end{pmatrix}$$

②原始数据的初始化处理。分别对大亚圣象和扬子地板两企业的原始数据进行初始化处理（无量纲化处理）。

$x_i(k) = \dfrac{x_i'(k)}{x_i(1)}, i = 0,1,2,\cdots,n; k = 1,2,\cdots,m$。无量纲化后的数据序列形成如下矩阵：

$$(x_A) = \begin{pmatrix} 1.0000 & 1.1282 & 1.2521 & 1.2813 \\ 1.0000 & 0.9400 & 0.9000 & 1.0250 \\ 1.0000 & 0.9269 & 0.9371 & 0.9371 \\ 1.0000 & 0.6923 & 1.9231 & 4.1538 \\ 1.0000 & 0.5455 & 1.6364 & 2.6364 \\ 1.0000 & 1.0008 & 0.9056 & 0.9098 \\ 1.0000 & 0.4611 & 0.7915 & 0.8113 \end{pmatrix}$$

$$(x_B) = \begin{pmatrix} 1.0000 & 1.1204 & 1.2994 & 1.3333 \\ 1.0000 & 1.0324 & 1.1294 & 1.0097 \\ 1.0000 & 1.0931 & 1.0376 & 1.0735 \\ 1.0000 & 0.4211 & 0.7368 & 2.2632 \\ 1.0000 & 0.2500 & 0.3333 & 1.2500 \\ 1.0000 & 2.0770 & 2.3636 & 5.0865 \end{pmatrix}$$

③确定参考数列。参考数列分别为：

大亚圣象 $x_{0A} = \{1,\ 1.1282,\ 1.2521,\ 1.2813\}$

扬子地板 $x_{0B} = \{1,\ 1.1204,\ 1.2994,\ 1.3333\}$

④计算 $\Delta_i(k)$ 。分别计算大亚圣象和扬子地板两家企业的 $\Delta_i(k) = |x_0(k) - x_i(k)|$，计算结果如表4－9、表4－10所示。

表4－9　　大亚圣象的 $\Delta_i(k)$

	Δ_1	Δ_2	Δ_3	Δ_4	Δ_5	Δ_6
1	0	0	0	0	0	0
2	0.1882	0.2013	0.4359	0.5828	0.1274	0.6671
3	0.2721	0.3150	0.6710	0.3843	0.3464	0.4604
4	0.2563	0.3442	2.8726	1.3551	0.3715	0.4700

资料来源：作者整理。

表4－10　　扬子地板的 $\Delta_i(k)$

	Δ_1	Δ_2	Δ_3	Δ_4	Δ_6
1	0	0	0	0	0
2	0.0880	0.0273	0.6993	0.8704	0.9566
3	0.1699	0.2618	0.5626	0.9661	1.0642
4	0.3236	0.2598	0.9299	0.0833	3.7532

资料来源：作者整理。

形成如下矩阵：

$$(\Delta_A)=\begin{pmatrix}0 & 0.1882 & 0.2721 & 0.2563\\ 0 & 0.2013 & 0.3150 & 0.3442\\ 0 & 0.4359 & 0.6710 & 2.8726\\ 0 & 0.5828 & 0.3843 & 1.3551\\ 0 & 0.1274 & 0.3464 & 0.3715\\ 0 & 0.6671 & 0.4606 & 0.4700\end{pmatrix}$$

$$(\Delta_B)=\begin{pmatrix}0 & 0.0880 & 0.1699 & 0.3236\\ 0 & 0.0273 & 0.2618 & 0.2598\\ 0 & 0.6993 & 0.5626 & 0.9299\\ 0 & 0.8704 & 0.9661 & 0.0833\\ 0 & 0.9566 & 1.0642 & 3.7532\end{pmatrix}$$

⑤求最值。经计算：

大亚圣象的最小差 $\Delta\min=\min\limits_i\min\limits_k|x_0(k)-x_i(k)|=0$

最大差 $\Delta\max=\max\limits_i\max\limits_k|x_0(k)-x_i(k)|=2.8726$

扬子地板的最小差 $\Delta\min=\min\limits_i\min\limits_k|x_0(k)-x_i(k)|=0$

最大差 $\Delta\max=\max\limits_i\max\limits_k|x_0(k)-x_i(k)|=3.7532$

⑥计算灰色关联系数。取 $\rho=0.5$，计算出各因素与销售收入的关联系数：

大亚圣象的 $\xi_{iA}(k)=\dfrac{\Delta\min+\rho\Delta\max}{\Delta_i(k)+\rho\Delta\max}=\dfrac{0+\rho\times 2.8726}{\Delta_i(k)+\rho\times 2.8726}=\dfrac{1.4363}{\Delta_i(k)+1.4363}$

计算结果如表 4－11 所示。

表 4－11　　　　大亚圣象的关联系数

	ξ_{1A}	ξ_{2A}	ξ_{3A}	ξ_{4A}	ξ_{5A}	ξ_{6A}
1	1	1	1	1	1	1
2	0.8841	0.8771	0.7671	0.7113	0.9185	0.6828
3	0.8407	0.8201	0.6815	0.7889	0.8056	0.7571
4	0.8486	0.8066	0.3333	0.5145	0.7945	0.7534

资料来源：作者整理。

$$扬子地板的\ \xi_{iA}(k) = \frac{\Delta\min + \rho\Delta\max}{\Delta_i(k) + \rho\Delta\max} = \frac{0 + \rho \times 3.7532}{\Delta_i(k) + \rho \times 3.7532} = \frac{1.8766}{\Delta_i(k) + 1.8766}$$

计算结果如表 4－12 所示。

表 4－12　　扬子地板的关联系数

	ξ_{1B}	ξ_{2B}	ξ_{3B}	ξ_{4B}	ξ_{6B}
1	1	1	1	1	1
2	0.9552	0.9857	0.7285	0.6831	0.6624
3	0.9170	0.8776	0.7694	0.6601	0.6381
4	0.8529	0.8784	0.6687	0.9575	0.3333

资料来源：作者整理。

⑦分别计算每个指标的关联度。计算出各因素的灰色关联度，关联度越接近于 1，说明关联程度越大。计算公式为：

$$\gamma_i = \frac{1}{4}\sum_{k=1}^{4} \xi_i(k)$$

关联度计算结果如表 4－13 所示。

表 4－13　　各因素灰色关联度对照

影响因素	研发经费投入强度	技术人员占比	专利申请数量	发明专利数量	单位生产能耗	企业扶持资金
大亚圣象 γ_{iA}	0.8933	0.8759	0.6955	0.7537	0.8797	0.7983
扬子地板 γ_{iB}	0.9313	0.9354	0.7917	0.8252	—	0.6584

资料来源：作者整理。

（5）分析与讨论

根据表 4－13 的计算结果可以得出，大亚圣象各因素之间的关联度均大于 0.6，关联性显著，研究假设成立。按各因素之间的关联度大小排列的顺序为研发经费投入强度、单位生产能耗、技术人员占比、企业扶持资金、发明专利数量和专利申请数量。其中，研发经费投入强度、单位生产能耗和技术人员占比等因素的关联度数值居于前三位，均达到 0.87 以上。

扬子地板各影响因素的关联度也均大于0.6，关联性亦显著，研究假设同样成立。按关联度大小排列的顺序为技术人员占比、研发经费投入强度、发明专利数量、专利申请数量和企业扶持资金。其中，研发经费投入强度和技术人员占比等因素的关联度更是高于0.93。

综合来看，研发经费投入强度因素和技术人员占比因素的关联度数值均在两个企业中排名前列，说明他们与木地板制造企业成长的关系更为密切，是关键性影响因素。单位生产能耗因素（仅大亚圣象数据）关联度数值也较高，说明企业在生产设备的更新、生产工艺的改进方面的绿色投入对节能减排产生了积极效果。

进一步分析，发明专利数量和专利申请数量等两个因素与企业木地板销售额的关联度稍微偏低，可能的原因是发明专利数量和专利申请数量因素需要有一个“消化”过程，其产生作用的效果具有一定滞后性。此外，针对企业扶持资金需要说明的是，扬子地板获得的政府给予企业的补助资金从2015年开始逐渐上升，力度不断加大，因此对关联度的计算造成一定影响。

4.4　本章小结

本章首先应用DEMATEL方法对影响木地板制造企业绿色成长的因素进行识别，得出绿色市场需求、环境标准约束、政府政策支持、市场竞争状况、产业链绿色协同和绿色技术进步六个因素属于原因性因素，是推动木地板制造企业绿色成长主要的动力因素。然后选取大亚圣象与扬子地板两家代表性木地板制造企业，通过灰色关联分析验证了企业绿色投入与企业成长之间是否具有关联关系以及关联程度如何。结果显示两家企业的研发经费投入强度、单位生产能耗（仅大亚圣象数据）、技术人员占比、企业扶持资金、发明专利数量和专利申请数量六个因素的关联度均大于0.6，各个因素之间的关联性显著，它们均与木地板制造企业的绿色成长密切相关。

5 木地板制造企业的绿色成长力评价

当前，木地板制造企业正处于绿色转型成长的关键时期。绿色政策推动、环境标准趋严、绿色需求增长、绿色竞争加剧、绿色技术进步、产业链绿色协同等成为木地板制造企业选择绿色成长方式的重要因素。对于企业自身来讲，绿色成长力如何也是一个十分关键的信息。从影响企业绿色成长因素中提炼评价指标并构建评价指标体系和评价模型对木地板制造企业的绿色成长力进行定量评价，可以作为定性研究的补充，不仅有利于发现企业在绿色成长过程中存在的问题与不足，也为进一步研究其绿色成长动力机制提供更多的客观线索。因此，迫切需要构建一套评价指标体系和合理适用的评价模型，对木地板制造企业的绿色成长力进行有效测度。

5.1 制造企业绿色成长力概念

企业成长体现为一种能力，即一种能够优化配置资源、获取竞争优势的能力，可以称其为“成长力”。企业的成长力是人们依据企业的现有发展状况和其他内外部客观因素所作出的对该企业的一种未来发展预期（从少平，2008）。

企业的绿色成长主要表现为企业规模的逐年扩张，是成长在“量”上的主要体现。“绿色”是过程与要求，主要表现为企业在绿色框架下的整体素质和经营效益的不断提升，是成长在“质”上的主要体现。

结合前述“绿色成长”的内涵，把制造企业的绿色成长力定义如下：制造企业以绿色发展理念为引领，以绿色创新为手段，整合产业链环境下的各种资源，解决或减少企业生产经营活动中的环境问题，为消费者提供环保、安全、健康的绿色产品，从而获得绿色收益和持续成长的能力与潜力。

5.2 企业绿色成长力评价指标体系的构建

构建一套严谨科学且切实可行的评价指标体系是对木地板制造企业绿色成长力进行客观评价的基本前提。最大的难点在于“绿色指标”的选取，需要兼顾“成长”与“绿色”两个方面，二者缺一不可，因此具有很大的挑战性。

5.2.1 木地板制造企业绿色成长力评价指标体系设计原则

只有遵循一定的设计原则才能保证评价指标选取的科学性。木地板制造企业绿色成长评价指标体系设计除了要遵循科学性、完备性、系统性、可操作性等一般原则之外，还应遵循以下原则。

①指标应同时反映“成长”和“绿色”两个核心要素，既要包括“财务成长力指标”，又要兼顾“绿色成长力指标”。木地板制造企业绿色成长是“量”的增长和“质”的提升相统一的过程，“量”的增长表现为企业规模扩张、企业收入增加等企业由小到大、由弱到强的过程；质的变化则表现为体现“绿色”的企业整体素质的提升。因此，评价指标中应以对企业成长起到支撑作用的“绿色指标”为主。

②影响木地板制造企业绿色成长的要素繁多，要素之间相互关联、相互作用，逻辑关系复杂多样。因此，需要梳理和分析影响木地板制造企业绿色成长要素，筛除可以相互替代的相似要素，提炼出有代表性的核心要素作为指标，并尽可能减少指标的数量以使评价更具可操作性。同时，评价指标不仅能对企业成长现状进行客观描述，又能在一定程度上反映和预测企业持续成长的动态表现。

③考虑到影响木地板制造企业绿色成长的因素众多且复杂，对其做出评价富有挑战。因此，要筛选出能够全面且客观反映企业绿色成长支撑力的指标富有挑战。研究时既要考虑定量指标的客观性优势，又要适当补充定性指标以保持相对全面性。因此，木地板制造企业绿色成长力评价指标的选取要

以客观的定量指标为主，适当选取定性指标作为补充。

5.2.2 绿色成长力一级评价指标确定

基于木地板制造企业绿色成长影响因素识别等前期研究工作的基础，借鉴学者的研究成果，综合专家咨询意见形成评价的备选指标。把木地板制造企业绿色成长力划分为“企业实力”“绿色投入”“绿色管理”“绿色输出”和“财务绩效”五个维度，作为木地板制造企业绿色成长力评价的一级指标，分别将其命名为 A_1 、A_2 、A_3 、A_4 和 A_5 。

5.2.3 绿色成长力二级评价指标确定

从企业实力、绿色投入、绿色管理、绿色输出和财务绩效等一级评价指标中，分别遴选出若干二级评价指标。

木地板制造企业绿色成长力评价指标构建如表5－1所示。

表5－1　木地板制造企业绿色成长力评价指标构建

准则层	一级指标	二级指标
企业绿色成长力 A	企业实力 A_1	企业规模 a_{11} 、产品销售收入 a_{12} 、销售收入增长率 a_{13}
	绿色投入 A_2	研发投入金额 a_{21} 、技术人员数量 a_{22} 、研发投入强度 a_{23} 、技术人员占比 a_{24}
	绿色管理 A_3	绿色战略制定与执行 a_{31} 、企业绿色形象 a_{32}
	绿色输出 A_4	专利申请数量 a_{41} 、发明专利数量 a_{42} 、政府补助金额 a_{43}
	财务绩效 A_5	净资产增长率 a_{51} 、主营业务利润率 a_{52} 、净资产收益率 a_{53}

资料来源：作者整理。

如表5－1所示，二级指标主要分为两类：一类是定量指标，另一类是定性指标。为了保证分析结果的客观性，指标的选择以定量指标为主、定性指标为辅，其中对于定性指标数据的获取是难点，为此，应首先对定性指标进行预处理。

特别地，针对“企业规模”这个二级指标进行说明。一般来讲，企业的成长往往会伴随企业规模的扩大；而企业规模的扩大也在一定程度上增强企业对市场的竞争能力和控制能力。对于木地板制造企业而言，绿色产品研发、绿色工艺优化、绿色技术引进、生产设备更新等都需要大量资金投入，而经济实力则是绿色投入的重要保证。企业的规模越大，资本实力就越强，就越有能力加大绿色投入，为企业的绿色技术开发、工艺改进、技术引进、设备更新等提供支持。基于上述考虑，将企业规模作为衡量企业绿色成长力的指标之一。但是，为了避免企业间由于规模差异可能对企业“绿色努力”程度带来的不利影响，采取对该值取自然对数以及适当降低权重的处理方法。

5.3 评价方法的选择

由于企业绿色成长的复杂性，采用何种评价方法对企业的绿色成长力进行评价仍未达成一致。赵翔和胡胜德（2017）认为相比于层次分析法、灰色关联度法、二维判断法等常用的企业成长性评价方法，突变级数法不需要对指标赋予权重，减少了主观判断，计算结果具有科学性和合理性。屈文彬（2012）、庞敏（2015）、张春国等（2017）运用突变级数法对企业成长力进行评价。朱云鹃（2009）选用主成分分析、因子分析、熵值法、TOPSIS 法、综合指数法和密切值法，对 20 家创新型试点企业的数据进行综合评价，得出 TOPSIS 法优于其他方法的结论。武春友等（2017）结合 TOPSIS 法与灰色关联理论构建绿色增长评价模型并对中国绿色增长水平进行了实证分析。朱和平（2017）将 TOPSIS 法用于制造企业的财务可持续发展评价。孙圣兰等（2017）运用 TOPSIS 法来遴选入驻“科技孵化器”的企业；刘振元等（2017）通过综合对比模糊综合评价、灰色关联分析等评价方法，最终采用熵值法与 TOPSIS 法结合的方法对“新三板”挂牌企业成长力进行了综合评价。总之，TOPSIS 法和突变级数法是目前较多应用于企业成长评价的两种方法。

由于受到常见突变系统类型的限制，突变级数法在设定单项指标的子指标时一般不超过 4 个，而且需要人为区分同级指标的重要程度。因此，综合考虑并结合本研究数据情况，选择采用 TOPSIS 法对木地板制造企业绿色成长力进行评价。

TOPSIS 法由 Hwang 和 Yoon 于 1981 年首次提出，又称为优劣解距离法，是一种多目标决策分析的常用方法。其实质是通过衡量系统现实状态与理想状态之间的欧氏距离来判断系统的发展水平（武春友等，2017）。该方法采用逼近于“理想解”的技术对有限方案进行排序，被评价方案越是接近最优解，说明其评价结果越好；相反，越是接近最差解，其评价结果越差（田园，2014）。基本思路是对各个评价对象的原始数据进行标准化处理形成规范化矩阵，并求出每个指标的最优解和最差解，根据每个被评价对象的一系列指标值到最优解及最差解的距离，可以综合得出其相对接近程度，并以此作为最终排序的依据。

TOPSIS 法易于理解，计算相对简单，对原始数据的信息利用最为充分，对样本的数据分布、研究对象规模都没有严格的限制，尤其适合小样本资料。由于其结果能精确地反映各评价方案之间的差距，因此该方法的应用领域十分广泛，不仅可以对同一对象不同时期的发展变化进行评价，还能对相同时期内不同研究对象之间的差异进行横向对比。TOPSIS 法虽然优势明显，但有不足，在确定权重方面有一定的主观性，可能会对结果的精确性产生影响，因而一些学者针对赋权过程进行了改进。鉴于此，本研究在基于原始数据反映信息的基础上，选用 TOPSIS 法对木地板制造企业绿色成长力进行评价，并采用熵值法和层次分析法相结合的“综合赋权法”来确定评价指标权重以弥补该方法的不足。

5.4 绿色成长力评价实证分析

5.4.1 木地板制造企业样本的选取

木地板制造产业中的上市企业极少，目前仅有的几家上市企业还分属不同的证券交易所；有的上市企业存在着主营业务多元化，木地板营业收入所占比例偏低的问题，例如，兔宝宝（德华兔宝宝装饰新材股份有限公司），木地板业务只占企业营业收入的5%左右；而升达林业（ST升达）的主营业务变更为清洁能源，已与木地板制造与销售无关。此外，企业有关数据、特别是关于绿色输出数据难以获得。根据木地板制造企业主营业务分析，剔除掉兔宝宝、宜华生活等上市企业。再根据数据的可得性和代表性，剔除掉升达林业、大自然家居等被ST的上市企业及财务数据不完整的企业，最终选择大亚圣象、菲林格尔、德尔未来和扬子地板4家木地板制造上市企业作为研究对象，基本情况如表5－2所示。

表5－2　木地板制造企业样本选择情况

公司名称	股票名称	股票代码
大亚圣象家居股份有限公司	大亚圣象	000910
菲林格尔家居科技股份有限公司	菲林格尔	603226
德尔未来科技控股集团股份有限公司	德尔未来	002631
安徽扬子地板股份有限公司	扬子地板	430539

5.4.2 定性类评价指标的预处理

木地板制造企业绿色成长评价的二级指标主要有两类，一类是定量指标，另一类是定性指标。为了保证分析结果的客观性，本研究使用指标的选择以定量指标为主、定性指标为辅，其中对于定性指标数据的获取是难点，首先需要对定性指标进行预处理，即根据相关信息对数据进行加工处理，转化为可以进行定量分析的可用指标。

（1）“企业战略制定与评价指标”的预处理

为提高数据的可靠性，该数据由三部分加权获取。一是根据企业实际情况通过直接打分获取的相应分数；二是通过在年报中抓取关键词，根据关键词数量得到的相应分数；三是构建评价指标体系并由专家打分，运用灰色系统评价模型进行处理获得的相应分数。三者经过相应加权取得最终分数。

①直接评分。参照学者研究成果，并结合木地板制造企业特点，本部分构建了评分表并根据企业实际情况直接打分取得数据。评分表共有 10 题，总分为 20 分。

企业“绿色战略制定与执行情况”评分表如表 5－3 所示。

表 5－3　企业“绿色战略制定与执行情况”评分表

准则层	评价指标	分值
绿色战略制定	是否制定可行的绿色战略	“有”得 2 分；“否”得 0 分
	是否有明确的绿色发展目标	“是”得 2 分；“否”得 0 分
	是否体现能够绿色发展理念	“是”得 2 分；“否”得 0 分
绿色产业链构建	是否进行用材林基地建设	“是”得 2 分；“否”得 0 分
	是否建有绿色采购制度	“是”得 2 分；“否”得 0 分
	是否对铺装商提出绿色要求	“是”得 2 分；“否”得 0 分
履行环境责任	是否通过 ISO14000 环境认证体系	“否”得 2 分；“是”得 0 分
	是否存在环保违规行为	“是”得 2 分；“否”得 0 分
	是否建有员工绿色培训制度	“是”得 2 分；“否”得 0 分
	是否参与绿色公益活动	“是”得 2 分；“否”得 0 分

资料来源：作者整理。

经统计各企业得分结果如下：大亚圣象 20 分；菲林格尔 18 分；德尔未来 16 分；扬子地板 18 分。

②文本分析法。目前，许多学者采取文本分析的方法开展相关领域的研究，主要是为了在海量的文本中把方向性的观点识别出来（赵虎等，2019）。徐一方等（2014）采用词频计算方法对政策文本进行处理和分析；冉连（2017）、斯丽娟和王佳璐（2018）、王培然和杨永春（2020）运用文本分析法对政策文本进行关键词提取以把握政策变迁轨迹和变化趋势。

一般认为，文本中某个词语的重要程度与其出现的频率有关。某词出现的频率越高则与之相关的内容就越受重视。例如，党的十九大报告中“生态”一词出现了 43 次，“环境”一词出现了 29 次，表明党和国家对绿色发展与环境问题的重视。

本研究借鉴文本分析法的思想，人工提取关键词并根据词频判断企业对与“绿色”相关内容的重视程度来对企业进行评价。

其评分流程如图 5－1 所示。

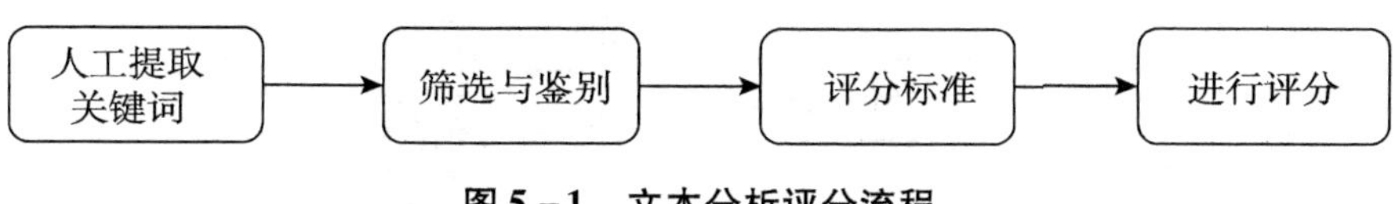

图 5－1 文本分析评分流程

本书首先从东方财富网（eastmoney. com）下载了 2017—2018 年两年（因菲林格尔于 2017 年上市）的企业年报并仔细研读，从中以“绿色”“环保”“节能”“减排”“循环”“低碳”“可持续”以及与之相近词汇（如“降污”“降耗”）作为关键词进行提取，并根据文中词意去除掉其中不相关词汇（如在公司名称出现）继而以词频数量最高企业得分为 10 分，其他企业通过计算可分别求出实际得分。得分结果如下：大亚圣象 64 次，得 10 分；菲林格尔 48 次，得 7. 50 分；德尔未来 20 次，得 3. 13 分；扬子地板 51 次，得 7. 97 分。

③专家打分法。上述评价信息仍然不足以反映企业较为完整的真实情况，故采用专家打分法进行评价作为进一步的补充。9 位专家在充分研读企业年报等相关材料以及企业网站提供的信息的基础上，依据评价指标体系，结合企业实际情况，以 5 分制对各个评价指标进行评议打分，并对每一项指标求出 9 位专家打分的平均值，最后综合计算出企业“绿色战略制定与执行”情况总分。

该评价主要步骤如下。

第一步，构建评价指标体系及确定各指标权重。在专家咨询的基础上，结合木地板制造企业实际情况，依次选取与绿色环保关系紧密且符合企业战略管理要求的因素作为备选评价指标，并相应设计出评价指标体系。然后采用德尔菲法，通过专家咨询，确定指标的权重。

评价指标及权重设置情况如图 5－2 所示。

绿色战略制定、绿色协同战略、环境责任履行 3 个一级评价指标的权重分别设置为 0. 4，0. 3，0. 3。一级指标“绿色战略制定”之下的绿色战略

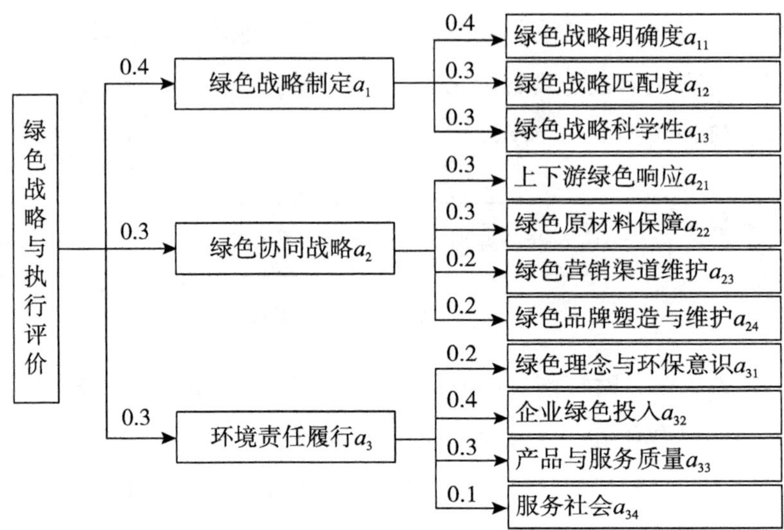

图 5-2 评价指标及权重设置

明确度、绿色战略匹配度、绿色战略科学性 3 个二级评价指标的权重分别设置为0.4，0.3，0.3。其他两个一级指标下的二级指标权重设定均与此类似。

第二步，设定评分标准并进行专家打分。9 位专家结合企业实际情况，按 5 分制对 4 家企业的各个评价指标进行评价打分。评价等级由 5 到 1 依次代表很好、较好、一般、尚可和较差。企业的实际表现如在两个等级之间则取 0.5 分。

各企业"绿色战略制定与执行"得分结果如下：大亚圣象得 4.24 分（见表 5-4）；菲林格尔得 4.16 分；德尔未来得 3.83 分；扬子地板得 3.91 分。

表 5-4 大亚圣象绿色战略制定与执行情况专家打分表

一级指标	二级指标	专家1	专家2	专家3	专家4	专家5	专家6	专家7	专家8	专家9	均值
绿色战略制定 a_1 (0.4)	a_{11}(0.4)	5	4.5	4	4.5	5	5	4.5	4.5	4.5	4.61
	a_{12}(0.3)	4	4.5	4	4.5	4.5	4	4	4.5	4	4.22
	a_{13}(0.3)	3.5	4	4	4	4.5	4.5	3.5	3.5	3.5	3.89

续表

一级指标	二级指标	专家1	专家2	专家3	专家4	专家5	专家6	专家7	专家8	专家9	均值
绿色协同战略 a_2 (0.3)	a_{21} (0.3)	4.5	4	4	4.5	3.5	4	4.5	3	3	3.89
	a_{22} (0.3)	5	4.5	4.5	4	4	4.5	4.5	4	3.5	4.28
	a_{23} (0.2)	4	3	3.5	3	4	4.5	4	3.5	3.5	3.67
	a_{24} (0.2)	4.5	4.5	4.5	4	5	4.5	4	4	3.5	4.28
环境责任履行 a_3 (0.3)	a_{31} (0.2)	4.5	4	4	4.5	5	4.5	4	4	4	4.28
	a_{32} (0.4)	5	4.5	4	4.5	4.5	4	4	4.5	4	4.33
	a_{33} (0.3)	5	4.5	4.5	5	4.5	4.5	4.5	4.5	4	4.56
	a_{34} (0.1)	5	4.5	4	4.5	4.5	5	4.5	4.5	4	4.50
合计得分（分）	4.24										

资料来源：作者整理。

④综合得分。将以上结果换算成百分制，大亚圣象得 84.8 分；菲林格尔得 83.2 分；德尔未来得 76.6 分；扬子地板得 78.2 分。

综合直接评分、抓取关键词评分以及专家打分，最终，各企业“绿色战略制定与执行”得分为：

大亚圣象：20 + 10 + 84.8 × 0.7 = 89.36（分）；菲林格尔：18 + 7.5 + 83.2 × 0.7 = 83.74（分）；德尔未来：16 + 3.13 + 76.6 × 0.7 = 72.75（分）；扬子地板：18 + 7.97 + 78.2 × 0.7 = 80.71（分）。

（2）“企业绿色形象评价指标”的预处理

采用模糊综合评价法对木地板企业的绿色形象进行评价。模糊综合评价法是一种基于模糊数学的综合评价方法，其主要原理是根据模糊数学的隶属度理论把定性评价转化为定量评价，即应用模糊数学对受到多种因素制约的事物或对象作出一个总体评价（杨省贵等，2012）。该方法适合解决模糊的、难以量化和各种非确定性问题。

企业绿色形象评价涉及的内容较多，且评价指标多是定性描述，评价者在评价过程中容易掺杂个人主观因素，相应带有明显的模糊性。因此，企业绿色形象评价是一个模糊综合评价问题。专家作为评价人员，本研究根据专家做出的有关评定的“模糊信息”，用模糊数学的理论与方法进行推理与运算，则可评价出企业绿色形象的等级，再根据数据的最大隶属度原则，计算得出模糊综合评价结果。相应的评价结果值可作为企业绿色成长力评价的依据。

运用模糊综合评价法进行实证分析的步骤可以归纳如下。

第一步，构建企业绿色形象评价的指标体系。

假设 X 为评价的指标的“因素集”，共有 n 个评价指标，评价指标表示为 x_i，则有：

$$X = (x_1, x_2, \cdots, x_n)$$

根据国家推行绿色制造的相关政策，在前人研究的基础上，结合木地板企业的实际情况，设计 8 个评价指标对木地板制造企业的绿色形象进行评价。

木地板制造企业绿色形象评价指标如图 5－3 所示。

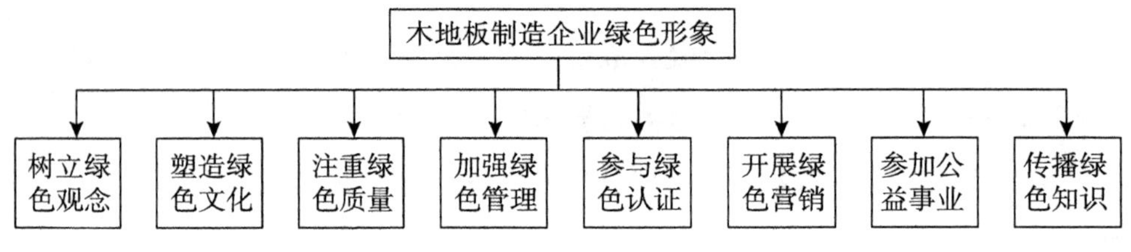

图 5－3　木地板制造企业绿色形象评价指标

第二步，确定评判集。该模糊综合评价设为五个评价等级，可以表示为 $V = (v_1, v_2, v_3, v_4, v_5)$；评价等级分别为优秀、良好、一般、及格和较差，对应的数值区间分别为 [0.9～1.0]、[0.8～0.9]、[0.7～0.8]、[0.6～0.7]、[0.0～0.6]。

第三步，确定评价指标的权重模糊集。即形成 x_i 对 X 的权重向量，设 $b = (b_1, b_2, b_3, b_4, b_5, b_6, b_7, b_8)$。

采用德尔菲法，根据企业绿色形象的各项指标的意义，经 9 位专家讨论设定评价指标的权重集：$b = (0.15, 0.15, 0.15, 0.15, 0.1, 0.1, 0.1, 0.1)$。

第四步，收集模糊评价信息。根据评价指标，邀请专家咨询组的 9 位专家对 4

家企业的绿色形象进行打分评定，并以此填写“企业绿色形象调查评价表”。

以大亚圣象评价表为例，企业绿色形象调查评价表如表 5－5 所示。

表 5－5　　企业绿色形象调查评价表（大亚圣象）

	x_1	x_2	x_3	x_4	x_5	x_6	x_7	x_8
优秀	8	6	7	5	6	4	3	5
良好	1	2	1	4	3	3	5	5
一般	0	1	1	0	0	2	1	1
及格	0	0	0	0	0	0	0	0
较差	0	0	0	0	0	0	0	0

注：表中数字为专家的意见频数。

第五步，建立隶属关系矩阵。根据专家打分结果建立隶属关系矩阵 $\boldsymbol{R}$，可以将其表示为：

$$\boldsymbol{R} = \begin{pmatrix} R_{11} & R_{12} & \cdots & R_{1k} \\ R_{21} & R_{22} & \cdots & R_{2k} \\ \vdots & \vdots & & \vdots \\ R_{j1} & R_{j2} & \cdots & R_{jk} \end{pmatrix}$$

R_{ik} 表示第 i 个指标对于等级 k 的隶属度，这里的 k 为五个评价等级。即 $k=1, 2, 3, 4, 5$。

以大亚圣象为例，本文构建的隶属关系矩阵 $\boldsymbol{R}$：

$$\boldsymbol{R} = \begin{pmatrix} 0.89 & 0.11 & 0 & 0 & 0 \\ 0.67 & 0.22 & 0.11 & 0 & 0 \\ 0.78 & 0.11 & 0.11 & 0 & 0 \\ 0.56 & 0.44 & 0 & 0 & 0 \\ 0.67 & 0.33 & 0 & 0 & 0 \\ 0.44 & 0.33 & 0.23 & 0 & 0 \\ 0.33 & 0.56 & 0.11 & 0 & 0 \\ 0.55 & 0.44 & 0.11 & 0 & 0 \end{pmatrix}$$

第六步，计算模糊评判结果。由于隶属关系矩阵 $\boldsymbol{R}$ 、权重模糊集 b 都与企业绿色形象的评价之间保持了一定的模糊关系，因此，专家对企业绿色形象的模糊综合评价结果应是 $\boldsymbol{R}$ 与 b 的乘积，可按照公式 $K = b\odot\boldsymbol{R} = K_k(k = 1,2,3,4,5)$，计算综合隶属度，即模糊评判结果。

大亚圣象的综合隶属度为：

$$K = (0.15\ 0.15\ 0.15\ 0.15\ 0.15\ 0.15\ 0.1\ 0.1)\odot\begin{pmatrix} 0.89 & 0.11 & 0 & 0 & 0 \\ 0.67 & 0.22 & 0.11 & 0 & 0 \\ 0.78 & 0.11 & 0.11 & 0 & 0 \\ 0.56 & 0.44 & 0 & 0 & 0 \\ 0.67 & 0.33 & 0 & 0 & 0 \\ 0.44 & 0.33 & 0.23 & 0 & 0 \\ 0.33 & 0.56 & 0.11 & 0 & 0 \\ 0.55 & 0.44 & 0.11 & 0 & 0 \end{pmatrix}$$

求得 $K = (0.634,\ 0.298,\ 0.078,\ 0,\ 0)$。

第七步，进行归一化处理。按照公式 $S = \dfrac{k_i}{\sum k_i},(i = 1,2,3,4,5)$ 对以上数据进行归一化处理。下面的研究仍以大亚圣象数据为例，因 0.634 +0.298 +0.078 =1，所以，归一化结果为 $S = (0.634,\ 0.298,\ 0.078,\ 0,\ 0)$。上述数据表明，大亚圣象企业绿色形象评价隶属于得分区间［0.9～1.0］的可能性为63.4%；隶属于得分区间［0.8～0.9］的可能性为29.8%；隶属于得分区间［0.7～0.8］的可能性为7.8%；隶属于得分区间［0.6～0.7］和［0.0～0.6］的可能性都是0。但此结果仍然不够清晰，还可以对数据结果进行进一步处理。

取各等级区间的中值作为对应区间的代表值，即规定“优秀”“良好”“一般”“及格”与“较差”各等级对应的代表分数为95，85，75，65和55，由它们构成矩阵：$C = (95,\ 85,\ 75,\ 65,\ 55)$，则企业绿色形象的综合评价值 μ 可根据公式 $\mu = S \cdot C^T$ 求得。即：

$$\mu = (0.634\ 0.298\ 0.078\ 0\ 0)\cdot(95\ 85\ 75\ 65\ 55\ )^T = 91.41$$

以此类推，相应地可以分别计算出菲林格尔、德尔未来和扬子地板的企业绿色形象综合评价分值。

四家企业绿色形象综合评价得分如表 5 - 6 所示。

表 5 - 6　　四家企业绿色形象综合评价得分

企业名称	大亚圣象	菲林格尔	德尔未来	扬子地板
绿色形象综合评价得分（分）	91.41	87.95	83.22	84.61

资料来源：作者整理。

5.4.3 原始数据的获取及处理

（1）绿色成长支撑力指标原始数据

根据木地板制造企业绿色成长力评价指标体系，收集大亚圣象、菲林格尔、德尔未来和扬子地板 4 家木地板制造上市企业有关数据作为原始数据。原始数据是由评估资讯网、东方财富网公布的上市企业年度财务报告和企业网站相关信息，以及专家咨询结果经计算及整理所得。

木地板制造企业绿色成长力指标原始数据如表 5 - 7 所示。

表 5 - 7　　木地板制造企业绿色成长力指标原始数据

指标	大亚圣象	菲林格尔	德尔未来	扬子地板
企业规模 a_{11}	4.2251	2.3656	3.2473	1.5728
产品销售收入 a_{12}	50.4690	7.6728	7.7315	4.3157
销售收入增长率 a_{13}	2.34	2.71	0.00	12.48
研发投入金额 a_{21}	14874.95	2753.31	5545.76	1391.82
技术人员数量 a_{22}	484	102	216	40
研发投入强度 a_{23}	2.05	3.30	3.14	3.12
技术人员占比 a_{24}	9.23	16.45	6.43	6.57
绿色战略制定与执行 a_{31}	89.36	83.74	72.75	80.71
企业绿色形象 a_{32}	91.41	87.95	83.00	84.61
专利申请数量 a_{41}	88	48	25	65

续表

指标	大亚圣象	菲林格尔	德尔未来	扬子地板
发明专利数量 a_{42}	53	27	6	22
政府补助金额 a_{43}	1641.45	536.98	1417.15	933.20
净资产增长率 a_{51}	23.89	13.20	7.35	19.14
主营业务利润率 a_{52}	41.95	31.25	31.75	31.77
净资产收益率 a_{53}	19.02	12.46	6.53	17.18

资料来源：东方财富网、国家专利局、企业网站及专家咨询。

（2）绿色成长支撑力二级评价指标的解释

木地板制造企业绿色成长支撑力二级评价指标解释如表 5－8 所示。

表 5－8　木地板制造企业绿色成长支撑力二级评价指标解释

二级指标	二级指标解释
企业规模 a_{11}（亿元）	企业资产总额取自然对数（2018 年）
产品销售收入 a_{12}（亿元）	木地板产品的年销售金额（2018 年）
销售收入增长率 a_{13}	本年木地板销售收入增长额/上年销售收入（2018 年）
研发投入金额 a_{21}（万元）	研发投入金额（2018 年）
技术人员数量 a_{22}（人）	技术人员数量（2018 年）
研发投入强度 a_{23}	研发经费投入支出/企业主营业务收入（2018 年）
技术人员占比 a_{24}	企业技术人员数量/企业员工总数（2018 年）
绿色战略制定与执行 a_{31}	使用预处理数据
企业绿色形象 a_{32}	使用预处理数据
专利申请数量 a_{41}（件）	近 3 年专利申请数量
发明专利数量 a_{42}（件）	近 3 年发明专利数量
政府补助金额 a_{43}（万元）	计入当期损益的政府补助
净资产增长率 a_{51}	（期末净资产－期初净资产）/期初净资产 ×100%
主营业务利润率 a_{52}	本年主营业务利润/本年主营业务收入 ×100%
净资产收益率 a_{53}	净利润/平均净资产 ×100%

资料来源：作者整理。

（3）原始数据无量纲化处理

本部分对采集到的4家木地板上市企业的原始数据进行标准化处理。由于各个评价指标经济意义彼此不同，各自的单位、属性和取值范围均存在较大差异，即指标的原始数据间存在方向和量纲差异，需要对原始数据进行标准化处理，即对评价指标数值的标准化、正规化处理，把性质、量纲各异的指标转化为可以进行综合的一个相对数——“量化值”（朱孔来，1996）。

本研究采用向量归一化法对原始指标数据进行无量纲化处理，将样本数据转化为［0，1］之间的数值以剔除不同量纲与单位对指标选择的影响。归一化公式为：

$$X'_{ij} = X_{ij} / \sqrt{\sum_{i=1}^{m} X_{ij}^2}, (1 \leqslant i \leqslant m, 1 \leqslant j \leqslant n)$$

上式中，m代表评价企业个数，n代表评价指标个数；X_{ij}为第i家样本企业在第j个评价指标上的原始数据，X'_{ij}为样本公司无量纲化后的数值。对上述数据无量纲化处理后得出的结果如表5－9所示。

表5－9　原始数据无量纲化处理

指标	大亚圣象	菲林格尔	德尔未来	扬子地板
企业规模a_{11}	0.6997	0.3917	0.5377	0.2605
产品销售收入a_{12}	0.9741	0.1481	0.1492	0.0833
销售收入增长率a_{13}	0.1802	0.2087	0.0000	0.9612
研发投入金额a_{21}	0.9198	0.1703	0.3429	0.0861
技术人员数量a_{22}	0.8943	0.1885	0.3991	0.0739
研发投入强度a_{23}	0.3481	0.5603	0.5331	0.5298
技术人员占比a_{24}	0.4399	0.7840	0.3064	0.3131
绿色战略制定与执行a_{31}	0.5458	0.5115	0.4444	0.4930
企业绿色形象a_{32}	0.5265	0.5066	0.4781	0.4874
专利申请数量a_{41}	0.7210	0.3933	0.2048	0.5325
发明专利数量a_{42}	0.8320	0.4238	0.0942	0.3454
政府补助金额a_{43}	0.6780	0.2218	0.5853	0.3854

续表

指标	大亚圣象	菲林格尔	德尔未来	扬子地板
净资产增长率 a_{51}	0.6998	0.3867	0.2153	0.5607
主营业务利润率 a_{52}	0.6084	0.4532	0.4605	0.4608
净资产收益率 a_{53}	0.6505	0.4262	0.2233	0.5876

资料来源：作者整理。

5.4.4 指标权重的确定

科学合理地确定各个评价指标的权重对研究极为重要。主观赋权法和客观赋权法是确定企业成长力评价指标权重的两类基本方法（于新宇等，2010）。本研究采用熵值法和层次分析法相结合的“综合赋权法”来确定评价指标权重。熵值法考虑了指标自身的信息质量，通过决策矩阵计算权重。层次分析法完全基于主观意见及经验，但有可能忽略了指标之间的联系形成主观偏差。为了均衡主观与客观的优势与缺陷，后续研究考虑采用集层次分析法的经验优势与熵值法的客观质量优势于一身的综合赋权法计算指标权重。

（1）采用熵值法确定指标的权重

熵值法主要根据各项指标观测值所提供的信息的大小来确定指标权重，是一种客观赋予各个指标权重的方法。决定评价精度和信度大小的因素之一，是获取信息的数量与质量（刘振元等，2017）。而“熵”是对不确定性的一种度量（高波，2007），借鉴“信息熵”的概念，熵值法以信息熵代表指标效用价值，以指标对整体相对差异度确定因子权重（Batou 等，2014）。熵值也可以用来判断某个指标的离散程度，熵值越小，赋予的权重就越大（熊光蔚，2007）。因此，在后面的研究中，可通过计算熵值求出各个指标的权重。

熵值法综合评价的主要步骤如下。

第一步，计算规范化矩阵的 P_{ij}。设有 m 个待评方案，n 项评价指标，各评价指标原始数据经过无量纲化处理后，形成标准化矩阵 $(X'_{ij})_{m\times n}$，计算第 i 个被评价对象第 j 个指标值占所有被评价对象第 j 个指标值总和的比例，得到 P_{ij} 并形成规范化矩阵 $M=(P_{ij})_{m\times n}$。P_{ij} 的计算公式为：

$$P_{ij} = X'_{ij} / \sum_{i=1}^{m} X'_{ij} ; (i = 1,2,\cdots,m;1 < j < n)$$

规范化矩阵 $\boldsymbol{M}$ 为：

$$\boldsymbol{M} = \begin{pmatrix} 0.3703 & 0.2073 & 0.2846 & 0.1378 \\ 0.7190 & 0.1093 & 0.1102 & 0.0615 \\ 0.1336 & 0.1546 & 0.0000 & 0.7119 \\ 0.6055 & 0.1121 & 0.2258 & 0.0567 \\ 0.5748 & 0.1211 & 0.2565 & 0.0475 \\ 0.1766 & 0.2842 & 0.2705 & 0.2687 \\ 0.2386 & 0.4253 & 0.1662 & 0.1699 \\ 0.2736 & 0.2564 & 0.2228 & 0.2472 \\ 0.2635 & 0.2535 & 0.2392 & 0.2439 \\ 0.3894 & 0.2124 & 0.1106 & 0.2876 \\ 0.4907 & 0.2500 & 0.0556 & 0.2037 \\ 0.3624 & 0.1186 & 0.3129 & 0.2061 \\ 0.3757 & 0.2076 & 0.1156 & 0.3010 \\ 0.3068 & 0.2286 & 0.2322 & 0.2324 \\ 0.3446 & 0.2258 & 0.1183 & 0.3113 \end{pmatrix}^{\mathrm{T}}$$

第二步，计算第 j 个指标的熵值 e_j 。借鉴信息熵的理论和方法计算熵值 $e_j(e_j \geqslant 0)$ 。P_i 表示概率空间中某一取值出现的概率，如果每个样本点出现的概率越平均，则无序度越大，熵值也越大。当 P_{ij} 之间差异越小时，根据公式计算得到的熵值越大，表明其信息量越少。

e_j 的计算公式为：

$$e_j = -\left(\frac{1}{\ln m}\right) \sum_{i=1}^{m} P_{ij} \ln(P_{ij}) ; (i = 1,2,\cdots,m;1 < j < n)$$

从计算结果来看，$e_j \in [0,\ 1]$。当 P_{ij} 完全相等时，$e_j = 1$ 。

第三步，计算得出指标权重（$1 - e_j$）用来衡量不同评价对象同一指标间的差异程度。差异越大，则该指标对于评价对象之间比较就更有作用，即

$(1-e_j)$ 的值越大指标越重要。因此，可根据指标内数据差异程度定义指标权重 w_j。指标权重 w_j 的计算公式为：

$$w_j = (1-e_j)/\sum_{j=1}^{n}(1-e_j)(j=1,2,\cdots,n)$$

通过运用 Excel 计算得到木地板制造企业绿色成长指标的权重，各指标权重为：

w_j =（0.025；0.203；0.242；0.140；0.131；0.007；0.034；0.001；0.0003；0.036；0.085；0.032；0.034；0.003；0.028）

（2）采用层次分析法确定指标的权重

结合企业实际情况，依据专家意见，运用 1－9 比例标度法分别对每一层级的评价指标进行两两相比较并明确重要程度，依次按照 AHP 层次分析法计算权重。主要步骤如下。

第一步，构建指标两两间判断矩阵。

其中，5 个一级指标所得两两比较判断矩阵 **D** 如下：

$$\boldsymbol{D} = \begin{pmatrix} 1 & 1/2 & 2 & 2 & 2 \\ 2 & 1 & 3 & 3 & 3 \\ 1/2 & 1/3 & 1 & 1 & 1 \\ 1/2 & 1/3 & 1 & 1 & 1 \\ 1/2 & 1/3 & 1 & 1 & 1 \end{pmatrix}$$

第二步，计算矩阵的指标权重。

五个一级指标权重为（0.2435，0.3829，0.1245，0.1245，0.1245）。

第三步，矩阵一致性检验。

计算矩阵的最大特征根 λ_{max}：

$$\lambda_{max} = \frac{\sum (Aw)_i}{n\,w_i} = 5.0123$$

计算一致性指标 $C.I.$：

$$C.I. = \frac{\lambda_{max} - n}{n-1} = \frac{5.0123 - 5}{5-1} = 0.03075$$

检验一个矩阵的一致性指标为矩阵的随机一致性比率，计算公式为：

$$C.R. = \frac{C.I.}{R.I.} = \frac{0.0308}{1.12} = 0.00688 < 0.10$$

因此，判断矩阵具有可以接受的一致性。

同样地，二级考核指标相对于其所属一级考核指标所得的两两判断矩阵分别如下：

$$D_1 = \begin{pmatrix} 1 & 1/3 & 1/4 \\ 3 & 1 & 1 \\ 4 & 1 & 1 \end{pmatrix} D_2 = \begin{pmatrix} 1 & 2 & 1/2 & 1 \\ 1/2 & 1 & 1/3 & 1/2 \\ 2 & 3 & 1 & 2 \\ 1 & 2 & 1/2 & 1 \end{pmatrix} D_3 = \begin{pmatrix} 1 & 3 \\ 1/3 & 1 \end{pmatrix}$$

$$D_4 = \begin{pmatrix} 1 & 1/2 & 1 \\ 2 & 1 & 2 \\ 1 & 1/2 & 1 \end{pmatrix} D_5 = \begin{pmatrix} 1 & 3 & 3 \\ 1/3 & 1 & 1 \\ 1/3 & 1 & 1 \end{pmatrix}$$

五组二级指标权重分别为：

D_1（0.1263，0.4160，0.4577）；D_2（0.2272，0.1225，0.4231，0.2272）D_3（0.75，0.25）；D_4（0.25，0.50，0.25）；D_5（0.60，0.20，0.20）

经验证，上述矩阵均通过一致性检验。

各指标权重为：

v_j =（0.031；0.101；0.111；0.087；0.047；0.162；0.087；0.093；0.031；0.031；0.062；0.031；0.075；0.025；0.025）

（3）采用熵值法和层次分析法综合赋权

综合赋权方法的计算过程需要同时运用两种赋权方法的结果。假设最终得到的组合权重为 ω_j，理论上应该尽量接近熵值法计算权重 w_j 及层次分析法计算权重 v_j。根据拉格朗日乘数法，求解最优综合赋权权重为：

$$\omega_j = \frac{\sqrt{w_j v_j}}{\sum_{j=1}^{n} \sqrt{w_j v_j}}$$

根据公式，求得 ω_j 为：

ω_j =（0.033；0.169；0.194；0.130；0.093；0.038；0.064；0.012；0.004；0.004；0.086；0.037；0.059；0.011；0.031）

5.4.5 采用 TOPSIS 法进行评价

（1）计算得到加权规范化矩阵 $\boldsymbol{N}=(V_{ij})_{m\times n}$

加权规范化矩阵 $\boldsymbol{N}$ 为：

$$\boldsymbol{N}=\begin{pmatrix} 0.0122 & 0.0068 & 0.0094 & 0.0045 \\ 0.1218 & 0.0185 & 0.0187 & 0.0104 \\ 0.0259 & 0.0300 & 0.0000 & 0.1380 \\ 0.0788 & 0.0146 & 0.0294 & 0.0074 \\ 0.0533 & 0.0112 & 0.0238 & 0.0044 \\ 0.0068 & 0.0109 & 0.0104 & 0.0103 \\ 0.0152 & 0.0271 & 0.0106 & 0.0108 \\ 0.0033 & 0.0031 & 0.0027 & 0.0030 \\ 0.0009 & 0.0009 & 0.0008 & 0.0009 \\ 0.0154 & 0.0084 & 0.0044 & 0.0114 \\ 0.0421 & 0.0214 & 0.0048 & 0.0175 \\ 0.0134 & 0.0044 & 0.0116 & 0.0076 \\ 0.0222 & 0.0123 & 0.0068 & 0.0178 \\ 0.0033 & 0.0025 & 0.0025 & 0.0025 \\ 0.0107 & 0.0070 & 0.0037 & 0.0097 \end{pmatrix}^{\mathrm{T}}$$

由于各个指标对于评价对象的重要性的不同，结合熵值法确定的各指标权重 w_j 对规范化矩阵 $\boldsymbol{M}=(P_{ij})_{m\times n}$ 进行加权处理，可得到加权规范化矩阵 $\boldsymbol{N}=(V_{ij})_{m\times n}$。

（2）确定最优解和最差解

分别用 $+V$ 和 $-V$ 表示最优解和最差解。如果 V_j 是效益型指标，则最优解为矩阵 $(V_{ij})_{m\times n}$ 中第 j 列的最大值，最差解为第 j 列的最小值；相反，如果 V_j 是成本型指标，则最优解为矩阵 $(P_{ij})_{m\times n}$ 中第 j 列的最小值，最差解为第 j 的最大值。本研究各指标均为效益型指标，故采用第一种方式找出最优解和最差解。

指标	a_{11}	a_{12}	a_{13}	a_{21}	a_{22}	a_{23}	a_{24}	a_{31}	a_{32}	a_{41}	a_{42}	a_{43}	a_{51}	a_{52}	a_{53}
$+V$	0.0122	0.1218	0.1380	0.0788	0.0533	0.0109	0.0271	0.0033	0.0009	0.0154	0.0421	0.0134	0.0222	0.0033	0.0107
$-V$	0.0045	0.0104	0.0000	0.0074	0.0044	0.0068	0.0106	0.0027	0.0008	0.0044	0.0048	0.0044	0.0068	0.0025	0.0037

（3）计算评价对象分别跟最优解和最差解的距离

评价对象和最优解的距离，计算公式为：

$$S_i^+ = \sqrt{\sum_{j=1}^{n}(V_{ij} - V_i^+)^2}, (i = 1,2,\cdots,m)$$

评价对象和最差解的距离，计算公式为：

$$S_i^- = \sqrt{\sum_{j=1}^{n}(V_{ij} - V_i^-)^2}, (i = 1,2,\cdots,m)$$

（4）确定相对接近度

通过公式得出各个评价对象的相对接近度 C_i，并根据计算得出的相对接近度大小的距离对各个评价对象进行排名。

$$C_i = \frac{S_i^+}{S_i^+ + S_i^-}; C_i \in [0,1], (i = 1,2,\cdots,m)$$

各指标到最优解、最差解的距离、相对接近度，以及木地板制造企业绿色成长力排名结果如表 5－10 所示。

表 5－10　计算结果及排名

木地板制造企业	到最优解的距离	到最差解的距离	相对接近度	排名结果
大亚圣象	0.1128	0.1501	0.4292	1
菲林格尔	0.1701	0.0411	0.8052	3
德尔未来	0.1873	0.0319	0.8546	4
扬子地板	0.1445	0.1394	0.5090	2

资料来源：作者计算并整理。

评价结果表明，大亚圣象绿色成长力排名第一，扬子地板、菲林格尔和德尔未来依次紧随其后。需要说明的是，这 4 家上市企业是整个木地板制造企业中的领先企业，从产业整体角度看，4 家企业在绿色转型成长方面均居于领先水平。

5.5 本章小结

本章首先在界定企业绿色成长力概念的基础上构建了木地板制造企业绿色成长力评价指标体系。“企业实力”“绿色投入”“绿色管理”“绿色输出”和“财务绩效”作为木地板制造企业绿色成长力评价的一级指标，“产品销售收入”“销售收入增长率”等15个指标作为二级指标。然后选用TOPSIS法，并结合熵值法、专家打分法、模糊综合评价法等多种评价方法对大亚圣象等4家木地板制造企业的绿色成长力进行实证分析。评价结果表明，大亚圣象绿色成长力排名第一，扬子地板、菲林格尔和德尔未来依次紧随其后。

6 木地板制造企业绿色成长动力机制研究

彭罗斯在《企业成长理论》一书中构建了“企业资源—企业能力—企业成长”的分析范式。借鉴彭罗斯的“分析范式”，本书提出基于“成长动力—动力机制—作用机理”的木地板制造企业绿色成长动力机制分析思路。面对外部环境的变化，木地板制造企业选择绿色成长方式的动因是什么？即回答绿色成长的动力来源；成长动力形成了怎样的“机制”驱动企业实施绿色行为？即回答绿色成长动力机制的构成；动力机制背后的“动力系统”又是如何发挥作用的？即回答动力系统的作用机理问题。进一步用系统动力学的理论与方法对木地板制造企业绿色成长的动力机制进行解释。因此，本章作为“状态—动力—行为”研究架构中的重要一环，重点探究“绿色成长的动力机制”问题，这也是研究木地板制造企业绿色成长问题的核心内容。

6.1 企业绿色成长动力及主要来源

若要研究木地板制造企业的绿色成长，首先就要搞清绿色成长的动力来源，这不仅是研究的起点，也是研究的关键与核心问题。探寻绿色成长的主要动力来源，就是要明确哪些因素是木地板制造企业的绿色成长的主要动力源。

6.1.1 绿色成长动力的概念界定

“动力”一词最早来源于物理学领域，主要指物理学中使机械做功的各种力，如电力、风力、水力、热力等。随着社会经济的快速发展，“动力”这一概念的应用范围日益广泛。在经济学领域，动力就是引起事物发生的原因，推动和引导事物发展的力量。本书所指的企业绿色成长的动力就是在绿色约束框架下如何驱动企业实施绿色行为、实现绿色成长的各种有利因素。

6.1.2 木地板制造企业绿色成长的主要动力来源

基于前面章节有关分析，逐步识别并列举出绿色需求、环境标准、政府政策、市场竞争、绿色协同和技术进步6种影响企业绿色成长的动力因素。鉴于企业与产业链之间的联系日益紧密，可以从产业链整体角度进行如下思考。

各个木地板制造企业作为其所在产业链的一员，每个企业自身实施绿色行为、履行环境责任只是迈出了第一步，仍然无法保证最终产品的“绿色度”，只有继续推动整个产业链实现绿色化，才能实现每个企业真正的绿色。特别是在市场竞争日益表现为产业链与产业链之间竞争的现状之下，必须依赖产业链上所有成员的“绿色努力”。因此非常有必要把产业链作为一个有机整体进行考虑，从产业链整体角度制定并实施产业链的绿色战略，将绿色环保意识和绿色发展理念渗透到产业链的每一个环节及生产经营的各个方面。通过产业链绿色协同开发绿色产品、实施绿色制造，能有效降低能耗水平、控制污染物残留和减少有害气体排放，从而更好地满足消费者的绿色需求，在推进木地板制造企业实现绿色成长的同时，带动整个产业链的整体绿色化，实现产业链的整体利益。

接下来的研究基于产业链整体视角，以上述6种动力因素为依据，进一步提炼出“产业链间竞争”和“产业链内协同”两种动力，它们与“绿色需求、政府政策、环境标准和技术进步”4种动力结合在一起共同构成影响木地板制造企业绿色成长的外部动力。具体如图6－1所示。

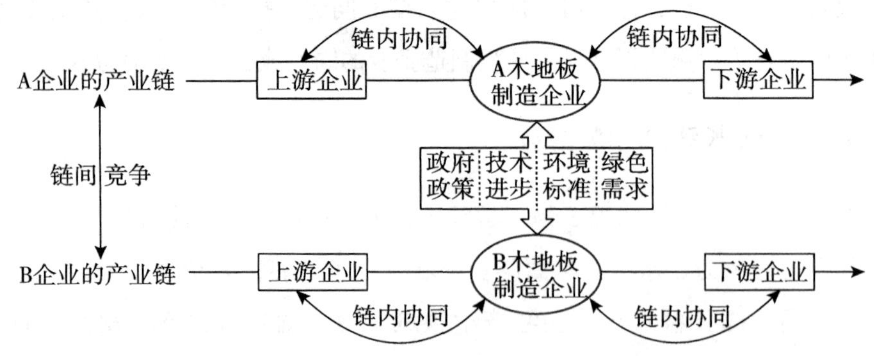

图6－1 木地板制造企业绿色成长的外部动力

总之，本节主要从产业链视角明确“产业链间竞争”和“产业链内协同”两种动力后，使木地板制造企业的绿色成长动力分析更加全面，也弥补了以往仅仅从企业个体角度分析的缺陷。

6.2 木地板制造企业绿色成长的动力分析

产业链间竞争、产业链内协同两种因素与绿色需求、政府政策、环境标准和技术进步 4 种动力因素结合在一起，转化为木地板制造企业的绿色成长动力：政府政策推动、环境标准约束、绿色需求拉引、技术进步支持、链间市场竞争和链内绿色协同。这些绿色成长动力融合在一起共同推进木地板制造企业实施绿色行为、创造绿色效益、实现绿色成长。

6.2.1 绿色需求拉引力

市场需求指一定时间内和一定价格条件下，消费者对某种商品或服务愿意而且能够购买的数量（张松灿，2010）。产品的功能供给与消费者自身需求是否一致，将直接影响消费者的购买意愿。因此任何企业在市场需求面前都是平等的，消费者的“货币投票”对商品生产者和销售者具有终极影响力。因此，市场需求就成为企业生产经营的风向标，必须接受市场的考验，服从于消费者的选择。

随着环境问题的日益严重，人们的环保意识不断增强，绿色消费观念逐渐深入人心，市场消费模式已逐渐转向绿色消费模式，消费者不再仅仅关注商品的价格和质量，更多地将环保和健康放在了首要考虑的位置，“是否绿色”成为影响人们消费行为的重要因素。人们也比以往更加关注产品是否环保、是否节能、是否损害健康。据有关数据统计，我国消费者中 75%~84% 的人愿意购买绿色商品，环境友好型产品日益成为市场主流，绿色消费需求呈现显著上升趋势。

所谓绿色消费需求指人们为了满足生理和社会需要，而对符合环境保护标准的绿色产品和绿色服务的消费意愿。它既包括对绿色产品和服务的现实需求，也包括潜在需求（盛丽颖等，2003）。绿色需求的高低决定了绿色市场的大小，构造了市场利润的空间。可以说，消费者的绿色产品购买行为直接影响着企业的收益情况。对企业来讲，市场消费需求的变化要求企业作出相应变革来适应这种变化。哪个企业适应得好、适应得快，在市场竞争中就会占据主动地位。

随着消费者环保意识的盛行，迫于外部压力，企业需要减少运营过程中对环境的不利影响（曾江洪等，2020）。消费者增长的绿色消费需求不断的向企业发出“绿色信号”，促使企业改变原来“高投入、高消耗、高污染、低产出”的“三高一低”生产模式和管理模式，推行绿色成长方式，优化资源配置，进行绿色生产和提供低能耗、低排放、无污染的绿色产品，从而拉动企业绿色行为的实施，生产出符合消费者要求的绿色产品以满足市场的绿色需求。

绿色消费需求是一种高层次消费需要。在市场绿色需求的拉动下，木地板制造企业必然加大绿色投入，积极实施绿色行为。借助不断满足消费者的绿色需求，企业获得独有的竞争优势，从而市场绿色需求成为木地板制造企业绿色成长的重要拉引力。

6.2.2 政府政策推动力

政府政策对于木地板制造企业的绿色成长具有极为重要的影响作用。在这里，政府政策主要包括两方面内容：一是政府提供的激励性或扶持政策工具；二是政府的绿色政策设计或制度安排。

政策性激励指政府依托市场信号，通过税费减免、环保补贴、押金返还以及绿色消费引导等方式为企业绿色行为提供资源基础，引导企业的环保行为有效转化为环保绩效（邹志勇等，2019）。政府通过提供激励性政策工具和给出可行措施以增强市场机制的作用，直接影响制造企业绿色行为决策，有助于促进企业实施绿色制造、加强节能减排和减少环境污染。一方面，绿色产品具有正的外部性，而绿色产品的技术开发具有风险性，不但绿色投入巨大，而且难以避免“搭便车”现象的产生。环境治理技术的研发同样具有正外部性，成本高且风险大。如果企业绿色研发成本得不到有效补偿，就可能导致企业进行绿色技术创新的积极性下降，动力不足、福利降低。政府的政策激励通常可采用研发补贴、绿色信贷，以及为企业提供绿色创新奖励等方式，降低企业的研发风险和投资压力，从而提高企业进行绿色技术研发的意愿，为绿色技术创新向绿色绩效转化提供动力。另一方面，企业进行绿色生产、改进工艺同样需要投入大量资本引进先进设备，从而增加了企业经营成本。政府通过采用环保补贴、税收减免等激励政策在客观上降低了企业绿色生产和环境治理的成本，提升了企业绿色生产以及末端治理的行为意愿。

此外，政策激励还包括以下措施：对绿色专利的有效保护，能够促进绿色科技成果转化，降低研发风险；对消费者加强宣传教育，有利于消费者绿色消费模式的构建和绿色环保理念的树立，引导消费者选择绿色产品和服务；政府绿色采购要求各公共机构在依法进行采购时优先选择符合国家绿色认证标准的货物、工程和服务，从而促进企业改善生产行为，增加环境友好型产品的供给，对社会绿色消费起到了积极的示范作用。

政府一系列与企业相关的绿色制度设计和制度安排的主要目的是减少和消除企业的各种制度障碍和制度缺陷，在加强政府部门对企业实施绿色行为给予扶持的同时，投入人力、物力、财力等多种要素改善企业成长的软、硬件环境，不断提高公共服务水平，从而可以为企业的绿色成长创造良好的外部条件。例如，政府建立绿色科技成果转化平台，促进绿色技术成果的扩散，推动企业获取绿色知识，增大获得绿色溢价的机会。

6.2.3　环境标准约束力

在绿色发展的背景下，面对资源与环境的双重约束，政府出台了一系列与“绿色”相关的环境标准，加强对产品生产过程中有害气体排放、污染物释放以及能源消耗的管制，要求企业把节能减排落到实处。

环境标准指国家为了保护人民健康，促进生态良性循环，实现社会经济发展目标，根据国家的环境政策和法规（魏艳红等，2006），在综合考虑本国自然环境特征、社会经济条件和科学技术水平的基础上，规定环境中污染物的允许含量和污染源排放污染物的数量、浓度、时间和速度、监测方法（金盾，2008），以及其他有关技术规范。除上述环境标准外，还包括政府制定的“绿色标准”，即一些国家通过立法手段制定严格的强制性环保技术标准，目的是限制不符合该标准的产品进入本国。这些具有贸易保护性质的绿色标准已经成为企业实施绿色行为的外部压力。在国际市场上，发达国家的进口要求越来越重视产品的环境友好性及生产过程的清洁性。企业实施绿色创新已成为产品扩大市场、实现出口的“硬要求”（曾江洪等，2020）。

适当而灵活的环境法规能够鼓励企业开发绿色产品、改进绿色技术和管理方法，部分或完全抵消政府监管带来的合规成本（Porter，1995）。美国经济学家波特及大多数学者认为，适当强度的环境标准有利于推进制造企业绿色创新并通过提高企业竞争力抵消环境标准带来的成本增加。环境标准属于约束性法规，具有强制执行的性质，其对制造企业绿色成长的影响与激励性制度有所差异。根据行为经济学中的“损失效应”理论，相对于激励性政策，人们对于“损失”更加敏感。美国加州大学的研究人员就曾经假扮电力公司的员工做过调查，告诉一组用户通过节约能源每天能省 50 美分；另一组用户则被告知如果他不节约用电，每天将损失 50 美分。结果在节约用电的住户比不节约用电的住户要多出 3 倍。因此，在某种意义上，对于企业是否选择绿色成长方式、实施绿色行为来说，环境标准给企业带来的压力更为显著。

制造企业的成长目标是获得可持续生存与成长的机会。因此，企业一般不会作出违反环境标准的行为，避免因违反环境标准而受到惩罚，往往会对相关的环境标准作出积极的反应，甚至采用高于环境标准的环境行为。一些有实力的企业将环境标准视为企业差异化优势的来源，将环境标准融于企业自身的发展战略中，在环保方面进行更专业化的管理，一方面使用绿色原材料加强源头控制；另一方面在环境技术及设备的维护和更新上投入资金，通过有效的过程控制来减少污染。

对木地板制造企业来说，首先要达到环境标准的具体要求，但更重要的是积极响应对绿色消费需求的增长，把外界环境标准的压力转化为企业绿色成长的持续动力，将绿色行为与生产经营活动紧密结合，顺应环境标准不断研发新产品或新工艺，形成绿色品牌，通过研发和生产环境友好型产品打造技术领先的竞争优势，从绿色中取得“溢价收益”。

此外，需要特别注意的是避免在环境管理方面执法不严、惩处力度不够等因素导致的企业“绿色压力”不足的问题，并相应地建立与环境标准配套的监督体系，加强对企业“非绿行为”的监管，避免某些企业“钻空子”，同时加大对违规企业的处罚力度，提高违规成本。促使企业在生产经营的全过程中实施绿色行为。

6.2.4 技术进步支持力

绿色技术进步也是推进企业成长的重要动力，绿色技术进步主要指与绿色产品开发、绿色工艺改进有关的软、硬件技术的研究、开发与改造等。如生产工艺改进、降低能源消耗、提高资源利用、治理环境污染技术的开发与创新等。绿色技术进步及其成果转化能够有效提升绿色制造技术应用水平，改善产品质量和提高环境绩效，是企业开展绿色实践的根本保证和有效途径，为企业应对环境压力提供有效支持力。

现实中企业的研发投入与企业成长之间具有高度相关性。从短期来看，由于前期需要投入大量的人力与资金，绿色技术研发可能会给企业带来研发成本，在一定程度上降低企业经营利润和短期财务绩效。但从长期来看，绿色技术研发是增强企业竞争优势的重要动力，企业拥有了绿色技术优势，有利于企业生产高质量、低能耗、无污染的绿色产品，而这些绿色产品是企业区别于竞争对手、满足绿色消费的重要手段，在日趋激烈的竞争中就占有了先机。绿色技术进步的成果，如绿色技术专利为企业带来产品差异化和形成进入壁垒创造了条件，在满足市场绿色需求的同时，既减少了对环境的破坏，又使企业有机会获取绿色溢价收益，从而为其赢得更多的竞争优势。

当下，技术进步对企业成长的作用日益增强，绿色技术进步成为企业绿色成长的基本支撑条件和重要保障力量。2015 年 5 月国务院发布《中国制造2025》，特别强调了科学技术进步对于我国制造业绿色创新的重要推动作用。

木地板制造企业在不断提升自身实力的基础上，加强与高等院校、科研机构进行深入合作，重点突破核心技术和关键技术中存在的技术瓶颈，使企业在提高绿色研发能力的同时，充分利用他们提供的绿色知识、绿色技术理论和绿色技术成果实现绿色知识共享，积极拓展绿色环保技术、工艺、装备的推广应用，促进企业全面推行清洁生产，构建绿色制造体系，迎合未来持续增长的绿色市场需求，进一步降低技术研发风险，提高企业因“绿”产生的长期效益。

6.2.5 链间竞争驱动力

随着绿色消费需求的不断攀升，“绿色”成为时代赋予企业的基本要求，也是现代企业在“质”的层面的典型特征。可以预见，产品的绿色质量将是未来产品质量竞争的重要体现。需要强调的是，只有产业链上所有企业行为都采取绿色行动，包括原材料采购、木地板生产加工以及铺装服务等各个环节都符合环境标准的最终产品才能真正成为“真绿”产品。而无论产业链的哪一环节出现问题，都会影响整个产业链的效益和效率，最终都会影响相关企业产品的“绿色度”。从长远来看，导致产业链上所有企业的利益受损。个别企业非绿行为对产业链绿色协同的影响如图 6－2 所示。

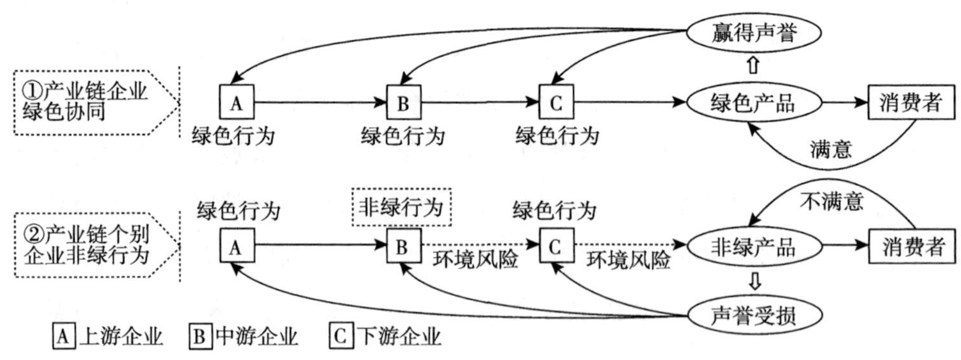

图 6－2　个别企业非绿行为对产业链绿色协同的影响

在图 6－2 中，A、B、C 分别代表上游林木资源提供企业、中游木地板制造企业和下游木地板铺装服务企业。

产业链上企业绿色行为实施情况分为以下两种。

情况1，产业链上企业实施绿色协同：当产业链上所有企业都实施绿色行为时，产业链上也就实现了绿色协同，消费者最终享受的是绿色木地板产品，绿色消费需求得以满足，产品由此赢得声誉，从长远来看对链上所有企业都有利，产业链趋于稳定并形成良性循环。

情况2，产业链上个别企业实施非绿行为：个别企业实施非绿行为导致的环境风险将会沿产业链传导，消费者最终得到的是存在环境隐患的木地板产品，威胁消费者的健康，一旦曝光则企业声誉受损，从而对产业链上所有企业都带来不利影响，产业链甚至面临断链风险。更糟糕的是还可能波及木地板制造产业，造成无法估量的损失。

从上述分析可以看出，企业个体行为对整个产业链的稳定运营以及竞争力，尤其是绿色竞争力具有直接影响，而产业链的整体实力又关乎链上所有企业的利益。绿色竞争把制造企业与产业链上下游企业日益捆绑成为一个“利益共同体”，使原本分立的企业走向融合，它们基于整体利益共同应对市场的变化。从这个角度来说，以往人们所关注的企业竞争或品牌竞争已由原来的“点”式竞争演化成产业链与产业链之间的“链”式竞争了。

企业自身的绿色行为只是起点，绿色竞争要求产业链上所有企业在生产经营过程中必须全员参与、协调一致，树立绿色理念、践行绿色战略、实施绿色行为，通过理性合作达到“绿色协同”。这种“绿色协同”是产业链“绿色”的基础，不仅有利于产业链的正常运行，为企业获得稳定的成长环境打下坚实的基础，而且使得整个链条处于有利的竞争态势，链上企业也能从总体成本的降低和整体效益的提升中分享“绿色收益”。

上游材料供应企业、中游木地板制造企业、下游销售企业和铺装服务机构只有在绿色产品研发、原辅材料选择、制造工艺改进、生产过程控制，以及铺装服务等环节通力合作、协同创新，形成产业链整体合作优势，才有可能在日趋激烈的竞争中立于不败之地。这种来自“市场绿色需求拉动—产业链绿色竞争形成—消费者的绿色需求实现—新一轮的绿色竞争”的动力，有助于提升以木地板制造企业为核心的产业链整体的绿色竞争力，正是这种正向“激励”推动着整个木地板制造产业链实现“质”和“量”协调下的绿色成长。因此，产业链间的竞争成为木地板制造企业及其产业链寻求绿色成长的重要驱动力。

6.2.6 链内协同带动力

木地板制造企业的“绿色”之路需要从产业链整体的视角考虑，单纯依靠制造业企业自身资源实现绿色成长的可能性几乎不存在。因此，要增强各产业链主体之间的专业化分工合作，有效调动和整合产业链资源，为实现绿色技术与知识的扩散创造有利条件，加快绿色技术与知识的流动和共享，降低产业链由于绿色投入和实施绿色行为所产生的成本增加以及伴随的绿色市场风险，避免零和游戏，实现双赢结果，提高整个产业链的绿色产出的价值。

在产业链中，由于参与企业的规模大小不一，实力与目标不尽相同，又都是相互独立的利益体，难以用强制力约束企业行为，一旦缺少充分的协调，就容易导致组织结构的无序化。因此，产业链的价值创造很大程度上要依赖于链上企业间的“协同”。产业链协同指加强产业链上下游企业间的沟通协作，实现信息、技术、资金等要素的合理优化配置，从而达到提高效率、降低成本、提升产业链整体竞争力的目的。企业间因协同效应产生的超额利润是单个经济主体单独运作所无法产生的收益（罗珉，2008），核心企业可利用自己在产业链中的核心地位，通过协调与控制，加强企业间的显性或隐性契约关系，使产业链具有“整体大于部分之和”的产业链特性。即协同作用赋予了产业链的整体优势，进一步优化了资源配置、降低了风险和交易费用，从而创造出“1+1 > 2”的价值增值效应，产业链最终实现的附加值超过了企业个体产出的简单加总。

木地板制造企业凭借自身生产、配套设备和资金方面的优势，居于产业链的核心地位，在产业链中起到主导作用，承担着从原材料供应、木地板生产、销售，直至铺装服务等一系列工作的协调。作为产业链的领导者，一方面，通过深化与上下游企业的合作加强对资源的有效整合，加速生产要素与绿色知识的流动与共享效率，不断增强整个链条的绿色竞争力。例如，通过与上游原材料供应商的密切联系，获得有关新材料的知识，并将其应用于绿色上游产业之中；通过与下游销售商的企业沟通交流，企业可以更加便捷地获取市场绿色需求信息，促使制造企业根据市场需求的变化开发出新的绿色产品。另一方面，通过产业链的传导作用，企业可以把来自外部的“绿色压力”辐射到整个产业链当中，从而促使链上企业规范自己的经营行为，避免损害产业链的整体利益。上游供应商根据木地板制造企业的要求提供高质量的绿色原材料；下游铺装商主要围绕满足消费者绿色需求下足功夫，不断加强管理与监督，严格遵守环境标准、技术参数的具体要求，以及各种辅助材料的用料规范。

上下游企业的协同合作是实现产业链绿色化的基本要求。制造企业在生产经营实践中，为保证产业链整体利益的实现，通过开展一系列与产业链上下游企业之间的合作沟通活动，带动产业链上下游企业提高绿色协同性，不断增强产业链的绿色竞争力，从而可以实现整个链条的全面“绿色化”。

6.3 绿色成长动力的功效与耦合

耦合源于物理学概念，指两个或者两个以上系统间相互影响与作用的现象（孔伟等，2018）。绿色需求拉动力、政府政策推动力、环境标准约束力、技术进步支持力、链间竞争驱动力和链内协同带动力等外部动力相互间可以发生耦合作用，通过增强竞争优势、满足绿色需求、提升绿色形象共同推进木地板制造企业的绿色成长。

6.3.1 绿色成长动力的功效

满足绿色需求、提升绿色形象、增强竞争优势是外部动力发生耦合作用的直接结果，是木地板制造企业绿色成长的直观表现。木地板制造企业绿色成长的外部动力作用功效如图 6－3 所示。

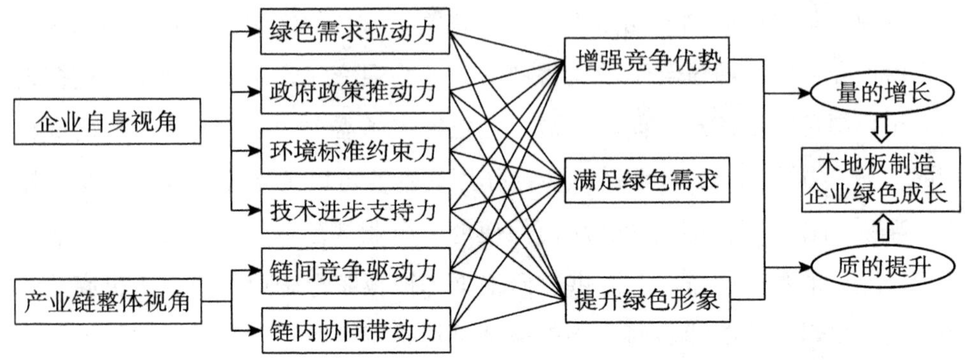

图6－3　木地板制造企业绿色成长的外部动力作用功效

（1）增强竞争优势

“绿色”被视为企业潜在竞争优势的源泉，木地板制造企业践行绿色理念、开发绿色技术、挖掘绿色潜能和优化绿色管理等一系列绿色行为，可以塑造绿色企业形象，赢得更多的市场资源，有利于形成长期竞争优势。而企业的竞争优势对企业绩效有正向影响，促进企业绿色成长。一方面，木地板制造企业将“绿色”与企业生产经营活动紧密结合，加强绿色研发、绿色管理以提升资源利用效率形成成本领先优势；另一方面，注重绿色技术创新、降低风险以赢得差异化竞争优势，从而提升企业的市场竞争力。

（2）满足绿色需求

绿色经济浪潮的涌动促进了消费需求层次的升级。因绿色产品具有的绿色、健康、环保特征的与消费者的根本利益高度一致，使消费者对于绿色产品的偏好不断增强，消费需求日益高涨。市场需求变化产生的“引致作用”将会对企业绿色行为产生一定的调节效应。绿色消费需求通过市场传导至企业，推动企业调整原有经营管理理念、进行绿色技术创新，研发新的生产工艺、创新产品设计思路，通过满足绿色市场需求提高企业自身价值。因此，满足绿色需求对于木地板制造企业的绿色成长有正向的拉引作用。

（3）提升绿色形象

企业形象是消费者、社会公众以及企业员工对企业风貌、企业行为及其各种活动成果所给予的整体评价与认定（许加明和张金秀，2005）。在现代社会，绿色企业形象被称为最佳的企业形象。企业面对的竞争不再仅仅局限于产品质量、价格、服务和促销，更多地体现在绿色企业形象、生态环境保护等方面。良好的企业形象已经成为企业重要的无形资产，对外是获取竞争优势的重要手段，对内是增强企业的凝聚力的重要利器。可以说，建立绿色形象是企业实现可持续发展的重要保障。

实施积极环境战略的企业有助于提升企业的绿色形象，容易获得更高评价（李冬伟和张春婷，2017）。木地板制造企业通过实施“绿色化”树立起环境友好型的绿色企业形象，引发公众对企业绿色行为的认同感，在赢得消费者的青睐的同时有利于市场份额的增长，有效提升了企业绩效，从而将绿色形象转化为市场优势。由于绿色形象具有外显性，在日益激烈的市场竞争中，企业通过引领绿色消费建立起鲜明的绿色形象，容易得到消费者情感上的支持与信任，进而获得消费者较高的满意度和忠诚度，对潜在进入者则形成进入壁垒。

6.3.2 绿色成长动力的耦合作用

增强竞争优势、满足绿色需求、提升绿色形象从三个方向围成一个三维空间，而绿色需求拉动力、政府政策推动力、环境标准约束力、技术进步支持力、链间竞争驱动力和链内协同带动力六个外部动力，在这个三维空间上表现为空间动力曲线并能分解映射到坐标中，从不同的动力方向推动木地板制造企业的绿色成长。

设 $T_i=1,2\cdots$ 为木地板制造企业绿色成长的某一动力因素，增强竞争优势、满足绿色需求、提升绿色形象分别表示为 X，Y，Z，则 T_i 可表示为 X，Y，Z 空间内的一条动力曲线，$X_i=f_i(T_i)$、$Y_i=g_i(T_i)$、$Z_i=h_i(T_i)$。

$f_i(T_i)$ 表示 T_i 在增强竞争优势方面的作用力，$g_i(T_i)$ 表示 T_i 在满足绿色需求方面的作用力，$h_i(T_i)$ 表示 T_i 在提升绿色形象方面的作用力。f_i、g_i、h_i 分别表示 T_i 在增强竞争优势、满足绿色需求、提升绿色形象方面的作用转化函数。

木地板制造企业绿色成长函数如图 6－4 所示。

设木地板制造企业在增强竞争优势、满足绿色需求和提升绿色形象方面的作用力分别为 X，Y，Z，则

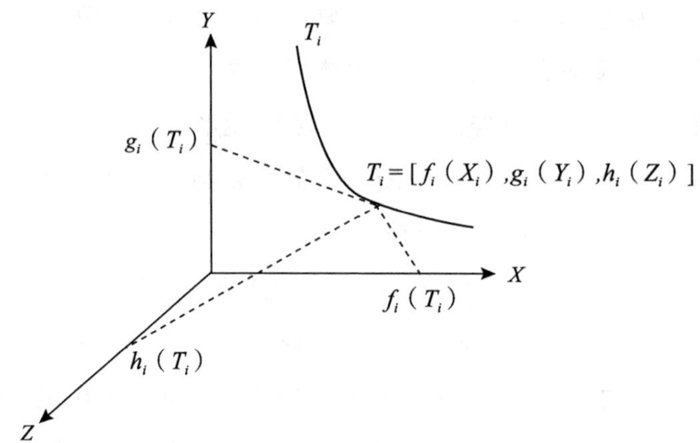

图6-4　木地板制造企业绿色成长函数

$$X = \sum_{i=1}^{6} X_i ; Y = \sum_{i=1}^{6} Y_i ; Z = \sum_{i=1}^{6} Z_i$$

设木地板制造企业增强竞争优势、满足绿色需求、提升绿色形象等因素对推进企业绿色成长的动力函数分别为k，l，p，则有如下定义。

“增强竞争优势”推进企业绿色成长的动力为：

$$F_x = k(X) = k(\sum_{i=1}^{6} X_i)$$

“满足绿色需求”推进企业绿色成长的动力为：

$$F_y = l(Y) = l(\sum_{i=1}^{6} Y_i)$$

“提升绿色形象”推进企业绿色成长的动力为：

$$F_Z = p(Z) = p(\sum_{i=1}^{6} Z_i)$$

因木地板制造企业的增强竞争优势、满足绿色需求、提升绿色形象三方面相互间的耦合作用推进企业绿色成长的动力为：

$$F_{xyz} = w(X,Y,Z)$$

$$= w_{xy}(\sum_{i=1}^{6} X_i \sum_{i=1}^{6} Y_i) + w_{yz}(\sum_{i=1}^{6} Z_i \sum_{i=1}^{6} Y_i) + w_{xz}(\sum_{i=1}^{6} X_i \sum_{i=1}^{6} Z_i) + w_{xyz}(\sum_{i=1}^{6} X_i \sum_{i=1}^{6} Y_i \sum_{i=1}^{6} Z_i)$$

其中，w_{xy} 为增强竞争优势和满足绿色需求间的耦合作用函数，w_{xz} 为增强竞争优势和提升绿色形象间的耦合作用函数，w_{yz} 为满足绿色需求和提升绿色形象间的耦合作用函数，w_{xyz} 为增强竞争优势、满足绿色需求和提升绿色形象间的耦合作用函数。

则企业绿色成长的动力为：

$$
\begin{aligned}
F &= F_x + F_y + F_z + F_{xyz} \\
&= k(\sum_{i=1}^{6} X_i) + l(\sum_{i=1}^{6} Y_i) + p(\sum_{i=1}^{6} Z_i) + w_{xy}(\sum_{i=1}^{6} X_i \sum_{i=1}^{6} Y_i) + \\
&\quad w_{yz}(\sum_{i=1}^{6} Z_i \sum_{i=1}^{6} Y_i) + w_{xz}(\sum_{i=1}^{6} X_i \sum_{i=1}^{6} Z_i) + w_{xyz}(\sum_{i=1}^{6} X_i \sum_{i=1}^{6} Y_i \sum_{i=1}^{6} Z_i)
\end{aligned}
$$

为提高木地板制造企业绿色成长动力，在其他动力因素既定的条件下，应提高增强竞争优势、满足绿色需求、提升绿色形象三者之间的耦合度，即提高耦合动力。

6.4 木地板制造企业绿色成长的动力机制概念模型构建

“机制（mechanism）”一词原指机器的构造方式或工作原理或有机体的构造、功能及其相互关系，现在被广泛应用于各类学科之中，借以类比系统的构造、功能和相互关系。在社会经济领域中，“机制”指系统的内在机能与运行方式。“动力机制”指各种源动力的有机组合及其作用关系（曲永军，2014）。企业绿色成长的动力机制可以理解为企业实现绿色成长的动力来源及各种绿色成长动力之间的相互作用、有机配合、共同影响的运作与协调方式。

木地板制造企业绿色成长动力的耦合作用分析表明，绿色需求拉动力、政府政策推动力、环境标准约束力、技术进步支持力、链间竞争驱动力、链内协同带动力六个外部动力各具功能的同时，也相互作用、相互影响，即各动力相互间可以发生耦合作用，并最终形成推动木地板制造企业绿色成长持久的系统动力。这种持久的系统动力通过不断发挥“激励”作用促进企业提高绿色行为意愿，企业绿色行为意愿的提高也在推动企业产生一系列企业绿色行为。一方面，加大绿色投入强度，从“人”与“财”方面为企业提供绿色成长支撑；另一方面，提高绿色管理水平，为企业采取绿色成长方式提供制度保障。二者相互作用在满足绿色需求、提升绿色形象、增强竞争优势等方面发挥出积极作用，增强了企业的市场竞争力，为企业带来了相应的经济效益的同时，使其环境绩效得到持续改善，从而推动木地板制造企业的绿色成长。

据此，构建了木地板制造企业绿色成长的动力机制概念模型，如图 6－5 所示。提出政策激励机制、监督惩罚机制、市场倒逼机制、协同竞争机制、合作伙伴选择机制和学习创新机制共同构成了木地板制造企业的绿色成长动力机制，它们贯穿于木地板制造企业绿色成长的各个阶段。只有当几种机制互相配合、共同发挥作用时，对木地板制造企业绿色成长的巨大推动作用才能够真正发挥出来。也正是在绿色成长动力机制的共同作用下，木地板制造企业获得了持续成长的动力，并保持在绿色框架下实现不断成长。

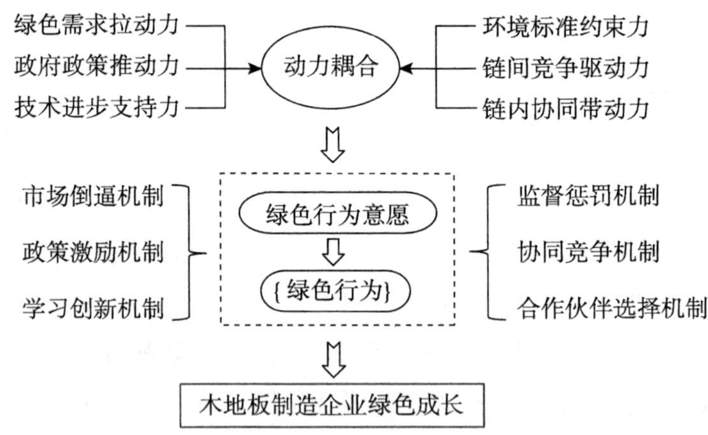

图 6－5　木地板制造企业绿色成长的动力机制概念模型

根据木地板制造企业绿色成长动力机制的概念模型，容易发现其逻辑假设：绿色成长动力→耦合作用→企业绿色行为意愿提高→企业实施绿色行为→企业收益增加→企业实现绿色成长。

木地板制造企业绿色成长的动力机制的作用结果如图 6－6 所示。

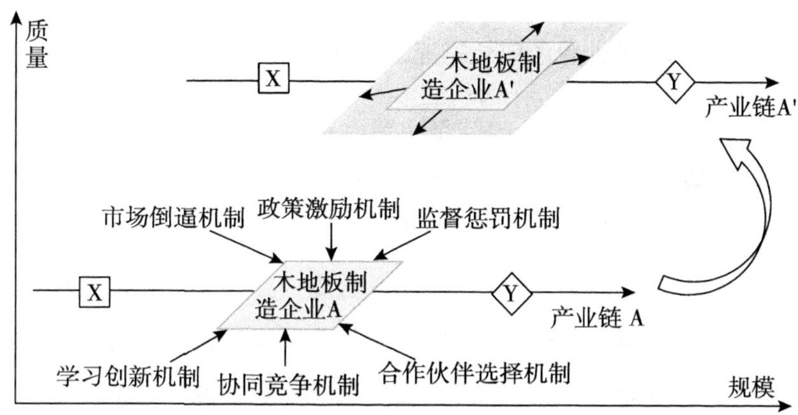

图 6 –6 木地板制造企业绿色成长的动力机制的作用结果

在图 6 –6 中，“平行四边形”形状的木地板制造企业，其面积大小代表企业规模大小；来自企业外部的政策激励机制、监督惩罚机制、市场倒逼机制、协同竞争机制、合作伙伴选择机制和学习创新机制不断作用于企业，推动着企业的绿色成长。表现为企业规模的扩大、企业成长质量（绿色水平）提升。

6.5 木地板制造企业绿色成长的动力机制构成

6.5.1 木地板制造企业绿色成长的政策激励机制

木地板制造企业绿色成长的政策激励机制主要由“政府政策推动力”发挥“推动”作用逐步形成。产业政策是政府为促进产业发展发布的各种政策的总和，产业政策不仅有利于资源的合理配置，而且对于推进木地板制造企业选择绿色成长方式具有一定的激励作用，如通过制定产业发展规划和确立发展目标来引导企业实施绿色行为。产业政策激励价值主要表现为政策激励带来企业绿色成本抵减和企业经营环境改善两方面。前者主要指政府通过税收优惠、贷款优惠及政策奖励等多种形式降低企业绿色实施成本；或者政府发布具有共性的绿色技术研发课题，委托科研院所重点攻关，并向企业推广研发成果以降低企业自行开展技术研发的风险。主要指政府通过制定和落实专项扶持政策改善企业经营环境，保障配套的现代服务质量。

6.5.2 木地板制造企业绿色成长的监督惩罚机制

木地板制造企业绿色成长的监督惩罚机制主要由“环境标准约束力”发挥“约束”作用形成。根据行为经济学前景理论中的“损失效应”原理，即人们对“损失”和“获得”的敏感程度是不同的，“损失”带来的痛苦感要大大超过“获得”带来的快乐感，即企业会更加重视并采取措施以避免可能遭受的损失。目前，环境标准与环保法规趋严，会对企业行为产生约束。一方面，企业由于环保不达标而支付罚金，最终导致企业收益减少，因而企业会投入更多精力进行节能、环保改造以避免因环保不达标造成的罚款甚至被强制停工等造成的损失。另一方面，企业的“非绿”行为或机会主义行为一旦被曝光，会使企业面临来自政府、产业、社会和消费者的负面评价，企业声誉受到影响，进而带给企业经济上的“惩罚”。上述两方面作用的实质都是企业为规避损失而实施绿色行为，在客观上则表现出企业承担了更多的绿色责任。

外部监督是推进木地板制造企业实施绿色行为并达到环境标准的重要手段。外部监督的主体是政府、行业协会、利益相关者、外部监督机构以及社会公众，建立和完善公开、透明、独立、可问责的现代环境监管体系，对企业施加强大的外部压力。如果外部监管机制薄弱，可能会使各种环境标准难以得到真正落实，甚至会导致各种机会主义倾向。例如，产业链上的制造企业过度追求自身利益，任意简化生产工艺流程以致无法满足环保要求；或采用某些欺骗手段通过环保认证；某些服务商为降低成本可能使用质量不达标，甚至使用有毒有害的辅助材料等。这些行为必将严重威胁到整个产业链的正常运行。此外，在监督的同时加大严格执法力度，对产业链上企业的污染环境、破坏生态和其他机会主义行为进行严厉打击，并给予不同程度的经济处罚，以防止个别企业的机会主义形成羊群效应。

6.5.3 木地板制造企业绿色成长的市场倒逼机制

木地板制造企业绿色成长的市场倒逼机制主要由“绿色需求拉动力”发

挥“拉动”作用形成。市场需求永远是企业经营的风向标。在环境友好型产品日益成为市场主流的时代背景下，生产和销售绿色产品也就成为企业的必然选择。消费者的绿色购买行为将会向企业发出绿色信号，促使其实行绿色生产和提供绿色产品。从这个角度来看，消费者的有效参与可以直接影响企业的收益情况，并对企业的行为形成强有力的约束，而且这种“约束作用”可以不需要太大的成本就能激励企业积极主动地实施绿色行为。消费者的“货币投票”对商品生产者和销售者具有终极影响力。不论是中小企业，还是跨国公司，最终都必须服从于消费者的选择。

木地板制造企业实施绿色行为，既是企业生产绿色产品的重要保障，又是塑造绿色企业形象的有力武器，有利于提高消费者的购买意愿和品牌忠诚度，从而在日趋激烈的市场竞争中，为企业赢得更多消费者的青睐。显然，履行环境责任是时代赋予企业的要求，也是来自消费市场的外部压力，任何无视这种压力的企业最终将会失去市场。

6.5.4 木地板制造企业绿色成长的协同竞争机制

木地板制造企业绿色成长的协同竞争机制由链间竞争驱动力以及链内协同带动力共同发挥耦合作用形成。在一个产业当中，提供相同或相似产品的企业互为竞争者，这种竞争来自资源、产品及服务的各个方面。为了在有限的市场中获得更大的市场份额，竞争便成为现代社会企业面临的常态。可以说，没有竞争就没有进步（吴寿仁，2000）；缺乏竞争带来的压力，企业就缺失了一起成长的动力。

协同竞争机制指产业链上企业通过专业化分工与合作，为了维护产业链的整体利益从而协同一致实施绿色行为共同应对来自外部的竞争。在绿色约束下，要想赢得竞争优势，前提条件就是产业链上的企业必须实施绿色行为，扎实推进绿色协同。只有实施协调一致的绿色行为才能实现产品的“真绿”；也只有达成产品的“真绿”，才能在激烈的市场竞争中立于不败之地，产业链的整体利益才能得到保障。因此，产业链上所有企业必须通力合作凝聚形成一个“利益整体”，以生态、环保、绿色为基本理念，融入现代绿色制造技术，通过绿色原材料供应、绿色生产加工和绿色铺装服务等关键环节的协同，减少产品生产过程中的资源消耗、能源浪费、环境污染，促进整个产业链的绿色化。可以说，哪条产业链绿色协同做得越好，哪条产业链的竞争力就越强，制造企业获得持续成长的概率就越大。

产业链通过专业化分工以及发挥主体间的协同合作、学习交流优势，使绿色技术、绿色信息得以快速传播、共享和应用，从而提升了整条产业链的绿色水平。在降低企业制造成本和交易成本的同时，提升了资源与能源利用效率，减少了污染物排放和有害物质残留，以产品的绿色高品质赢得市场的青睐。木地板制造企业在与所在产业链的绿色“互动”中实现绿色成长，这正是协同竞争机制发挥作用的结果。

6.5.5 木地板制造企业绿色成长的合作伙伴选择机制

木地板制造企业绿色成长的合作伙伴选择机制同样由链间竞争驱动力以及链内协同带动力共同发挥耦合作用而形成。具体包括上游的供应商选择机制以及下游铺装服务商选择机制。首先，为了在日益激烈市场竞争中占据有利地位，一方面，木地板企业需要适应并满足日益增长的绿色消费需求，也迫于环境标准的压力，通过“绿色采购”对产业链上游供应商施以行为约束。上游供应商则必须根据生产企业的具体采购要求，提供符合环保标准的生产资料。2004 年，欧盟委员会下属的环境委员会出台了《政府绿色采购手册》和《绿色公共购买指南》，就如何通过生态标签的方式来利用和促进绿色公共购买为成员国提供具体指南。另一方面，生产企业率先进行绿色制造并形成带动效应，要求上游企业引进环保技术，改进生产工艺，有效节能降耗，有效提升链上企业的环境意识，积极实施绿色行为和履行环境责任。近年来，大量出现的跨国公司派人对其供应商进行“验厂”的现象，就是生产企业根据双方签订的合作协议要求上游供应商适用和自己同样的行为准则，这种做法被认为是推进企业环境责任实现的最佳实践。其次，针对下游铺装服务商，一方面，提高准入门槛，选择技术资质高、商业信誉好的服务商进行合作；另一方面，加强工程监理并实施动态管理，建立退出制度，努力杜绝铺装商出现以次充好等机会主义行为。

合作伙伴选择机制是产业链上企业之间行为约束的直接体现。一般来讲，进入“优势”产业链意味着获取更多的额外利益，使链外企业有“挤进”特定产业链的动力。从而形成了供应商的动态选择机制，正是这种可能的“动态选择”给予合作伙伴以持续的“压力”，推动产业链上的企业都能积极实施绿色协同。只有严格遵守环境标准、积极实施绿色行为的企业，才能嵌入一个特定的产业链中，获得相对稳定的经营环境、持续的客户资源和相应的利益回报，以及更好的成长机会，而那些不愿实施绿色行为的企业则可能面临被排除在产业链外的风险。

从产业链内部看，只有当企业真正体验到实施绿色行为能够切实带来好处，而采取“非绿”的机会主义行为造成的成本大于收益时，链上各个企业的行为才会受到根本约束，也才能从根本上激发企业实施绿色行为的积极性，从而把来自外界的压力由“被动”执行转变成企业“自觉”的行为。

6.5.6 木地板制造企业绿色成长的学习创新机制

木地板制造企业绿色成长的学习创新机制是由技术进步支持力、链内协同带动力，以及链间竞争驱动力共同发生耦合作用形成的。企业是学习和创新的主体，而信息、知识和技术则是学习和创新的对象。而产业链则为企业间的相互学习和开展创新活动搭建了良好的交流平台，加快了信息、知识和技术的获取、流动、扩散、共享、运用的过程，继而在更高的“平台”酝酿并产生新一轮的技术创新，技术创新费用和风险也在企业间的合作中得到分担。因此，企业通过学习与创新打造并强化了自身的竞争优势，有利于企业实现生产成本的降低、产品功能的优化、提供服务的升级和加工工艺的改进。

市场需求的变化以及竞争的加剧给企业带来了空前的学习创新压力，促使企业通过不断学习和创新活动来保持持久的生机与活力。企业间合作开发、共享信息与模仿学习是提升企业自身绿色技术能力的重要途径。一种是沿产业链纵向发生的“知识溢出—学习吸收”，即发生在木地板制造企业与产业链上下游企业之间的绿色技术共享行为与绿色实践经验推广，从而产生“滚雪球”效应，提高了产业链整体的绿色技术应用水平。伴随产业链的绿色成长，木地板制造企业实现了绿色成长。另一种则发生在产业链上横向的绿色技术扩散。通常来说，首先应用绿色新技术或者实施绿色行为的链上企业在竞争中往往处于有利地位，“竞争意识”驱动竞争对手主动学习绿色技术和实践经验。即一旦产业内企业观察到其他竞争企业因采用了绿色技术而提高了产品的绿色度并由此赢得竞争优势，绿色利益就会促进该企业产生模仿学习的动机。通过模仿学习，使绿色技术的研发成果在企业间实现共享，企业的知识水平和技术存量得以提升。由此，“绿色技术—扩散溢出—模仿学习”的良性循环得以形成，在带动企业主营业务收入增加的同时，推进企业所在产业整体绿色技术水平的提升。

总之，木地板制造企业绿色成长动力机制是企业内部动力和外部动力进行耦合、共同作用、相互协同产生的结果。

6.6 木地板制造企业绿色成长动力机制的系统动力学解析

木地板制造企业的绿色成长动力耦合形成一个复杂、动态的“系统”。本节基于系统动力学原理与方法，通过对“动力系统”进行“解剖”以探究木地板制造企业绿色成长动力机制背后的作用机理。

6.6.1 绿色成长动力系统的划分

系统是相互作用的诸多要素的复合体（许国志，2000），系统具有多元性和相关性的含义，多元性指存在相互差别的多个事物才可能在一定条件下组成一个系统。相关性指系统中所有的对象都依照系统特有的方式彼此联系在一起，相互依存、相互作用、相互补充、相互制约（刘汶荣，2009）。系统动力学中的系统指一个由相互区别、相互作用的各部分（单元或要素）有机地联结在一起，为同一目的完成某种功能的集合体（黄秋波，2006）。企业的可持续成长需要一个良好、和谐的企业生态系统作为保证（唐海滨，1993）。

木地板制造企业的绿色成长动力系统普遍被视作一个复杂的、动态的系统。为了更好地研究绿色成长系统的行为模式、动态变化及发展趋势，对木地板制造企业绿色成长动力机制的形成与作用机理进行合理解释，在对木地板制造企业绿色成长外部动力进行系统分析的基础上，考虑到与企业所在产业链相关的行为主体情况，同时为了分析的便利性，建立了“政策—标准”子系统、“绿色需求”子系统、“协同—竞争”子系统和“绿色技术”子系统。上述四个子系统之间的关系并不是割裂的，而是相互作用、相互渗透和相互影响的，它们共同构成了木地板制造企业绿色成长系统，同时，四个子系统各自的结构特点和系统功能又不尽相同，对木地板制造企业绿色成长所起的作用各有所侧重。

木地板制造企业绿色成长动力子系统如图 6 – 7 所示。

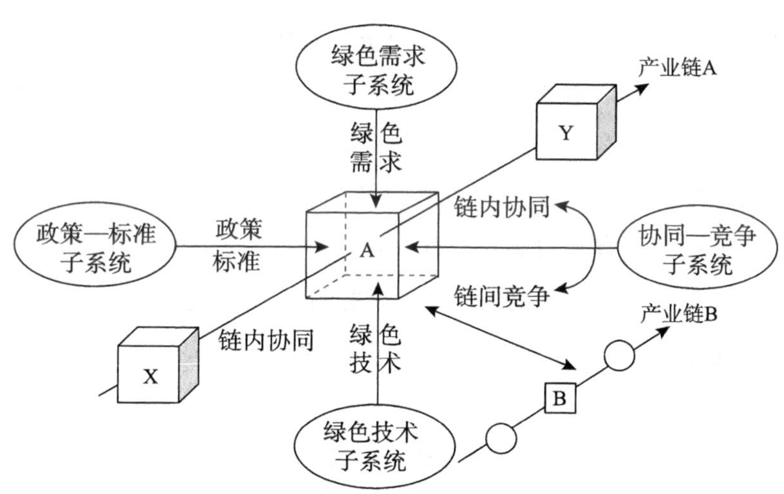

图 6 – 7　木地板制造企业绿色成长动力子系统

在图 6 – 7 中，木地板制造企业 A 与上游企业 X 和下游企业 Y 共同组成产业链 A，与产业链 B 形成链间竞争关系。为了应对竞争，木地板制造企业 A 作为产业链的领导者，与 X 和 Y 形成绿色协同，共同完成绿色木地板产品的原料供给、产品生产和铺装服务。同时，“政策—标准”子系统、“绿色需求”子系统和“绿色技术”子系统发挥作用，推动和促进木地板制造企业实现绿色成长。

（1）“政策—标准”子系统

政策与标准的制定者主要是政府，这里的政策主要指政府出台的鼓励型政策，对木地板制造企业实施绿色行为起到激励作用；而标准则包括绿色技术标准与法规，带有强制性的作用，对企业的“非绿”行为形成强有力的制约，要求企业通过技术改造和技术研发达到满足标准的要求。由于该系统自身具有的强制性特征，在企业绿色化进程当中的“约束力”往往比“激励力”所起的作用更大。综合来看，“政策—标准”子系统的功能主要体现在绿色政策支持和环境标准压力两方面，二者直接或间接地推动着木地板制造企业实施绿色行为以达到绿色环保、改善生态环境的目标。

（2）“绿色需求”子系统

消费者的绿色需求是木地板制造企业实施绿色行为的“拉引器”。企业的生产经营活动必然要追求经济利润，消费者对绿色产品的需求，使企业意识到目标市场“潜在”利润的存在，驱使企业重视环境保护问题，把关注产品的绿色放在生产经营的重要位置，并实施相应的绿色行为，积极改进落后生产工艺、采购绿色生产设备，在原材料选取、产品生产加工和售后服务等方面降低能耗、减少污染，通过提供绿色产品和服务以求得预期的经济回报。对于消费者来说，只有同时满足环保和质量要求才能赢得消费者的青睐，也只有让消费者体验到“物有所值”“物超所值”，他们才会花钱选购绿色产品。对于木地板制造企业来说，只有消费者的最终购买，才能保证企业获得经济收益，也才能够实现企业的价值并获得成长的机会。因此，消费者的绿色需求是拉动木地板制造企业绿色成长的重要动力因素，绿色产品的市场需求越大，企业进行绿色制造的动力就越足。

（3）“协同—竞争”子系统

木地板制造企业实现绿色成长需要企业自身和所在产业链构建并优化协同关系、发挥协同作用。

协同—竞争子系统的主体是木地板制造企业所在的产业链。一方面，表现为木地板制造企业之间的竞争，而这背后实际是以木地板制造企业为领导者的产业链与产业链之间的竞争。另一方面，鉴于产业链绿色化要求必须全员参与的特性，为了应对竞争，产业链内部需要采取协调一致的绿色行动以保证产品达到真正的绿色要求。

木地板制造企业的产业链绿色协同如图 6 – 8 所示。

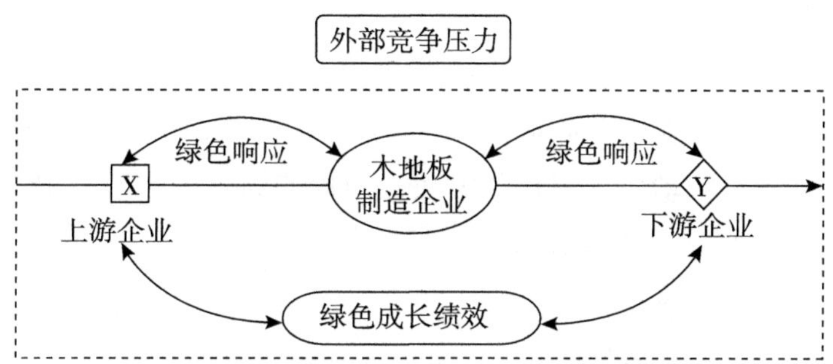

图 6 – 8　木地板制造企业的产业链绿色协同

（4）“绿色技术”子系统

绿色技术子系统对于木地板制造企业的绿色成长具有至关重要的支持作用。满足消费者绿色需求必须紧紧依靠绿色技术的进步。然而，现代企业单纯依靠单打独斗进行技术创新往往力不从心，企业需要转变传统的“竞争”思路，以“竞合”为技术创新的行动指引，开展多种形式的绿色技术开发合作。例如，以产业链为基础进行上下游企业间的纵向合作；在产业内与竞争对手共同攻克技术难关的横向合作；以及通过建立产学研战略联盟与科研院所进行的绿色技术创新合作等。

消费者绿色需求的增长为绿色技术创新活动提供了研究方向，使绿色技术创新的成果有了“用武之地”，通过将成果转化为满足市场需求的绿色产品而实现其市场价值。因此，绿色研发成果的预期市场规模越大，其对绿色研发活动的激励就越大，对绿色研发绩效的影响就越显著（刘刚，2015）。同时，知识与技术资源还会通过技术外溢等方式对企业外部产生影响（楼高翔和万宁，2010）。绿色技术创新成果的扩散，使更多的企业得以分享绿色技术创新的成果，大大加快了技术的革新速度的同时也有效地促进了整个产业的发展。

6.6.2 绿色成长动力子系统的作用机理分析

木地板制造企业的绿色成长动力系统由“政策—标准”“绿色需求”“协同—竞争”和“绿色技术”等子系统协同作用构成，各子系统间相互作用、相互影响；同时子系统内部诸因素之间不断进行着物质、信息、资金的流动与交换。为了探寻木地板制造企业绿色成长机制背后四个子系统的作用机理，本部分尝试运用系统动力学原理与方法，构建“因果回路图”对上述子系统如何发挥“动力”功能进行解释。

（1）因果回路图简介

因果回路图是描述系统反馈结构的重要工具，用于分析系统内各因素的相互影响关系。在系统动力学的系统中，选取相关变量，分析变量的相互作用关系可以建立因果关系及反馈关系，多个首尾相连因果关系链形成闭合的因果关系环，称其为因果回路图。因果回路图中（+）表示两个变量的变化趋势相同；（-）表示两个变量的变化趋势相反。木地板制造企业绿色成长动力的四个子系统中分别包含了多个因果关系反馈回路，使用 Vensim PLE 软件可以绘制出上述四个绿色成长动力子系统的因果回路图，通过各个子系统的主要因果关系和反馈回路分析，可以进一步揭示绿色成长动力系统的作用机理。

（2）“政策—标准”子系统因果回路分析

政府制定支持激励政策和颁布环境标准的目的是最大限度降低市场失灵，推进木地板制造企业及其所在产业链实施绿色行为、履行环境责任，提高绿色化程度，使企业在获得市场经济效益的同时取得环境效益，实现企业的绿色成长。

“政策—标准”子系统主要的因果回路如图 6-9 所示。

“政策—标准”子系统包含如下 5 条主要的因果回路。

回路 R1-1：政府政策激励、环境标准约束→（+）木地板制造企业绿色行为意愿→（+）绿色战略制定与执行→（+）企业绿色投入→（+）绿色成果→（+）资源与能源效率→（-）生产成本→（+）企业收益→（+）企业绿色行为意愿。

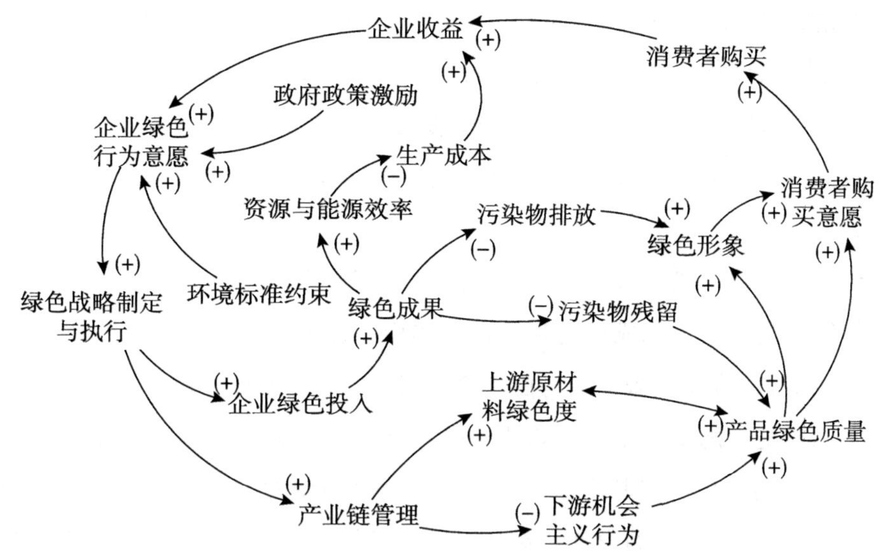

图 6－9 “政策—标准”子系统主要的因果回路

回路 R1－2：政府政策激励、环境标准约束→（＋）木地板制造企业绿色行为意愿→（＋）绿色战略制定与执行→（＋）企业绿色投入→（＋）绿色成果→（－）污染物排放→（＋）企业绿色形象→（＋）消费者购买意愿→（＋）消费者购买→（＋）企业收益→（＋）企业绿色行为意愿。

回路 R1－3：政府政策激励、环境标准约束→（＋）木地板制造企业绿色行为意愿→（＋）绿色战略制定与执行→（＋）企业绿色投入→（＋）绿色成果→（－）产品污染物残留→（＋）产品绿色质量→（＋）消费者购买意愿→（＋）消费者购买→（＋）企业收益→（＋）企业绿色行为意愿。

回路 R1－4：政府政策激励、环境标准约束→（＋）木地板制造企业绿色行为意愿→（＋）绿色战略制定与执行→（＋）产业链管理→（＋）上游原材料绿色度→产品绿色质量→（＋）消费者购买意愿→（＋）消费者购买→（＋）企业收益→（＋）企业绿色行为意愿。

回路 R1－5：政府政策激励、环境标准约束→（＋）木地板制造企业绿色行为意愿→（＋）绿色战略制定与执行→（＋）产业链管理→（－）下游机会主义行为→（＋）产品绿色质量→（＋）消费者购买意愿→（＋）消费者购买→（＋）企业收益→（＋）企业绿色行为意愿。

上述回路中，政府政策激励和环境标准约束分别作为“动力源”施加于企业，企业绿色行为意愿提高；进而引出两条关键线路（其他子系统均与此相似）：一是通过增加绿色投入，二是通过加强产业链管理，最终提升木地板产品绿色质量，从而提高消费者购买意愿；消费者购买意愿的增加使企业收益随之增加。

综上，在“政策—标准”子系统中，政府政策激励和环境标准约束均对木地板制造企业的绿色成长起到了促进作用。这种促进作用通过“激励”与“压力”两方面表现出来，二者往往叠加在一起共同发挥作用。首先，政府通过制定和实施激励支持政策，如政策引导和财政补贴等措施来对企业绿色行为产生“激励”作用；其次，制定并实施具有强制性的环境标准对企业形成“压力”作用。这种压力迫使企业重视生产工艺改进、提高绿色产品生产愿意并加强末端治理力度。

在企业绿色投入力度增加的同时，加强了产业链上下游的绿色管理。一是提高了资源和能源利用效率，降低了企业生产成本；二是减少了污染物排放，提升了企业绿色形象；三是在保证上下游绿色协同的基础上，减少了木地板产品中污染物的排放与残留，有效提升了木地板产品质量，提高了企业的绿色竞争力，为实现消费者的绿色需求奠定基础。

（3）“绿色需求”子系统因果回路分析

没有市场需求支撑的企业经营行为是注定没有生命力的，同样，脱离市场需求的企业绿色行为也是缺乏持久动力的。随着经济的发展，消费结构逐渐升级，消费者对于绿色木地板产品的市场需求持续增长。产品的绿色需求推进木地板制造企业实施绿色行为，通过产品研发、改进工艺等手段扩大绿色木地板的生产，通过满足消费者的绿色需求增加企业的收益，实现企业的绿色成长。

“绿色需求”子系统主要的因果回路如图 6 - 10 所示。

“绿色需求”子系统包含如下 5 条主要的因果回路。

回路 R2 - 1：绿色消费需求→（+）木地板制造企业绿色行为意愿→（+）绿色战略制定与执行→（+）企业绿色投入→（+）绿色成果→（+）资源与能源效率→（-）生产成本→（+）企业收益→（+）企业绿色行为意愿。

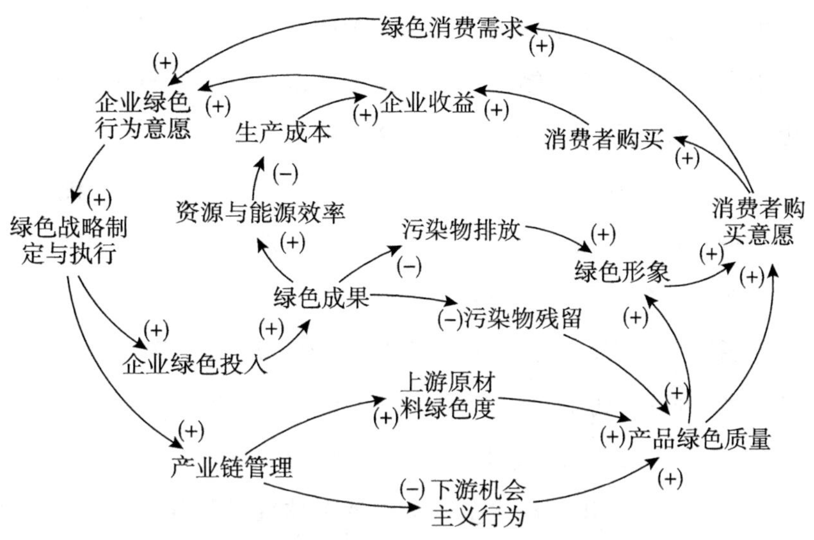

图6-10 “绿色需求”子系统主要的因果回路

回路R2-2：绿色消费需求→（+）木地板制造企业绿色行为意愿→（+）绿色战略制定与执行→（+）企业绿色投入→（+）绿色成果→（-）污染物排放→（+）企业绿色形象→（+）消费者购买意愿→（+）消费者购买→（+）企业收益→（+）企业绿色行为意愿。

回路R2-3：绿色消费需求→（+）木地板制造企业绿色行为意愿→（+）绿色战略制定与执行→（+）企业绿色投入→（+）绿色成果→（-）产品污染物残留→（+）产品绿色质量→（+）消费者购买意愿→（+）消费者购买→（+）企业收益→（+）企业绿色行为意愿。

回路R2-4：绿色消费需求→（+）绿色战略制定与执行→（+）产业链管理→（+）上游原材料绿色度→（+）产品绿色质量→（+）消费者购买意愿→（+）消费者购买→（+）企业收益→（+）企业绿色行为意愿。

回路R2-5：绿色消费需求→（+）绿色战略制定与执行→（+）产业链管理→（-）下游机会主义行为→（+）产品绿色质量→（+）消费者购买意愿→（+）消费者购买→（+）企业收益→（+）企业绿色行为意愿。

综上，在“绿色需求”子系统中，消费者绿色消费需求作为“动力源”被施加于企业，从而可以有效拉引木地板制造企业的绿色成长。这种拉引作用表现在如下三方面：一是消费者绿色观念的普及，扩大了绿色木地板产品的市场需求量，促使木地板制造企业及其产业链实施绿色行为，努力提高产品绿色度，消费者绿色需求得以满足，企业收益增加。二是绿色木地板产品的市场需求增加，促使企业增加绿色投入水平，从而使绿色成果产出增多，形成绿色优势，有利于提高消费者购买意愿和增加购买行为，使企业收益增加。三是企业实施绿色行为，树立了企业负责任的绿色形象，提升了企业声誉和品牌知名度，为产品扩大销售和提高市场份额打下基础。因此，绿色消费需求的持续增长是拉引木地板制造企业选择绿色成长方式的重要前提。

（4）“协同—竞争”子系统因果回路分析

随着社会分工的深化，现代企业个体越来越难以单独完成产品生产的全过程。企业的成长在很大程度上依赖产业链上下游企业的资源状态、经营行为以及相互之间的合作沟通。企业之间的竞争关系也发生了极大的变化，产业链与产业链之间的竞争取代单个企业之间竞争的趋势日益凸显。因此，产业链上下游企业只有通力合作，才能形成产业链的整体竞争力，才有可能共同面对和抵御来自外部的威胁。

“协同—竞争”子系统主要的因果回路如图 6 – 11 所示。

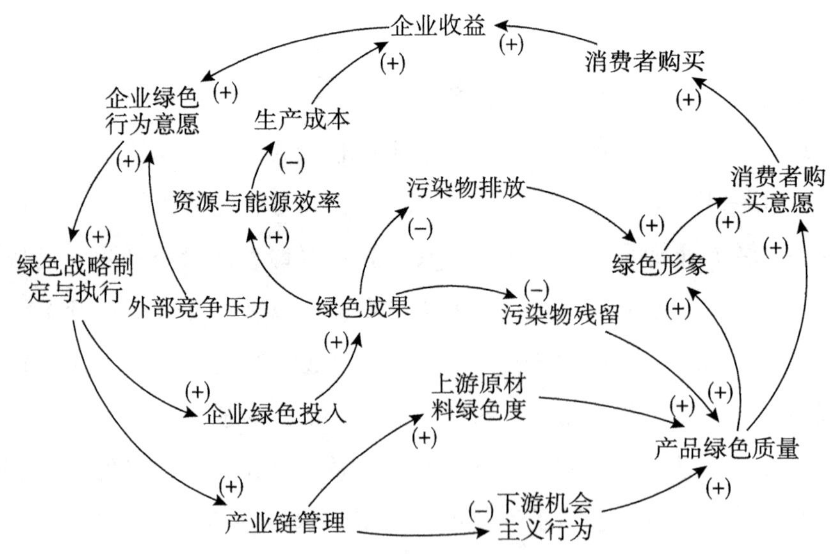

图 6 – 11 “协同—竞争”子系统主要的因果回路

“协同—竞争”子系统包含如下 5 条主要的因果回路。

回路 R3 - 1：外部竞争压力→（+）木地板制造企业绿色行为意愿→（+）绿色战略制定与执行→（+）企业绿色投入→（+）绿色成果→（+）资源与能源效率→（-）生产成本→（+）企业收益→（+）企业绿色行为意愿。

回路 R3 - 2：外部竞争压力→（+）木地板制造企业绿色行为意愿→（+）绿色战略制定与执行→（+）企业绿色投入→（+）绿色成果→（-）污染物排放→（+）企业绿色形象→（+）消费者购买意愿→（+）消费者购买→（+）企业收益→（+）企业绿色行为意愿。

回路 R3 - 3：外部竞争压力→（+）木地板制造企业绿色行为意愿→（+）绿色战略制定与执行→（+）企业绿色投入→（+）绿色成果→（-）产品污染物残留→（+）产品绿色质量→（+）消费者购买意愿→（+）消费者购买→（+）企业收益→（+）企业绿色行为意愿。

回路 R3 - 4：外部竞争压力→（+）绿色战略制定与执行→（+）产业链管理→（+）上游原材料绿色度→（+）产品绿色质量→（+）消费者购买意愿→（+）消费者购买→（+）企业收益→（+）企业绿色行为意愿。

回路 R3 - 5：外部竞争压力→（+）绿色战略制定与执行→（+）产业链管理→（-）下游机会主义行为→（+）产品绿色质量→（+）消费者购买意愿→（+）消费者购买→（+）企业收益→（+）企业绿色行为意愿。

综上，在“协同—竞争”子系统中，外部竞争压力作为“动力源”被施加于企业，对于推进木地板制造企业的绿色成长具有正向效应。这种推进作用表现在如下两方面：一是外部竞争压力强化了木地板制造企业自身的绿色经营理念和实施绿色行为意愿。二是在木地板制造企业的带动之下，产业链上下游企业实现绿色协同，上游厂商供应的生产原料绿色度提高、下游绿色铺装服务提供商减少了机会主义行为，产业链绿色协同度的提高为产业链获取绿色竞争优势奠定基础。

在“新竞争”环境下，企业要想获得生存与持续成长的机会，必然要面对日趋激烈的市场竞争。对于木地板制造企业来说，需要树立“双赢”或“多赢”的理念，通过合作来实现自身利益最大化。一方面，木地板制造企业要深化基于产业链上下游企业之间的纵向合作，这种合作最终产生的收益并非单个企业收益的简单加总，而是凭借资源共享、效率提升、成本降低等方式取得“1 +1 >2”的收益。另一方面，企业应加强与科研院所的横向技术合作，形成优势互补、风险共担、利益共享的合作模式，有效开展绿色产品开发、绿色工艺创新和绿色技术研发，为推进木地板制造企业的绿色成长起到支撑作用。

（5）“绿色技术”子系统因果回路分析

绿色技术子系统对于木地板制造企业的绿色成长一方面可以起到支撑与保障作用，另一方面该系统又是企业绿色创新行为的“推进器”，增强了企业的绿色成长动力。研发投入的增加促进企业和科研院所开展绿色研发活动，取得的研发成果转化为现实的生产力，有利于企业开发绿色产品、改进生产工艺、节约能源和降低材料消耗，以及减少环境污染排放与污染残留，在取得环境效益的同时增加了企业的经济效益，为企业实现绿色成长提供有力的智力支持。在这个过程中，研发出的绿色新技术成果惠及上下游企业，形成绿色技术成果的绿色知识的扩散与溢出，上下游企业通过消化吸收转化成自身绿色成长的推动力量。

“绿色技术”子系统主要的因果回路如图 6 – 12 所示。

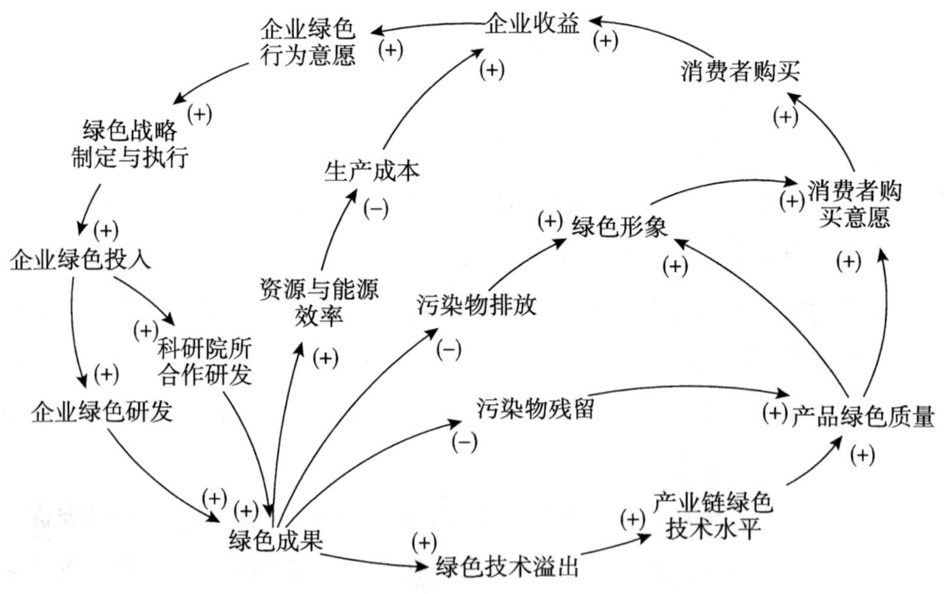

图 6 – 12　“绿色技术”子系统主要的因果回路

“绿色技术”子系统包含如下5条主要的因果回路。

回路R4－1：绿色战略制定与执行→（＋）企业绿色投入→（＋）企业绿色研发→（＋）绿色成果→（＋）资源与能源效率→（－）生产成本→（＋）企业收益→（＋）企业绿色行为意愿→（＋）绿色战略制定与执行。

回路R4－2：绿色战略制定与执行→（＋）企业绿色投入→（＋）科研院所合作研发→（＋）绿色成果→（＋）资源与能源效率→（－）生产成本→（＋）企业收益→（＋）企业绿色行为意愿→（＋）绿色战略制定与执行。

回路R4－3：绿色战略制定与执行→（＋）企业绿色投入→（＋）绿色成果→（－）污染物排放→（＋）企业绿色形象→（＋）消费者购买意愿→（＋）消费者购买→（＋）企业收益→（＋）企业绿色行为意愿→（＋）绿色战略制定与执行。

回路R4－4：绿色战略制定与执行→（＋）企业绿色投入→（＋）绿色成果→（－）污染物残留→（＋）产品绿色质量→（＋）消费者购买意愿→（＋）消费者购买→（＋）企业收益→（＋）企业绿色行为意愿→（＋）绿色战略制定与执行。

回路R4－5：绿色战略制定与执行→（＋）企业绿色投入→（＋）绿色成果→（＋）绿色技术溢出→（＋）产业链绿色技术水平→（＋）产品绿色质量→（＋）消费者购买意愿→（＋）消费者购买→（＋）企业收益→（＋）企业绿色行为意愿→（＋）绿色战略制定与执行。

综上，在“绿色技术”子系统中，绿色技术研发作为“动力源”被施加于企业，为推进木地板制造企业的绿色成长提供了有力的支撑作用。这种支撑作用表现在如下三方面：一是企业加大绿色投入力度，可以促进企业和科研院所开展研发活动，绿色研发成果的产出随之增多。企业通过转化成果改进生产工艺，从而在节约材料、节能降耗、降低污染物减排与残留等方面达到提高收益、降低成本的作用。二是研发活动的产出成果的应用有利于企业形成技术领先优势，开发出质量更高的绿色产品，从而占据更大的市场份额和获得更多的利润，促进企业竞争力的提高和收益的增加。三是通过“溢出效应”实现绿色技术成果的转移和共享，提升了自身的技术和能力。借助产业链，企业可以迅速获取所需资源并共享技术成果，绿色研发成果在“溢出—共享—转化—应用”过程中促进了“绿色产出”，有利于节约材料与能源，降低企业经营成本；有利于树立负责任的企业绿色形象；有利于企业扩大绿色产品的市场占有率，增加企业收益。企业收益增加后，会进一步增加绿色技术研发的投入，取得良性循环，持续为木地板制造企业的绿色成长提供动力支撑。

需要注意的是，在绿色技术作用日益凸显的今天，还应看到事物的另一面。对于制造企业而言，绿色技术研发需要高额资金投入和人才投入，加上技术与市场风险可能在一定程度上增加企业成本、削弱研发动力。因此，政府相关部门应当考虑到绿色技术巨大的潜在价值，搭建绿色技术成果转化及相应的商业化应用平台，促进知识、技术的转化、流转与共享，不仅能够节约企业的研发成本，也可以通过“溢出效应”让更多企业享受到绿色技术带来的好处。

（6）木地板制造企业绿色成长系统因果回路

木地板制造企业绿色成长动力系统是由四个子系统构成的统一整体。综合上述四个子系统的主要因果回路，形成木地板制造企业绿色成长系统的因果回路如图 6－13 所示。

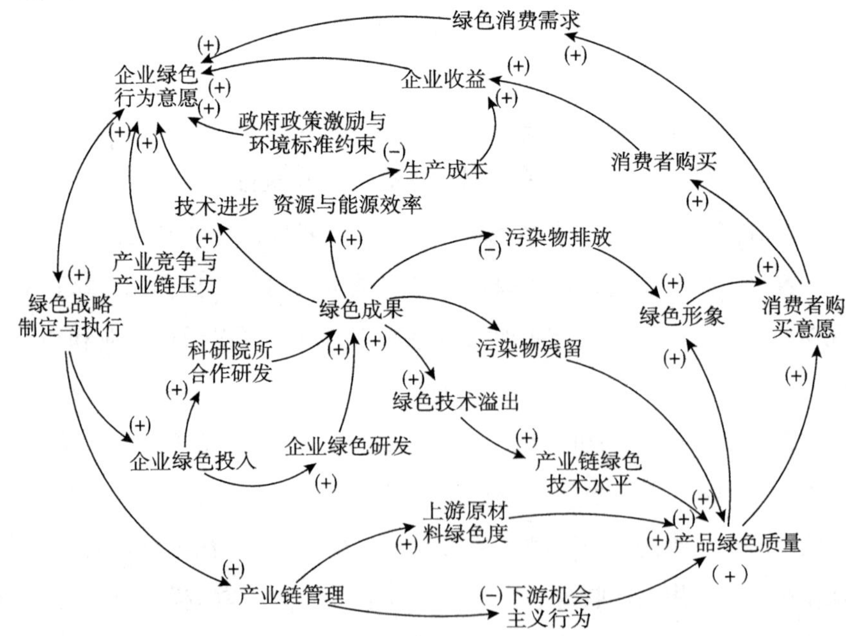

图 6－13　木地板制造企业绿色成长系统的因果回路

6.7 系统动力学模型构建与仿真验证

本节首先依据木地板制造企业绿色成长系统因果回路图中变量的因果关系，用 Vensim PLE 软件绘制出系统动力学仿真模型的流图。在确定变量种类的基础上，结合变量之间的函数关系建立系统中各变量的系统动力学方程，并对有关参数进行初步估计；借助系统动力学仿真技术对木地板制造企业绿色成长系统进行仿真模拟，验证政府政策激励等六大“绿色动力”与木地板制造企业的绿色成长之间的正向关系。

6.7.1 木地板制造企业绿色成长的系统动力学流图

系统动力学流图以因果回路图为基础，是描述系统动态反馈机制的重要分析工具。因果回路图主要用来反映变量之间的因果关系，以及描述变量之间的动态互动关系，但无法区别不同性质的变量故而不能直接对系统的控制与反馈过程进行仿真。因此需要把这种因果关系转化为变量间的函数关系，形成建立在一定动态数据基础上的反馈闭环图，即系统动力学流图，才能将系统内部的结构、变量类型和变量关系表达得更加逻辑化、直观和准确。

依据木地板制造企业绿色成长系统的因果回路图，结合系统中各变量的不同作用，绘制木地板制造企业绿色成长的系统动力学流图，如图 6 - 14 所示。

6.7.2 系统动力学模型中的变量分析

“模型”一词最初产生于对实物的模仿，用以代替一种事物或一个系统。系统动力学模型是在系统动力学理论与方法指导下建立的用以研究复杂系统动态行为的计算机仿真模型体系，即用系统动力学的观点通过模拟来研究系统的动态特征。模型由变量、参数和函数关系三项要素构成（陶在朴，2018）。

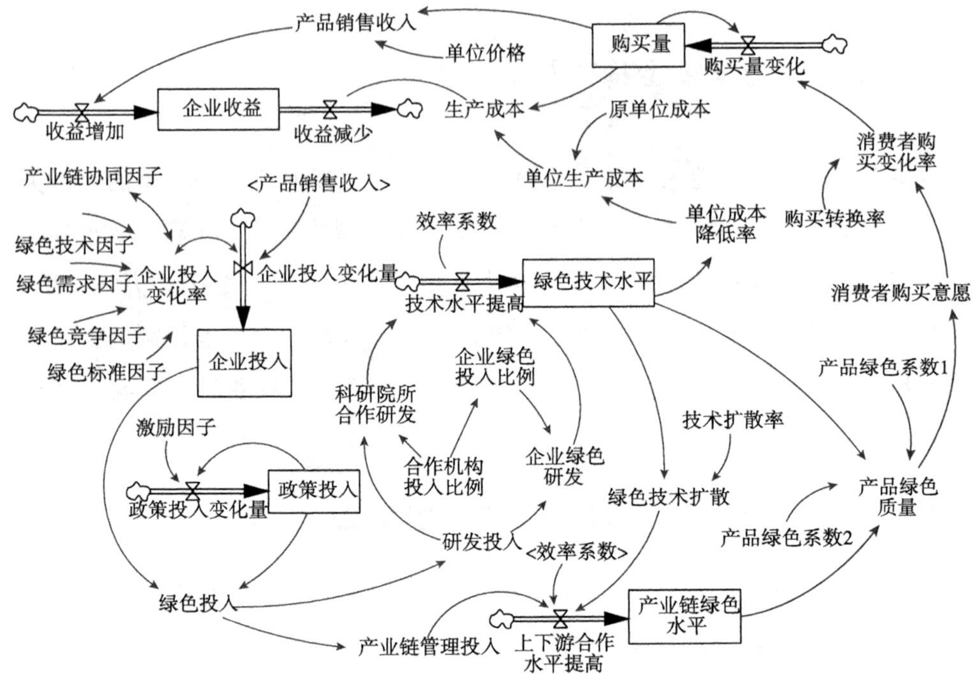

图 6-14　木地板制造企业绿色成长的系统动力学流图

（1）系统动力学模型中的主要变量

变量是系统动力学模型中最基本的单位。在系统动力学模型中分别以不同的形状和符号表示不同类型的变量，以及反映变量之间基本的逻辑关系。系统动力学模型中的主要变量包括状态变量、速率变量、辅助变量和常量四种类型。其中，存量与流量是系统动力学模型的基本变量。

①状态变量（Level）。状态变量是系统动力学模型中最主要的变量，也被称作存量，是从初始时刻到特定时刻的物质流动或信息流动的堆积或累加的结果。其数值大小表示某一系统变量在某一特定时刻的状况，即状态变量$_{(\text{未来时刻})}$ = 状态变量$_{(\text{当前时刻})}$ + 变量值。在系统流图中以“矩形”符号表示状态变量，具体包括变量名称和描述输入与输出流速率的流线等。

②速率变量（Flow）。又称流量。速率变量是状态变量的函数，控制着状态变量的变化，表示随着时间的变化，使存量的值增加或减少。速率变量用“阀门”符号表示，包括变量名称、速率变量控制的流的流线和其所依赖的信

息输入量。

以图6－14为例说明状态变量和速率变量。在图6－14中，“企业收益”为状态变量，即存量；“收益增加”和“收益减少”为速率变量，即流量。需要注意的是，存量是描述系统积累效应的变量，虽然由本身的流量决定，但流量可能会停止，即使流量等于0了，但存量依然存在。

③辅助变量（Auxiliary）。也称中间变量。由于系统动力学所研究的系统较为复杂，为了建模方便而人为引入的信息反馈变量被称为“辅助变量”。辅助变量是系统模型化的重要内容，主要是辅助变量既可能与存量有关，也可能与流量有关，或者与另一个辅助变量有关。

④常量（Constant）。是系统中最简单的变量形式，又被称为常数，是辅助变量的一个特例，描述系统中不随时间变化而变化的量。

（2）木地板制造企业绿色成长系统模型中的变量

木地板制造企业绿色成长的系统动力学模型中主要变量包括状态变量（L）、速率变量（F）、辅助变量（A）和常量（C）。按照变量类型对系统中的主要变量进行整理，如表6－1所示。

表6－1　系统动力学模型变量表

变量类型	变量名称
状态变量（L）	企业收益、企业投入、政策投入、绿色投入、绿色技术水平、产业链绿色水平、消费者购买量
速率变量（F）	企业投入变化率、消费者购买变化率
辅助变量（A）	环境标准因子、绿色竞争因子、绿色需求因子、绿色技术因子、产业链协同因子、企业投入变化量、政策投入变化量、激励因子、绿色投入、研发投入、产业链管理投入、产品绿色质量、科研院所合作开发、企业绿色研发、绿色技术扩散、上下游合作水平增加、消费者购买意愿、消费者购买量增加、生产成本、产品销售收入
常量（C）	合作机构投入比例、企业绿色投入比例、技术扩散率、产品绿色系数1、产品绿色系数2、购买转换率、单位成本降低率、原单位成本、单位价格、效率系数

资料来源：作者整理。

（3）系统中变量函数关系的确定

木地板制造企业绿色成长系统的流图构建完成之后，需要进一步根据系统中变量之间的因果关系把变量之间的函数关系确定下来以方便进行计算机模拟仿真。采用的方法主要包括以下几种。

①经验公式法。例如，产品销售收入 = 产品单价 × 销售数量。

②专家咨询法。例如，环境标准约束、绿色技术溢出因子取值可以通过咨询科研院所、行业企业专家得到。

③根据企业实际发生值。例如，企业单位生产成本、产品单位价格等值依据企业实际发生值确定。

④采用试错法。依据前人研究成果，针对某些难以估计的参数，则先用可能值进行仿真测试直至模型稳定。

综合运用以上方法，建立了模型中重要变量的函数关系式。如表 6 – 2 所示。

表 6 – 2　　主要变量及其函数关系式

变量名称	单位	函数关系式
产品销售收入	万元	单位价格 × 消费者购买量
企业投入	万元	INTEG（企业投入变化量，6800）
企业投入变化量	万元	产品销售收入 × 企业投入变化率
企业投入变化率	Dmnl	各动力因子加权求得
政策投入	万元	INTEG（政策投入变化量，900）
绿色投入	万元	企业投入 + 政策投入
科研院所合作研发	万元	研发投入 × 合作机构投入比例
企业绿色研发	万元	研发投入 ×（1 – 合作机构投入比例）
绿色技术水平	Dmnl	INTEG（绿色技术水平提高，100）
绿色技术水平提高	Dmnl	（企业绿色研发 + 科研院所合作研发）÷ 效率系数
产业链绿色水平	Dmnl	INTEG（上下游合作水平变化，100）
上下游合作水平提高	Dmnl	绿色技术扩散 + 产业链管理投入
绿色技术扩散	Dmnl	绿色技术水平 × 技术扩散率
产品绿色质量	Dmnl	绿色技术水平 × 产品绿色系数 1 × 0.8 + 产业链绿色水平 × 产品绿色系数 2 × 0.2
购买量	万 m^2	INTEG（购买量增加，4000）

续表

变量名称	单位	函数关系式
购买量变化	Dmnl	消费者购买意愿 × 购买转换率
生产成本	万元	单位生产成本 × 购买量
单位生产成本	元	原单位成本 × （1 - 单位成本降低率）
消费者购买意愿	Dmnl	表函数*

注：* 消费者购买意愿 = WITH LOOKUP（产品绿色质量，（［（1，0.5）-（35，1）］，（1，0.5），（1.73，0.55），（2.25，0.6），（2.87，0.65），（3.81，0.7），（3.94，0.72），（5.04，0.75），（5.06，0.77），（7.34，0.8），（12.05，0.85），（17.64，0.89），（24.37，0.91）））。

6.7.3　模型仿真测试及结果

采用 Vensim PLE 软件对系统动力学模型进行模拟仿真测试，Vensim 因其自身具有的有效可视化的特性使用户可以方便地探究变量变化的路径及其对其他变量的影响程度（成琼文和周璐，2016）。

根据图 6 - 14 所构建的系统动力学模型对木地板制造企业的绿色成长情况进行模拟，以 2015—2025 年为仿真期间，时间步长设为 1 年。通过对不同的参数进行设置，可以得到相关曲线图，验证诸绿色动力与企业绿色投入、销售收入等变量是否存在正向关系。需要说明的是，为使模型更加合理，本模型不考虑短期突发性或非正常原因对模型中变量造成的影响。

（1）绿色动力对企业绿色投入的作用

企业绿色投入主要分为企业自身投入和政策投入两部分。一方面，企业受到来自环境标准、企业竞争、绿色需求、绿色技术以及产业链绿色协同等方面产生的“压力”，这些压力转变为动力，企业绿色行为意愿增强，自身绿色投入增加；另一方面，政府对实施绿色行为木地板制造企业进行激励，直接向企业投入扶持资金用于绿色研发、工艺改造等，相当于对企业实施绿色行为的补贴与奖励。

假设 1：外部诸动力与企业绿色投入呈现正向关系。

模拟仿真结果支持该假设，仿真过程如图 6 - 15 至图 6 - 17 所示，其中横坐标表示以年为单位的时间刻度，纵坐标表示政府扶持资金投入企业的数量（家）。

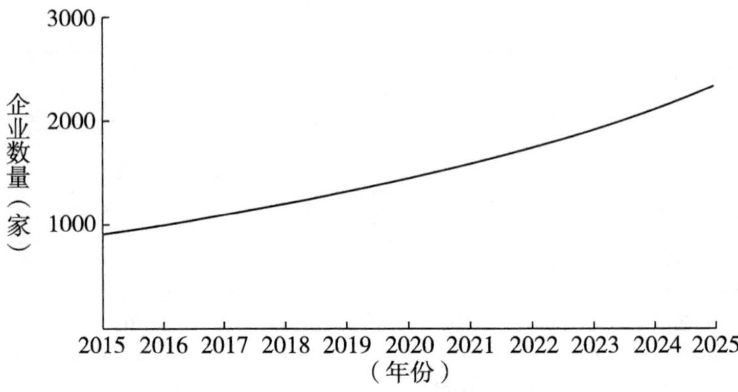

图 6－15　政府投入模拟仿真结果

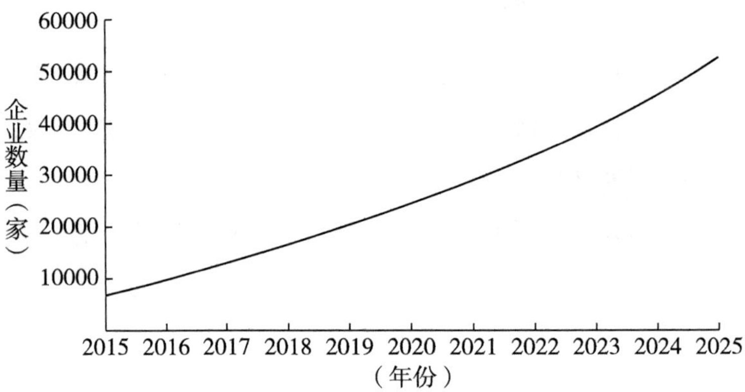

图 6－16　企业自身投入模拟仿真结果

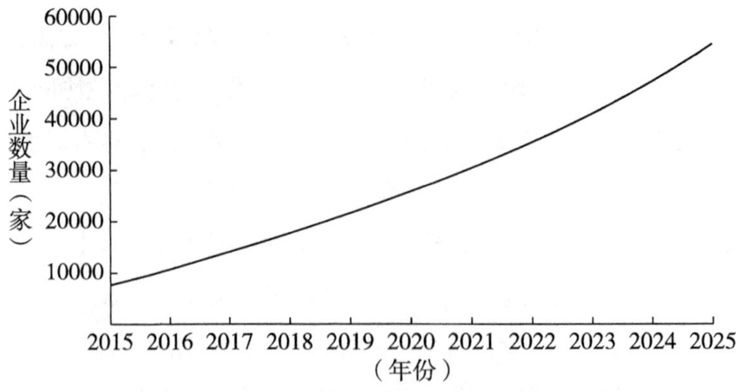

图 6－17　企业绿色投入模拟仿真结果

（2）绿色投入对企业绿色成长的推动作用

产品销售收入增长是制造企业成长的重要体现。木地板制造企业充分利用“绿色投入”实施绿色产品研发、生产工艺改进、绿色设计和末端治理、绿色生产技术和设备引进等绿色行为，这些绿色行为推动了木地板制造企业的绿色成长。

假设2：木地板销售收入与企业绿色投入具有正向关联。

仿真结果如图6－18所示，木地板制造企业的绿色产品绿色质量提升带来了产品销量增加，进而木地板产品销售收入的增长，模拟仿真结果支持假设2。其中横坐标表示以年为单位的时间刻度，纵坐标表示企业木地板销售收入（万元）。

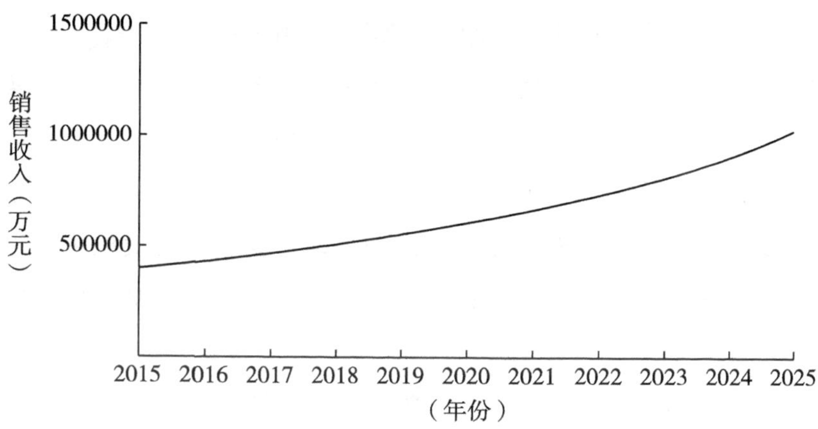

图6－18　绿色投入对企业绿色成长作用的模拟仿真结果

（3）绿色研发投入对于企业绿色技术水平提升的促进作用

企业绿色研发投入包含企业自身绿色研发投入以及科研院所等合作机构的绿色研发投入。一方面，木地板制造企业不断加大自身绿色研发力度；另一方面，木地板制造企业与科研院所、高等学校等研究机构开展“横向”绿色研发合作。随着绿色研发资金投入的持续增加，绿色能力和绿色技术水平不断提升，绿色成果产出逐渐增多。

假设3：企业绿色技术水平与企业绿色投入具有正向关联。

模拟仿真结果支持假设3，如图6－19所示，其中横坐标表示以年为单位的时间刻度，纵坐标表示绿色技术水平；初始绿色技术水平为100。

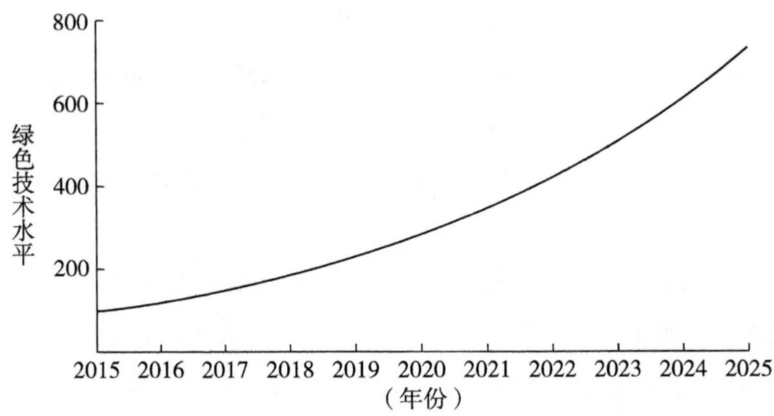

图 6－19　绿色研发投入对企业绿色技术水平提高的模拟仿真结果

（4）产业链管理投入对于产业链绿色水平提升的促进作用

木地板制造企业选择绿色成长方式必然要求产业链上下游企业实施绿色协同。企业绿色投入用于加强产业链上下游绿色管理，绿色管理的加强使上游供应商提供原材料的绿色度提高，下游铺装服务机构的机会主义行为减少。此外，随着上下游企业合作的深入，企业绿色研发成果通过技术扩散作用施加于产业链并在产业链上下游实现共享，产业链整体的绿色水平得到提升。

假设 4：产业链绿色水平与产业链管理投入具有正向关联。

模拟仿真结果支持该假设，即产业链管理投入对于产业链绿色水平数量具有显著正向关联关系，如图 6－20 所示。其中横坐标表示以年为单位的时间刻度，纵坐标反映产业链绿色水平；初始绿色技术水平为 100。

（5）绿色投入对于产品绿色质量提高的促进作用

产品的绿色质量主要表现：一方面，制造企业绿色投入力度的加大促进了绿色成果的涌现，绿色成果经过转化后应用于企业生产经营之中，带来了木地板产品中有害物质残留的减少；另一方面，产业链上下游加强管理推进了绿色协同的实现。上述两种作用产生叠加，带来产品绿色质量的提升。

假设 5：企业采取一系列绿色行为，使木地板产品绿色质量得到提升。

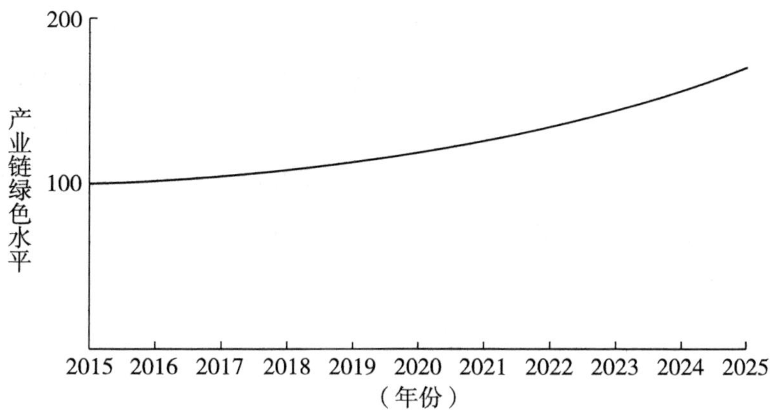

图 6－20　产业链管理投入对产业链绿色水平提高的模拟仿真结果

模拟仿真结果支持该假设，即绿色投入对于木地板产品的绿色质量具有显著正向关联关系，如图 6－21 所示。其中横坐标表示以年为单位的时间刻度，纵坐标表示木地板产品绿色质量。

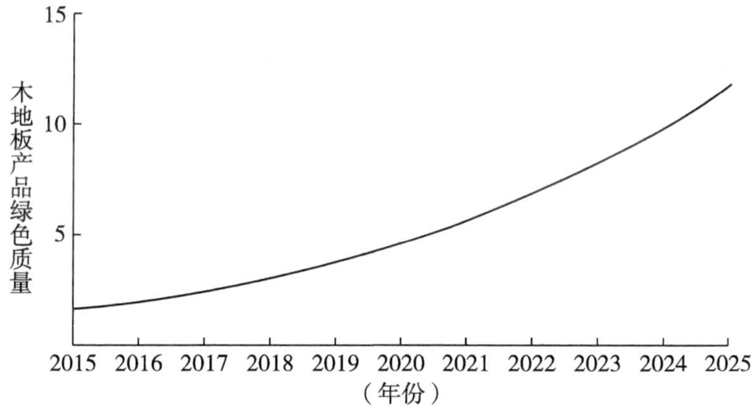

图 6－21　绿色投入对于产品绿色质量提高的模拟仿真结果

（6）产品绿色质量提升与消费者购买的关系

消费者绿色意识的提高将其更加倾向于选择绿色产品，而产品绿色质量的提升则增强了消费者的购买意愿，导致绿色木地板产品购买数量的增加。

假设 6：木地板产品绿色质量提升导致消费者购买意愿增强并增加购买数量。

模拟仿真结果支持了上述结论。模拟仿真结果显示产品绿色质量的提升进一步增强了消费者的购买意愿。设定购买意愿取值范围为 0～1 的，从 2015

年的0.5逐渐提高到0.9以上。前期，随着产品绿色质量的提升，消费者的购买意愿提升相对较快；后期，产品绿色质量稳定在较高水平，消费者购买意愿提升趋缓并同样保持在较高水平。如图6－22所示，其中纵坐标表示消费者购买意愿强度。消费者购买与购买意愿同样呈现显著正向关联，如图6－23所示，其中纵坐标表示消费者购买数量（万平方米）。

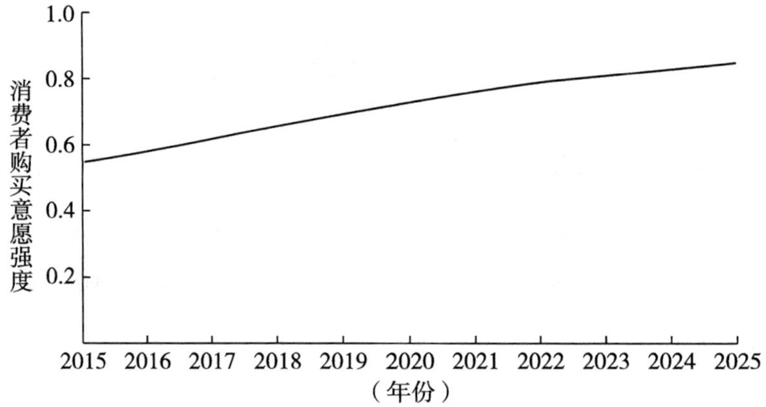

图6－22　产品绿色质量对于消费者购买意愿作用的模拟仿真结果

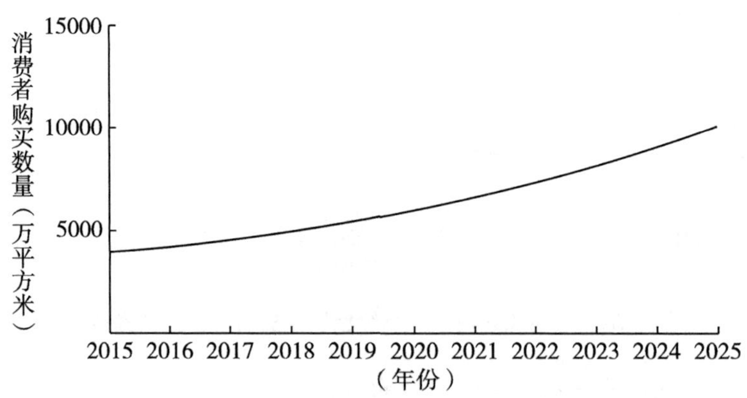

图6－23　消费者购买意愿对于购买量作用的模拟仿真结果

（7）资源与能源利用效率提升对于单位生产成本的作用

木地板产品在制造过程中会消耗大量木材资源和电力等能源，而这些又是生产成本的主要构成部分。落后的生产技术和较低的工艺水平不仅会导致企业资源与能源利用率较低，造成珍贵木材资源的浪费和能源的过度消耗；

而且会在生产过程中产生更多的有害物质残留排放污染物，治理成本高昂。企业的绿色研发、工艺改进等绿色投入增加，使企业绿色技术水平和绿色管理提升，最终实现资源和能源利用效率的提高。

假设7：单位产品成本随着资源与能源利用效率提高而下降。

模拟仿真结果支持了该假设。绿色研发、源头治理、工艺改进等绿色投入对于资源与能源效率的提高、进而单位产品成本的降低具有积极的正向作用。需要说明的是，污染物排放和产品中有害残留物的减少，不仅会使企业为环保达标而支付的治污费用下降，而且对于改善生态环境和增进消费者福利具有促进作用。

仿真结果如图6－24所示，其中横坐标均表示以年为单位的时间刻度，纵坐标表示单位产品成本（元）。

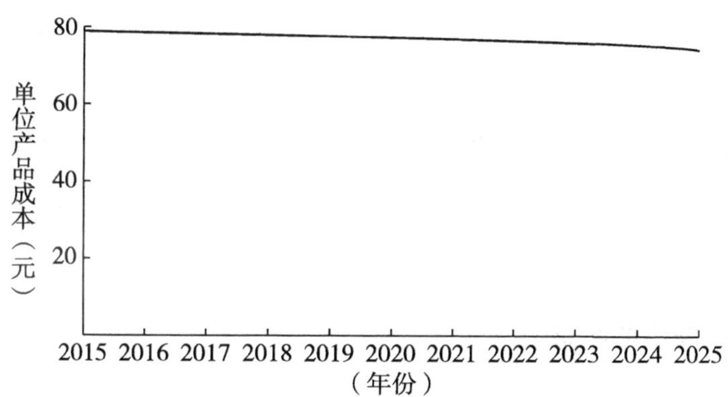

图6－24　单位产品成本下降的模拟仿真结果

6.7.4　模型的有效性检验

本研究采用历史数据检验法验证模型的有效性和准确性。一般来说，如果模拟仿真数据与实际历史数据的差值率在15%以内，则模型的构建是相对合理和可信的（杨朝均等，2018）。

选取2015—2018年木地板产品销售收入变量的模拟仿真值与真实值进行对比分析，如果模拟仿真数据与真实数据能够吻合，则证明该模型有效并且具有可用性。

2015—2018 年木地板产品销售收入的模拟仿真预测值如表 6 –3 所示。

表 6 –3　2015—2018 年木地板产品销售收入的模拟仿真预测值

年份	2015	2016	2017	2018
产品销售收入（万元）	400960	431869	466938	507353

木地板产品销售收入变量的实际值与预测值、误差率如表 6 –4 所示。

表 6 –4　木地板产品销售收入变量的实际值与预测值、误差率

变量值	2015 年	2016 年	2017 年	2018 年
实际值（亿元）	39. 39	44. 44	49. 32	50. 47
预测值（亿元）	40. 10	43. 19	46. 69	50. 74
误差率（%）	1. 80	2. 81	5. 33	0. 53

资料来源：作者计算。

从表 6 –4 的结果分析可知，企业木地板产品销售收入变量实际值与预测值增长趋势一致，拟合度较好，误差率处于 0. 53%~5. 33%，证明模型稳定性较好，适应性较强，能够反映实际变化情况。

6. 7. 5　模型参数的敏感性分析

进一步，运用系统动力学模型对木地板制造企业绿色成长影响因素进行敏感性分析，为提出较为合理的政策建议提供支持。

（1）政府政策激励因子的敏感性分析

政策投入的初始值 900 万元，政策激励因子初始值为 0. 1，如果将政策激励因子提高到 0. 2、0. 4 和 0. 6，运行模型并观察对因子水平变化产品销售收入、企业绿色技术水平和产业链绿色水平等变量的影响，其中线条 1、2、3、4 分别代表激励因子为 0. 1、0. 2、0. 3、0. 4 的情况。结果如图 6 –25、图 6 –26 和图 6 –27 所示。

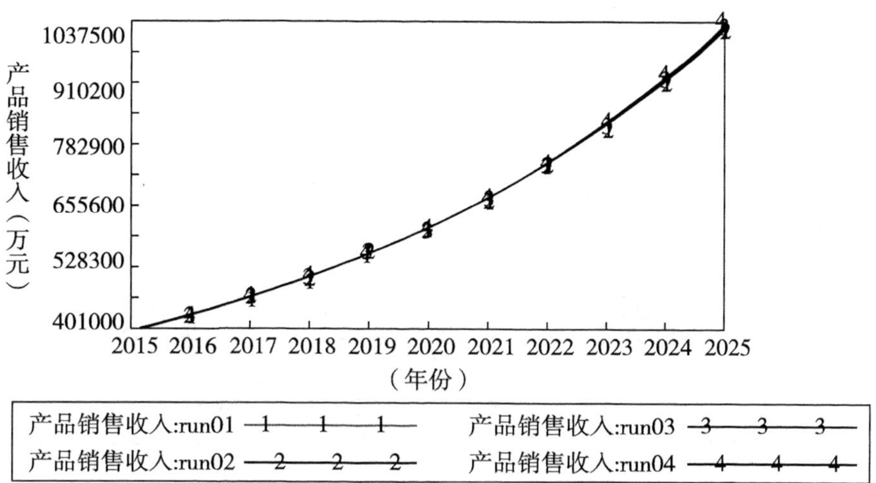

图 6－25　政策激励因子变化对木地板产品销售收入的影响

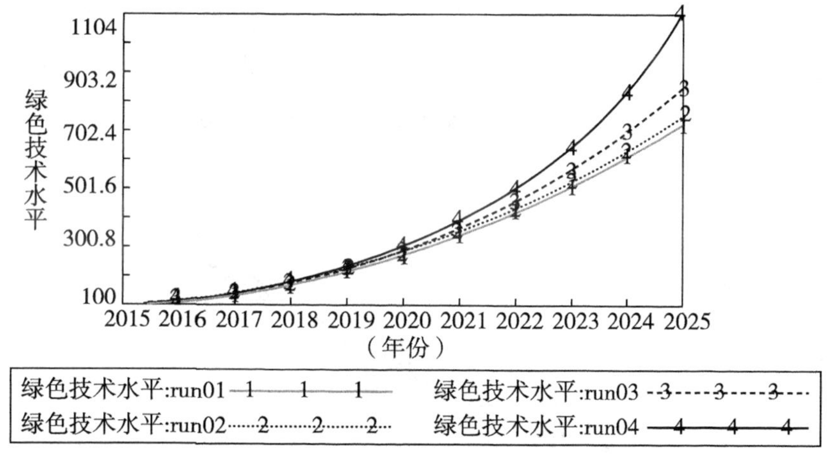

图 6－26　政策激励因子变化对企业绿色技术水平的影响

图 6－25 显示，政策激励因子的提高对木地板制造企业产品销售收入有影响但影响不够显著。可能的原因是激励因子的提高带来的政府投入增加部分与每年的绿色投入增加之比很小且二者变化趋势高度一致。

观察图 6－26 及图 6－27 则可以看出，随着政策投入的增加，企业自身绿色技术水平和产业链绿色水平呈现较为明显的递增趋势。

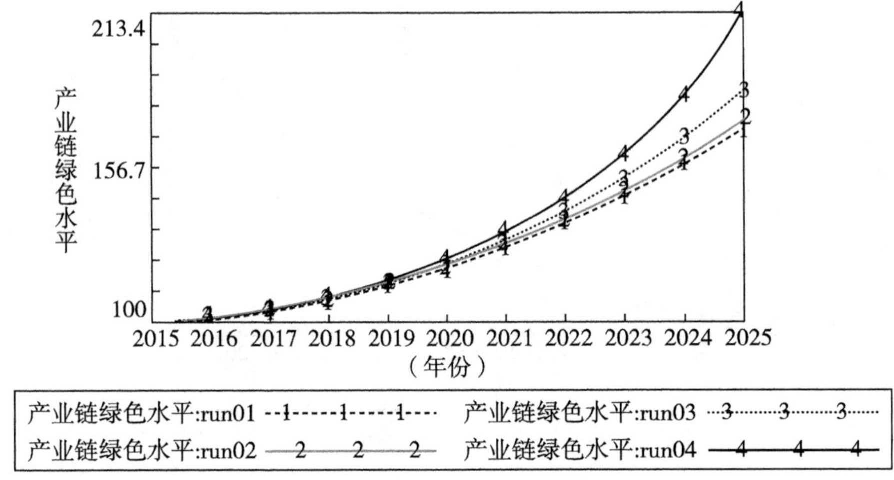

图 6－27　政策激励因子变化对产业链绿色水平的影响

（2）研发投入效率系数的敏感性分析

如果将研发投入效率系数由初始的 1/360 提高到 1/300、1/240 和 1/180 后，再次运行模型并观察不同效率系数对产品销售收入、企业绿色技术水平和产业链绿色水平等变量的影响，结果如图 6－28 至图 6－30 所示。

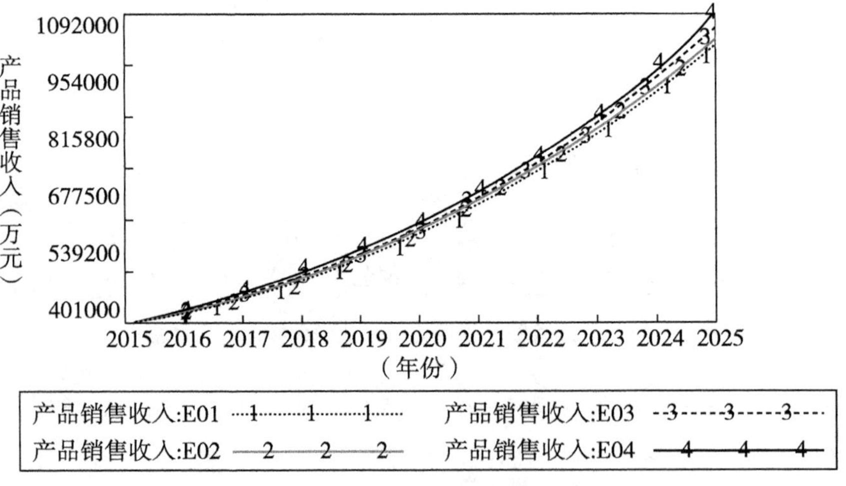

图 6－28　效率系数变化对木地板产品销售收入的影响

图 6－28 显示，随着研发投入效率系数的提高，木地板制造企业产品销售收入有较为明显的影响。说明企业自身绿色技术开发效率的提高比单纯的资金投入对企业绿色成长产生的作用更大。

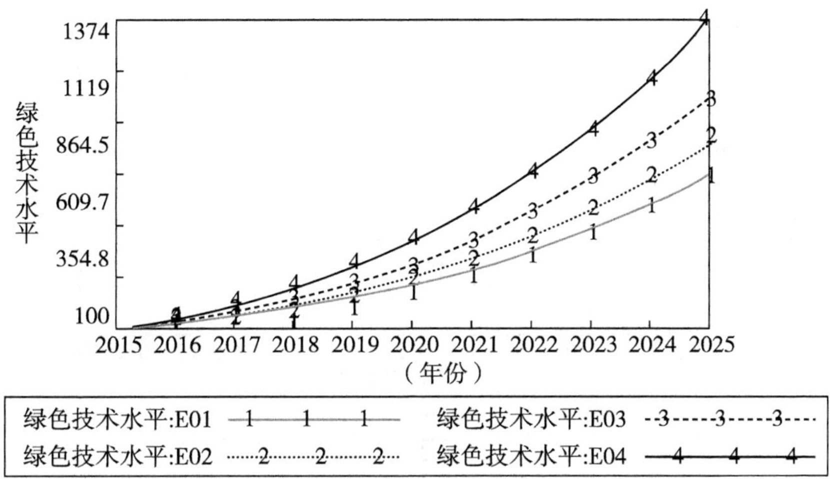

图 6－29　效率系数变化对企业绿色技术水平的影响

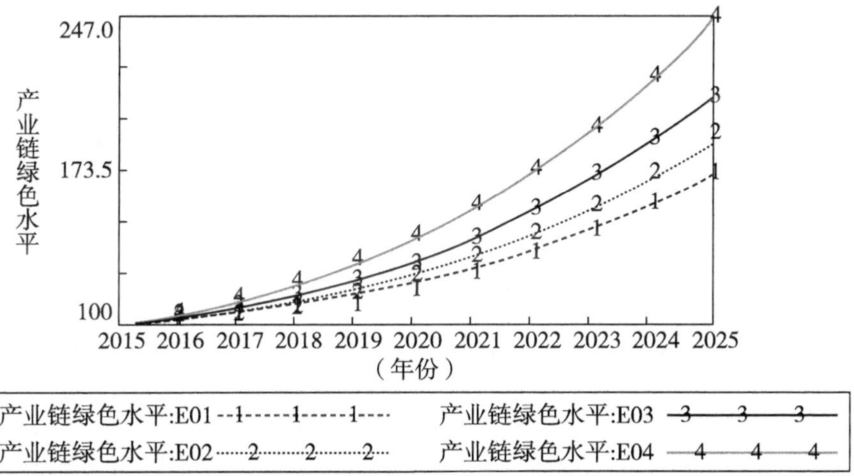

图 6－30　效率系数变化对产业链绿色水平的影响

根据图 6－29 及图 6－30 可以看出，研发投入效率系数的提高对于企业自身绿色技术水平和产业链绿色水平具有明显的提升作用。

（3）购买转换率的敏感性分析

购买转换率的初始值为 0.14，如果将购买转换率进一步提高到 0.16、0.18 和 0.20，运行模型并观察对消费者购买量和企业产品销售收入的影响。结果如图 6－31 和图 6－32 所示。

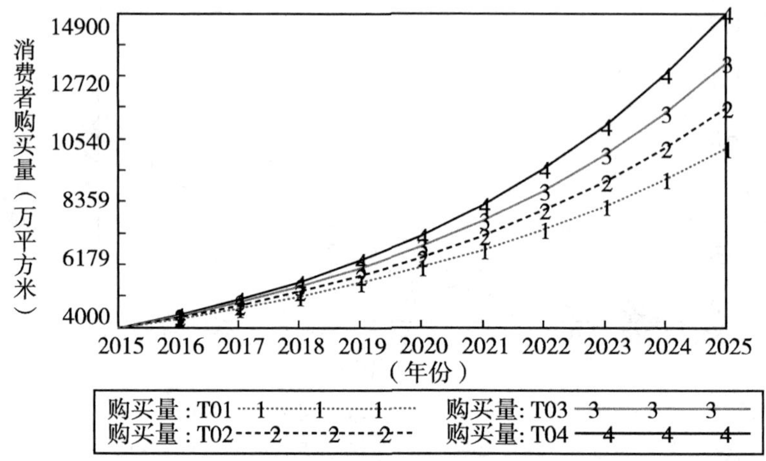

图 6－31　购买转换率变化对消费者购买量的影响

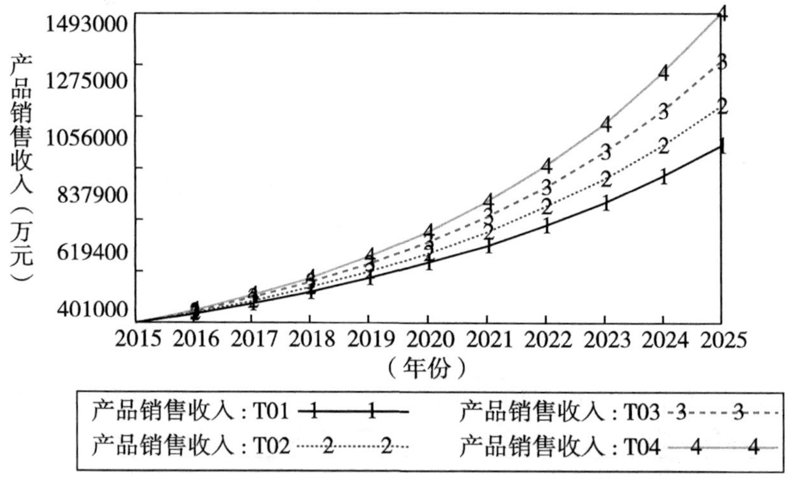

图 6－32　购买转换率变化对产品销售收入的影响

从图 6－31 和图 6－32 可以看出，购买转换率的提升对于消费者购买数量、企业产品销售收入的提升起到了非常关键的作用。

6.7.6　研究结论与政策建议

（1）研究结论

综合来看，根据系统动力学模型的仿真结果，政府政策激励作为“动力”

对于木地板制造企业绿色成长的正向作用得到支持。其他诸如环境标准约束力、企业竞争压力、绿色需求拉动力、技术进步支持力、链间竞争驱动力和链内协同带动力等动力因素发挥作用的机理也都是通过动力引发企业提高绿色意愿，进而实施绿色行为，取得绿色成果并带来企业收益的增加，从而实现绿色成长。即应用系统动力学模型进行仿真，所描述的系统行为与实际行为基本符合，从而解释了木地板绿色成长机制的作用机理，也验证了“绿色成长动力因素→（+）企业绿色行为意愿→（+）企业实施绿色行为→（+）企业收益增加→企业实现绿色成长”假设的合理性。

（2）政策建议

一是加大绿色投入力度。绿色投入对于木地板制造企业的绿色成长起到基础性的支撑作用。二是提高技术研发效率。企业应积极引进技术过硬的研发骨干，加强绿色技术研发环节的管理，进一步降低绿色技术研发的成本。三是努力提高购买转换率。企业应严把产品质量关，树立良好的品牌形象，加强营销力度，扩大产品市场占有率。

6.8 本章小结

本章提出基于“成长动力—动力机制—作用机理”的制造企业绿色成长动力机制分析思路。第一，明确了木地板制造企业绿色成长的主要动力构成，指出绿色需求拉引力、政府政策推动力、环境标准约束力、技术进步支持力、链间竞争驱动力和链内协同带动力共同构成木地板制造企业绿色成长的动力。第二，对绿色成长动力的功效与耦合进行了分析，指出满足绿色需求、提升绿色形象、增强竞争优势是外部动力发生耦合作用的直接结果，是木地板制造企业的绿色成长的直观表现。第三，在构建木地板制造企业绿色成长的动力机制概念模型的基础上，提出了木地板制造企业绿色成长的政策激励机制、监督惩罚机制、市场倒逼机制、协同竞争机制、合作伙伴选择机制和学习创新机制。第四，在对绿色木地板制造企业成长外部动力进行系统分析的基础上，建立“政策—标准”子系统、“绿色需求”子系统、“协同—竞争”子系统和“绿色技术”子系统。并借助系统动力学原理与方法，以四个子系统如何发挥“动力”功能进行解释。第五，通过系统动力学模型构建，并以“政府政策激励”作为“动力”进行仿真，得出政府政策激励对于木地板制造企业绿色成长的正向作用得到支持。验证了“绿色成长动力因素→（+）企业绿色行为意愿→（+）企业实施绿色行为→（+）企业收益增加→企业实现绿色成长”假设的合理性。通过对影响参数进行的敏感性分析，提出政策建议，包括加大绿色投入力度、提高技术研发效率、努力提高购买转换率。

7　木地板制造企业绿色成长行为博弈机制研究

企业的绿色成长是一个非常复杂的问题，基于“现状—动力—行为”的分析架构，本章的主要内容是对木地板制造企业绿色成长动力机制的延续与深化，通过系统分析木地板制造企业与其所在产业链环境内各相关主体的行为博弈关系，探索并进一步揭示木地板制造企业的绿色成长行为博弈机制。

7.1　木地板制造企业所在产业链环境中的博弈关系及行为主体

木地板制造企业的绿色成长绝不是仅仅依靠企业自身力量就能实现的，尤其在当前企业个体之间的竞争已经转化为企业所在产业链之间竞争的情况下，必须依赖产业链上下游主体的系统协调与通力合作。此外，还要认真分析与企业成长环境中其他利益相关者之间的行为博弈关系。

7.1.1　行为主体的博弈关系模型构建

本书曾在绪论中对企业成长的产业链环境进行了阐述，指出产业链环境是影响制造企业成长并与企业所在产业链紧密相关的外部环境。本节根据木地板制造产业链环境中的行为主体及其行为的博弈关系构建了“行为主体的博弈关系模型”，如图 7－1 所示。

说明：在图 7－1 中，木地板制造企业 A 与 B 代表木地板制造产业中的两个普通企业；X_A和X_B是木地板制造产业链上游产业中的两个普通企业；Y_A和Y_B是木地板制造产业链下游产业中的两个普通企业。在木地板制造产业内部，

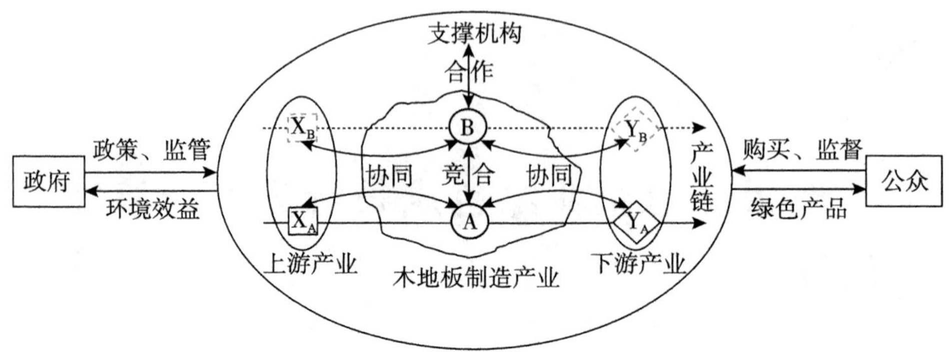

图 7－1　相关行为主体及其行为博弈关系

企业之间形成的是一种竞争为主、兼有合作的“竞合”关系。

木地板制造企业 A 与上游的材料供应商X_A和下游的木地板铺装服务商Y_A共同构成一条木地板制造产业链 A；A 与X_A、Y_A之间表现为协同关系。同样，木地板制造企业 B 与上游的材料供应商X_B和下游的木地板铺装服务商Y_B共同构成另一条木地板制造产业链 B；B 与X_B、Y_B之间也表现为协同关系。

7.1.2　产业链环境中主要博弈关系的分析

由图 7－1 可以看出，行为主体之间形成了多种行为博弈关系，在行为主体之间的多种博弈关系中，重点归纳出以下三种主要行为博弈关系作为本节研究的重点。

第一，木地板制造产业内部企业之间的行为博弈。通过构建“两方对称与非对称”演化博弈模型，运用演化稳定策略与动态复制方程的研究方法，对木地板制造产业内的企业绿色行为进行博弈分析。

第二，木地板制造企业与上下游企业之间的行为博弈。原材料供应商为绿色程度而博弈，制造企业为绿色协同费用而博弈，一是通过构建“静态博弈”模型，探讨上游原材料供应商与下游制造企业处于同等地位时双方的策略选择。二是构建“动态博弈”模型，假设原材料供应商与木地板制造商并没有处于同等地位，存在先行者，利用斯塔克尔伯格模型寻求博弈的均衡。三是构建“合作博弈”模型，探讨上下游企业之间合作的稳定性。

第三，以木地板产业链作为行为主体，加入政府、消费者的行为影响因素，对产业链、政府和消费者之间的三方行为博弈进行分析。

7.1.3 产业链环境中的主要行为主体构成

产业链环境中的行为主体以不同的行为方式在系统中发挥作用并相互影响。考虑到本研究重点探讨归纳出的三种主要行为博弈关系：木地板制造产业内部企业之间的行为博弈、木地板制造企业与上下游企业之间的行为博弈，以及产业链整体、政府和消费者之间的三方行为博弈。因此，本书在研究中把行为主体聚焦于木地板制造企业、产业链上下游企业、产业内的其他竞争者，并引入政府和公众（最终消费者）参与行为博弈分析。特别需要指出的是，本书把“产业链”视为一个特殊的行为主体进行研究。当然，木地板制造企业的绿色成长还需要依赖科研院所、物流企业、金融机构等提供的支撑，但在本研究中上述支持机构暂不作为独立行为主体参与博弈。

木地板制造产业链环境中主要行为主体的构成如下。

（1）木地板制造企业

木地板制造企业的生产经营行为主要是受经济利益的驱动，利益追求也因此成为木地板制造企业实施绿色行为的内在动力，从而通过成本—效益方法得出的分析结果对于企业是否采取绿色成长方式具有举足轻重的影响。

木地板制造企业凭借自身的规模优势、市场优势和技术优势，使自身在产业链中居于领导者地位。作为产业链的领导者，木地板制造企业在构建绿色产业链的过程中，一方面，通过与产业链上下游企业的沟通，有效整合了产业链各种资源，创造出“1+1>2”的产业链整体效益，实现了整个产业链的价值增值。另一方面，通过加强产业链控制，避免链上企业在生产经营中出现“非绿”等机会主义短期行为。这些机会主义行为容易导致资源和能源的过量消耗与浪费、污染物的超标排放，以及有害物质残留的加重，最终造成社会福利的损失。

（2）产业链上下游企业

木地板制造产业链上下游企业主要包括上游的木材等生产原料供应商和下游的木地板铺装服务提供商。

产业链上下游企业的绿色行为是实现整条产业链绿色化的重要保证。消费者的绿色需求转变为“绿色信号”传递给木地板制造企业，并成为其实施“绿色制造”的动力。木地板制造企业分别向上下游企业提出了“绿色要求”，并通过与上下游企业达成绿色协同保证了最终木地板产品的“绿色度”。同时，上下游企业的行为反过来也会影响木地板制造企业的行为决策。以木材供应商为例，如果上游原材料供应商从绿色协同的立场出发，愿意以较低的价格提供绿色的原料，对于制造企业进一步践行绿色行为无疑是有力的支持。

（3）产业内竞争者

产业内的木地板制造企业之间主要是竞争关系，彼此之间体现为一种竞争性的压力。当某一木地板制造企业通过实施绿色行为形成了一定的市场优势，并取得了相应的“绿色价值”，竞争企业就会感到来自市场的压力，这也对其是否选择绿色成长方式提供了“榜样”，从而为“市场压力”转变成“行为动力”提供支撑。此外，木地板制造企业之间还有一层合作关系，例如，联合解决产业面临的技术、市场等共性问题，通过扩大产业规模和提升产业实力实现企业的个体利益。

（4）政府

由于市场机制存在缺陷导致“市场失灵”，就需要政府进行适度干预。外部性通常是导致市场失灵的主要原因，而企业的绿色行为恰好具有外部性特征，所以在推进企业绿色成长过程中政府的作用不可忽视，是木地板制造企业及其产业链实施绿色行为的重要动力之一。

政府践行保护生态环境和推进绿色发展的要求主要有两种途径。一是监督管理。政府颁布与环境相关的法律法规，加强立法，强化监督，严格执法，对木地板制造企业及其产业链造成的环境污染、生态破坏及机会主义等“非绿”行为予以惩罚。二是政策激励。政府通过制定和实施激励政策，引导木地板制造企业转变环境不友好的生产方式，积极履行环境责任并实施绿色行为。企业的绿色行为有利于环境质量的提高，取得的环境效益也可作为政府的绩效之一。

（5）公众（最终消费者）

最终消费者构成公众的主要组成部分，其作用体现为购买木地板产品，提供绿色需求，促进绿色生产。随着绿色消费运动的迅猛发展，最终消费者对环境友好型产品和服务的偏好越来越明显，并愿意为此支付更高的价格。同时，最终消费者对产品生产过程中是否“绿色”也更加关注。最终消费者的这种绿色诉求通过市场机制传递到企业，促使企业选择绿色生产方式、加快绿色产品研发、降低绿色生产成本。反过来，绿色制造的实施使更多的绿色产品涌入市场，从而带动了绿色市场的发展，进一步促进了最终消费者的绿色消费。消费者的购买行为直接作用于企业行为，他们用自己手中的“货币投票权”推动了企业的绿色制造。因此，公众（消费者）对于推动企业实施绿色行为起到了重要作用。

（6）产业链整体

从构成主体角度看，产业链是一个由多个“利益相关者”共同组成的有机整体。产业链选择符合绿色时代要求的绿色成长方式，不仅有利于实现经济、社会和环境三者综合利益的最大化，也为产业链所有利益相关者完成价值创造奠定了坚实基础。

“绿色”要求产业链上各个主体必须采取协调一致的行动以保证最终产品的绿色度。因此，“绿色协同”有利于良好企业声誉的形成和长期合作关系的稳定，从而最大限度地避免企业机会主义行为的发生。正是产业链形成的这种基于信任的长期稳定的合作关系把产业链日益捆绑为一个“利益共同体”。这条特定产业链可以作为一个整体进行考虑。

7.2 产业内木地板制造企业实施绿色行为的演化博弈

企业成长即表现为一个动态的、不断更新的、共享的知识系统，具有学习知识与创新知识的内在属性（赵驰和姜昕，2009）。同时，企业具有根据环境变化不断修正自身行为的自组织特性，以实现与群体和环境的相互适应。因此，可以从组织演进的层面探讨企业绿色成长问题，本节也将利用演化博弈论来对企业绿色成长过程进行比较深入的分析。

现实中，木地板制造产业中存在着上千家企业，这些企业之间存在着一定的利益关系，每一个企业出于自身利益最大化的考虑也会与产业内其他企业反复进行博弈活动。为了更好地分析木地板制造产业内企业之间的博弈关系，本节特进行如下表述。

①每个企业进行决策时，都具有两种策略可供其选择。整个产业存在若干企业，本书均按照策略的选择将产业中的企业分为两类，两类企业的策略选择互相排斥。

②在实际中企业采纳技术的决策多是有限理性的。木地板制造企业往往从自身利益最大化的角度进行决策，从而也有可能会存在推理与判断上的失误，致使企业决策远离最优方案。由于不能做到对外部信息的完全掌握，企业表现出有限理性特征。

③技术采纳是复杂动态的过程（徐建中和徐莹莹，2014）。在木地板制造产业内，木地板制造企业之间通过反复博弈，不断地进行学习、模仿、调整等动态优化过程，才能最终演化成为具有某类品质的产业群落。因此，产业内的企业均是学习速度很慢的企业，即属于慢速学习类型，其行为演化是一个动态学习和长期调整的过程。

7.2.1 对称情况下木地板制造企业绿色行为博弈模型

假设在木地板制造产业中有数量很多、规模相似、地位对等的普通企业个体。当面对一项绿色新技术时，每一个木地板制造企业都面临着两种策略选择：使用绿色新技术（记为 S_g），不使用绿色新技术而沿用旧技术（记为 S_f）。假定采用绿色新技术给每个企业带来的收益是相等的，每个企业付出的成本也是相等的。每个企业都在不断调整自己的策略，当企业发现采用绿色新技术的收益高于沿用旧技术给自己带来的收益时就选择采用绿色新技术；反之，当企业发现采用绿色新技术的收益低于沿用旧技术给自己带来的收益时就回归沿用旧技术。

由于产业内所有木地板制造企业都是有限理性的博弈方，不可能一开始就准确找到并实施最优策略。有的企业采用 S_g，有的企业采用 S_f。在这种情况下，任意两个木地板制造企业以随机挑选博弈对象的方式进行博弈。

假设遇到对手采取策略 S_g 的概率为 $x, x \in [0, 1]$，则遇到对手采取 S_f 策略的概率就是（$1 - x$）。从整个群体的角度看，x 和（$1 - x$）表示木地板制造产业内采用和不采用该项绿色新技术的企业所占的比例。x 和（$1 - x$）是随时间不断发生变化的，变化的速度取决于参与者学习模仿的速度，即“两种类型”的比例在这个假设背景下成为了时间的函数：$x(t)$ 和 $[1 - x(t)]$；从企业个体的角度看，x 和（$1 - x$）则可以表示产业内任一企业采用和不采用该项绿色新技术的混合策略 $[x, (1 - x)]$；这两种理解在本质上具有一致性。

设企业 1 和企业 2 为进行博弈的产业内任意两企业，选择同样的策略各自获取的收益和付出的成本相等。由此可以构造一个对称性两人博弈模型。此时，可供选择的策略空间：$\{S_g, S_g\}$、$\{S_g, S_f\}$、$\{S_f, S_g\}$、$\{S_f, S_f\}$。

通过上述分析，可以对双方支付情况做如下假定。

①企业 1 和企业 2 都采用该绿色新技术，此时两个木地板制造企业的绿色总收益为 V，采用绿色新技术付出的总成本为 C。

②如果两个企业一方采用新技术，采用新技术一方获得的收益为 V_1。

③假设 $V > C$，且 $C > 0, V_1 > C/2, V > V_1$。

④假设企业 1 和企业 2 任意一方采用绿色新技术，采用新技术后产品质量也得以提升，均会对另一方的销量造成冲击，使未采用新技术的一方收益减少 R。

根据上述假设，可以得到产业内企业间的博弈收益矩阵，如表 7－1 所示。

表 7－1　　产业内企业间的博弈收益矩阵

		企业 2	
		采用绿色新技术 S_g	沿用旧技术 S_f
企业 1	采用绿色新技术 S_g	$(V - C)/2, (V - C)/2$	$V_1 - C/2, -R$
	沿用旧技术 S_f	$-R, V_1 - C/2$	$0, 0$

资料来源：作者整理。

根据上述收益矩阵，可以得出任意一个企业选择采用绿色新技术时的期望收益 U_{s_g}，不采用新技术沿用旧技术时的收益 U_{s_f}，分别列举如下。

$$U_{s_g} = x\frac{(V-C)}{2} + (1-x)(V_1 - C/2)$$

$$U_{s_f} = -Rx$$

任意一个企业的平均收益 $\overline{U}$ 为：

$$\overline{U} = xU_{s_g} + (1-x)U_{s_f} = x^2\frac{(V-C)}{2} + x(1-x)(V_1 - \frac{C}{2} - R)$$

木地板制造企业博弈的复制动态方程为：

$$F(x) = \frac{dx}{dt} = x(U_{s_g} - \overline{U}) = x(1-x)[\frac{(V-C)}{2}x + (1-x)\left(V_1 - \frac{C}{2}\right) + Rx]$$

令 $F(x)=0$，得 $x=0, x=1$ 进一步得到演化稳定策略需对 $F(x)$ 进行求导得：

$$F'(x) = (1-2x)[\frac{(V-C)}{2}x + (1-x)\left(V_1 - \frac{C}{2}\right) + Rx] + (1-x)[\frac{(V-C)}{2} - V_1 - \frac{C}{2} + R]$$

$$F'(0) = V_1 - \frac{C}{2} > 0$$

$$F'(1) = \frac{C-V}{2} - R < 0$$

根据李雅普诺夫方法，$F'(x) < 0$ 时，得到的策略为演化稳定均衡策略，因此，$x=1$ 为演化稳定均衡策略。对称博弈复制动态方程相位如图 7－2 所示。

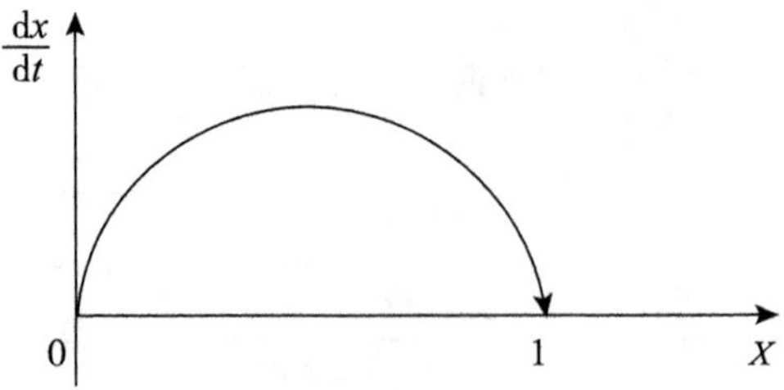

图 7－2　对称博弈复制动态方程相位

从图 7－2 中可以看出，在博弈开始时，无论博弈初始在哪里，博弈最终稳定策略收敛于 $x = 1$ ，由于采用绿色新技术会给企业带来很大的利益，因此产业内的企业倾向于采用绿色新技术。

7.2.2　非对称情况下木地板制造企业绿色行为博弈模型

（1）模型的构建

考虑到木地板制造产业内的企业采用绿色新技术获得的收益和成本是存在差异的，是一个随着市场变化自发选择策略的过程，即“使用绿色新技术策略”是一个不断被模仿学习的过程。因此，可以尝试运用非对称博弈理论构建模型并进行求解分析。

设企业 1 和企业 2 为木地板制造产业内进行博弈的任意两个企业，选择同样的策略各自获取的收益和付出的成本不相等。由此可以构造一个非对称性两人博弈模型。此时，可供选择的策略空间：$\{S_g, S_g\}$、$\{S_g, S_f\}$、$\{S_f, S_g\}$、$\{S_f, S_f\}$。

通过上述分析，可以对双方收益情况做假定如下。

①企业 1 和企业 2 均采用绿色新技术，新技术为其带来的报酬率分别为 λ_1 和 λ_2 。

②企业 1 和企业 2 均采用绿色新技术，给整个木地板制造业带来的总收益为 V ，分别付出的成本为 C_1 和 C_2 ，整个木地板制造产业采用新技术付出的成本为 C ，其中 $C = C_1 + C_2$ 。并且 $V > C, C_1 > 0, C_2 > 0$ 。

③若一方采用绿色新技术，企业 1 采用绿色新技术的收益为 V_1 ，企业 2 采用绿色新技术的收益为 V_2 。一方采用新技术会给另一方的销量造成冲击，使得另一方的收益减少 R 。

④企业 1 选择采用绿色新技术的概率为 x ，选择沿用旧技术的概率为 $1 - x$ ；企业 2 选择采用绿色新技术的概率为 y ，选择沿用旧技术的概率为 $1 - y$ 。

此时收益矩阵如表 7－2 所示。

表 7-2　　产业内企业间的非对称博弈收益矩阵

		企业 2	
		采用绿色新技术 S_g	沿用旧技术 S_f
企业 1	采用绿色新技术 S_g	$\lambda_1(V-C)$，$\lambda_2(V-C)$	V_1-C_1，$-R$
	沿用旧技术 S_f	$-R, V_2-C_2$	0,0

资料来源：作者整理。

木地板制造企业 1 选择采用绿色新技术策略 S_g 时，其期望收益 U_{1s_g} 为：

$$U_{1s_g} = y[\lambda_1(V-C)] + (1-y)(V_1-C_1)$$

木地板制造企业 1 沿用旧技术策略 S_f 时，获得的期望收益 U_{1s_f} 为：

$$U_{1s_f} = -Ry$$

木地板制造企业的平均收益为：

$$\overline{U}_{1s_g} = xU_{1s_g} + (1-x)U_{1s_f}$$

该博弈的复制动态方程为：

$$F(x) = \frac{dx}{dt} = x(U_{1s_g} - \overline{U}_{1sg}) = x(1-x)[y\lambda_1(V-C) + (1-y)(V_1-C_1) + Ry]$$

当$\frac{dx}{dt}=0$时，表明企业学习模仿的速度为 0，即此时该博弈达到一种相对稳定的均衡状态，群体中选择某一策略的企业比例相对不变。因此，根据动态复制方程，可以对企业族群内绿色新技术的扩散情况进行分析。

ESS 是演化博弈论的核心概念之一。由于企业之间的博弈呈现出复杂性的特点，某个不确定因素的发生有可能引发企业行为的“突变”。而演化稳定策略（ESS）指一个稳定状态，如果占群体绝大多数的企业个体都选择演化稳定策略 ESS 时，具有突变特征的策略不可能侵入到这个群体。进化稳定策略必须满足两个条件：一是在博弈方的动态策略调整中会达到；二是具有抗扰动的功能，即对少量偏离的扰动具有稳健性。

稳定状态不一定都是演化稳定策略，但必然包含可能存在的演化稳定策略。稳定状态指 $\frac{dx}{dt}=0$ 时得到的解 x^*。除了本身必须是稳定均衡状态以外，作为演化稳定策略，X^* 还必须具有这样的性质，当某些局中人由于偶然的错误偏离了它，即当 x 偏离了 x^* ，复制动态仍然会使 x 恢复到 x^* 。

进一步，还可以运用进化博弈的复制动态方程求解该博弈的均衡点。

根据该复制动态方程，令 $\frac{dX}{dt}=0$，当 $y=\frac{V_1-C_1}{\lambda_1(V-C)+C_1-V_1+R}$ 时，$F(x)$ 始终等于0，则所有的（$0\leqslant x\leqslant 1$）的状态均为稳定状态。

当 $y\neq\frac{V_1-C_1}{\lambda_1(V-C)+C_1-V_1+R}$ 时，$x=0$ 和 $x=1$ 为稳定状态。进一步对复制动态方程求导，得：

$$F'(x)=(1-2x)[y\lambda_1(V-C)+(1-y)(V_1-C_1)+Ry]$$

由上式可知，当 $y>\frac{V_1-C_1}{\lambda_1(V-C)+C_1-V_1+R}$ 时，$x=1$ 为稳定点。

当 $y<\frac{V_1-C_1}{\lambda_1(V-C)+C_1-V_1+R}$ 时，$x=0$ 为稳定点。

同理，计算企业2采用绿色新技术时的收益 U_{2s_g} ，沿用旧技术的收益 U_{2s_f} 和期望收益 $\overline{U_{2s_g}}$ ，结果如下：

$$U_{2s_g}=x[\lambda_2(V-C)]+(1-x)(V_2-C_2)$$

$$U_{2s_f}=-Rx$$

$$\overline{U_{2s_g}}=y\,U_{2s_g}+(1-y)\,U_{2s_f}$$

该博弈的复制动态方程为：

$$F(y)=\frac{dy}{dt}=y(U_{2s_g}-\overline{U_{2s_g}})=y(1-y)[x\lambda_2(V-C)+(1-x)(V_2-C_2)+Rx]$$

根据该复制动态方程，令 $\frac{dy}{dt}=0$，当 $x=\frac{V_2-C_2}{\lambda_2(V-C)-(V_2-C_2)+R}$ 时，$F(y)$ 始终等于0，则所有的（$0\leqslant y\leqslant 1$）的状态均为稳定状态。

当 $x\neq\frac{V_2-C_2}{\lambda_2(V-C)-(V_2-C_2)+R}$ 时，$y=0$ 和 $y=1$ 为稳定状态。进一步对复制动态方程求导，得：

$$F'(y)=(1-2y)[x\lambda_2(V-C)+(1-x)(V_2-C_2)+Rx]$$

由上式可知，当 $x > \frac{V_2 - C_2}{\lambda_2(V - C) - (v_2 - c_2) + R}$ 时，$y = 1$ 为稳定点；当 $x < \frac{V_2 - C_2}{\lambda_2(V - C) - (v_2 - c_2) + R}$ 时，$y = 0$ 为稳定点。非对称博弈复制动态方程相位如图 7－3 所示。

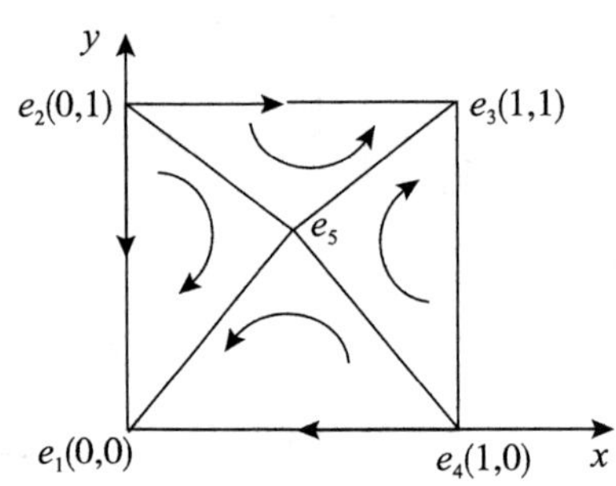

图 7－3　非对称博弈复制动态方程相位

（2）绿色协同影响因素分析

如图 7－3 所示，e_1、e_2、e_3、e_4 是该非对称博弈的四个纯策略均衡点，e_5 是该博弈的鞍点，是不稳定点，在整个博弈的过程中，e_5 会不断地移动，直至达到平衡。双方博弈的趋势取决于 $e_1\,e_2\,e_5\,e_4$ 的面积 S_1 和 $e_2\,e_3\,e_5\,e_4$ 的面积 S_2，也就是说 $S_1 < S_2$ 时，鞍点 e_5 更接近 e_1，那么企业 1 和企业 2 博弈开始时的初始状态落在 S_2 的概率大一些，演化博弈结果会最终趋向于 e_3，双方更倾向于都采用绿色新技术；若 $S_1 = S_2$，则鞍点正好落在中间的位置，企业 1 和企业 2 采用绿色新技术和沿用旧技术的概率相同；如果 $S_1 > S_2$，鞍点则倾向于 e_3，初始博弈状态落在 $e_1\,e_2\,e_5\,e_4$ 的概率更大，演化博弈稳定状态最终趋向于 e_1，即双方均不选择采用新技术，而是沿用旧技术。

由图 7－3 可知，S_1 的计算公式为：

$$S_1 = \frac{1}{2}\left(\frac{V_1 - C_1}{\lambda_1(V - C) - (v_1 - c_1) + R} + \frac{V_2 - C_2}{\lambda_2(V - C) - (v_2 - c_2) + R}\right)$$

S_1 的影响因素有应用新技术带来的报酬率，企业 1 和企业 2 采用新技术付出的成本，下面分别分析上述因素对制造企业绿色行为的影响，当 S_1 的面积最小时，企业 1 和企业 2 采用绿色新技术的概率最大。

①报酬率对木地板制造企业的影响。采用绿色新技术给企业带来的报酬率是影响企业决策的重要因素，企业 1 和企业 2 的报酬率分别为 λ_1 和 λ_2 。因此 S_1 分别对 λ_1 和 λ_2 求偏导。

$$\frac{\partial S_1}{\partial \lambda_1} = \frac{1}{2} \times \frac{-(V_1 - C_1)(V - C)}{[\lambda_1(V - C) - (V_1 - C_1) + R]^2}$$

$$\frac{\partial S_1}{\partial \lambda_2} = \frac{1}{2} \times \frac{-(V_2 - C_2)(V - C)}{[\lambda_2(V - C) - (V_2 - C_2) + R]^2}$$

由上述公式可以得出，$\frac{\partial S_1}{\partial \lambda_1} < 0, \frac{\partial S_1}{\partial \lambda_2} < 0$ ，所以 S_1 是 λ_1 和 λ_2 的单调减函数，随着 λ_1 和 λ_2 的增加，S_1 逐渐减小，博弈结果趋向于采用绿色新技术。

②采用新技术的成本对木地板制造企业的影响。采用绿色新技术让企业付出的代价是影响企业决策的另一重要因素，企业 1 和企业 2 的付出成本分别为 C_1 和 C_2 。因此 S_1 分别对 C_1 和 C_2 求偏导。

$$\frac{\partial S_1}{\partial C_1} = \frac{1}{2} \times \left\{ \frac{\lambda_1(V - C_2)}{[\lambda_1(V - C) - (V_1 - C_1) + R]^2} + \frac{C_2 \lambda_2}{[\lambda_2(V - C) - (V_2 - C_2) + R]^2} \right\}$$

$$\frac{\partial S_1}{\partial C_2} = \frac{1}{2} \times \left\{ \frac{\lambda_2(V - C_1)}{[\lambda_2(V - C) - (V_2 - C_2) + R]^2} + \frac{C_1 \lambda_1}{[\lambda_1(V - C) - (V_1 - C_1) + R]^2} \right\}$$

由上述公式可以得出，$\frac{\partial S_1}{\partial C_1} > 0, \frac{\partial S_1}{\partial C_1} > 0$，所以 S_1 是 C_1 和 C_2 的单调增函数，随着 C_1 和 C_2 的增加，S_1 逐渐增大，博弈结果趋向于不采用绿色新技术，而是沿用旧技术。

因此，企业的报酬率和采用新技术付出的代价是影响整个木地板制造企业是否采用绿色新技术的重要因素，若要推广绿色新技术的使用，在实践中，要合理地平衡得到的报酬和付出的成本。目前随着国家对环保的重视，毫无疑问，采用绿色新技术给木地板制造企业带来的收益是十分可观的，所以木地板制造企业会更加倾向于采用绿色新技术。

7.3　木地板制造产业链上下游企业间绿色协同的博弈关系分析

上下游企业的合作行为表现为上游企业需要提高生产工艺为木地板制造

企业提供所需的原材料。

企业做出选择的主要依据是成本与收益的关系。在一定的时间期限内，净收益为正，企业一定会选择加入网络或者在长期的观察中，未参与其中的企业通过不断进行策略调整，都将会做出最明智的选择。参加或者不参加是企业选择最优策略的依据，当然哪种形式带来的利益最大，企业就会选择哪种形式。对于产业链上的企业来说，经营的最终目标在于对利润最大化的追求，另一个角度就是降低企业成本。

在木地板制造产业链中，包含木材供应商、木地板制造商以及木地板铺装企业，其中木材供应商和木地板制造企业是产业链最关键部分，为了研究方便，本部分的上下游企业选择木地板的原材料供应商和木地板制造企业，以二者的双方博弈考察产业链上下游企业间绿色协同的关系。

7.3.1 参数设定

假设上游企业为木材供应商 N，其以单位变动成本 C_n 生产绿色原材料，并以单位价格 P_n 卖给下游制造商 M；制造商 M 以单位加工成本 C_m 生产 Q 批次（假设上下游企业生产的批次相同）的产品，售价为 P_m/批，所以木材供应商 N 和木地板制造商 M 的净收益分别为：

$$R_n = Q(P_n - C_n)$$

$$R_m = Q(P_m - C_m - P_n)$$

假设木材供应商选择绿色协同可以有效降低自己的成本，提高利润，同时也会给下游制造企业提高利润。但是绿色协同需要初始投资，付出一定的成本，制造企业具有绿色需求，希望上游木材供应商绿色协同，为了激励其选择绿色协同，木地板制造企业会承担一部分绿色协同的费用，假设绿色协同的费用为 $A\beta^2$，其中 A 为基础费用，β 为绿色程度，绿色程度越大，费用越高。绿色协同给木材供应商带来的净收益增量为 $\lambda_n\beta$，λ_n 为净收益增加的比例；同样假设绿色协同给木地板制造企业带来的净收益增量为 $\lambda_m\beta$，假设木地板制造企业承担的绿色协同费用为 $mA\beta^2, 0 \leqslant m \leqslant 1$，因此选择绿色协同后木材供应商、木地板制造商以及整个产业链的净收益可以表示为：

$$R_n = Q(P_n - C_n + \lambda_n\beta) - (1 - m)A\beta^2$$

$$R_m = Q(P_m - C_m - P_n + \lambda_m\beta) - mA\beta^2$$

$$R = R_n + R_m = Q(P_m - C_n - C_m + \lambda_m\beta + \lambda_n\beta) - A\beta^2$$

7.3.2 静态博弈模型

此模型中假设木材供应商和木地板制造商处于同等的地位，掌握相互之间完全的信息，同时进行决策开始博弈。在该博弈中，制造企业为选择承担绿色协同的费用比而博弈，木材供应商为选择绿色程度而博弈。双方会为了自身利益最大化选择各自的最优策略。

求 R_m 对 m 的一阶偏导数。

$\frac{\partial R_m}{\partial m} = -A\beta^2 < 0$，$R_m$ 是一个减函数，随着 m 的增大，R_m 越来越小，所以木地板制造企业会选择 $m_1 = 0$，因为此博弈是在完全信息下进行博弈的，所以木材供应商会在 $m_1 = 0$ 下选择绿色程度 β。

令 R_n 对 β 求一阶偏导数，得：

$$\frac{\partial R_n}{\partial \beta} = Q\lambda_n - 2A(1 - m)\beta = Q\lambda_n - 2A\beta$$

令 $\frac{\partial R_n}{\partial \beta} = 0$，得 $\beta_1 = \frac{Q\lambda_n}{2A}$

此模型的纳什均衡解为（$0, \frac{Q\lambda_n}{2A}$），其含义为在此模型下，双方同时进行策略选择，木地板制造企业不会承担绿色协同费用，此外对木材供应商来说，其生产的绿色程度与批量和净收益增量有关。

7.3.3 动态博弈模型

上一阶段博弈模型是在完全静态条件下博弈双方进行选择，但是在实际操作当中，博弈不会是完全静态的，而是一个动态的过程。即木地板制造企业和木材供应商的行动是有先后的。假设后行动者对先行者选择的策略完全掌握，因此该模型转为斯塔克尔伯格模型，设木地板制造企业为先行者，先承诺承担的绿色协同费用的比例为 m_2 ，之后木材提供商选择的绿色程度为 β_2 ，双方在限制条件下选择自己的最优策略，又可以得到一个均衡点。

现在先求木材供应商得知木地板制造企业负担的绿色协同费用比例为 m_2 时的反应函数。令 R_n 对 β 求一阶偏导数，得：

$$\frac{\partial R_n}{\partial \beta} = Q\lambda_n - 2A(1-m)\beta$$

令 $\frac{\partial R_n}{\partial \beta} = 0$ ，得 $\beta_2 = \frac{Q\lambda_n}{2A(1-m)}$

由上式可知，企业的绿色程度与木地板制造商承担的绿色协同费用的比例同向变动，因此木地板制造企业为了激励木材供应商绿色协同，会提高企业所承担费用的比例。将 $\beta_2 = \frac{Q\lambda_n}{2A(1-m)}$ 代入木地板制造企业的净收益函数，再对 m 求导得：

$$\frac{\partial R_m}{\partial m} = \frac{\lambda_m \lambda_n Q^2}{2A(1-m)} - \frac{Q\lambda_n^{\ 2}}{4A\ (1-m)^2} - \frac{2mQ^2\ \lambda_n^{\ 2}}{4A\ (1-m)^3}$$

令 $\frac{\partial R_m}{\partial m} = 0$ ，得 $m_2 = 1 - \frac{2\lambda_n}{2\lambda_m + \lambda_n}$

上式可以得出，如果绿色协同创造的净收益增值很大，制造企业将会愿意承担更多的费用，木材供应商的绿色创新程度也比静态条件下更高。

7.3.4 合作博弈模型

本研究重点考虑整个木地板产业链的绿色协同，从产业链的角度，博弈的双方不是基于个人利润最大化原则进行策略的选择，而是选择使整个链条利润最大化的策略（王洋和刘志迎，2010）。为了使整个产业链利润最大，木地板制造企业负担的绿色协同费用比例为 m ，木材供应商也会选择使整个产业链利润最大化的绿色程度 β,R 对 β 求一阶偏导，即为：

$$\frac{\partial R}{\partial \beta_i} = Q(\lambda_m + \lambda_n) - 2\beta$$

令 $\frac{\partial R}{\partial \beta_i} = 0$ ，得 $\beta_3 = \frac{Q(\lambda_m + \lambda_n)}{2A}$

在此种假设条件下，制造企业负担费用时得到的利润应该不低于静态博弈和动态博弈，即：

$$Q\lambda_m \frac{Q(\lambda_m+\lambda_n)}{2A} - Q\lambda_m \frac{Q\lambda_n}{2A(1-m)} - Am_3 \frac{Q^2(\lambda_m+\lambda_n)^2}{4A^2} + A\left(1-\frac{2\lambda_n}{2\lambda_m+\lambda_n}\right)\frac{Q^2\lambda_n^2}{4A^2(1-m)^2} \geqslant 0$$

同样，木材供应商期望的净收益也不应该少于前面两种情况，即：

$$Q\lambda_m \frac{Q(\lambda_m+\lambda_n)}{2A} - Q\lambda_m \frac{Q\lambda_n}{2A(1-m)} - (1-m_3)A\frac{Q^2(\lambda_m+\lambda_n)^2}{4A^2} + (1-m)A\frac{Q^2\lambda_n^2}{4A^2(1-m)^2} \geqslant 0$$

整理上式得：

$$\frac{(2\lambda_n+\lambda_m)(4\lambda_n-\lambda_m)}{4(\lambda_m+\lambda_n)^2} - \frac{2\lambda_n^2+2\lambda_m\lambda_n-\lambda_m^2}{2(\lambda_m+\lambda_n)^2} = \frac{4\lambda_n^2-2\lambda_m\lambda_n+3\lambda_m^2}{4(\lambda_m+\lambda_n)^2} \geqslant 0$$

得出 m_3 的取值范围：

$$\frac{2\lambda_n^2+2\lambda_m\lambda_n-\lambda_m^2}{2(\lambda_m+\lambda_n)^2} \leqslant m_3 \leqslant \frac{(2\lambda_n+\lambda_m)(4\lambda_n-\lambda_m)}{4(\lambda_m+\lambda_n)^2}$$

由上式可知，在此种条件下，绿色程度更高，木地板制造商与木材供应商也会获得更大的利润，实现共赢的结果，稳定均衡一般不会被轻易打破。

7.3.5　产业链上下游企业合作稳定性分析

为了更好地验证木地板制造产业链是否存在牢固可靠的稳定性关系，进行无限次重复博弈。在无限次重复博弈中，假设企业 M 和企业 N 是对称的，他们的收益贴现函数 $\delta \in (0, 1)$ 是相同的。假设整个产业链上下游企业相互约定绿色协同，但是企业 M 和企业 N 会选择守约或不守约。企业 M 首先在第一轮的博弈中选择守约，如果企业 N 在同一轮的博弈中也选择守约，则企业 M 在下一轮的博弈中选择守约；如果企业 N 在某一轮的博弈中选择不守约，则企业 M 将在下一轮及其以后的博弈中进行报复，选择不守约（王晟，2012）。企业 M 和企业 N 都选择守约时，企业 M 获得本企业的绿色协同净收益和企业 N 对本企业绿色协同外溢的净收益，此时企业 M 的收益：$R_M = V_M - C_M + V'_M - C'_M$，其中，$V_M$ 为绿色协同收益，C_M 为绿色协同成本，V'_M 为外溢收益，C'_M 为外溢成本。

如果企业 M 选择守约，企业 N 选择不守约，企业 M 仅可获得本企业的绿色协同净收益，企业 M 的收益：$R_M = V_M - C_M$。

如果企业 M 选择不守约，企业 N 选择守约，则企业 M 获得企业 N 对本企业绿色协同外溢的净收益，企业 M 的收益：$R_M = V'_M - C'_M$

如果企业 M 和企业 N 均不选择守约，那么这个过程中没有任何绿色协同的收益和成本发生，企业 M 的收益：$R_M = 0$。

如果企业 M 和企业 N 在无限次重复博弈中的每一轮都选择守约，则该实验经过无限次的重复博弈后，可以得出的企业 M 总收益的现值 E_{M1}：

$$E_{M1} = (V_M - C_M + V'_M - C'_M)\frac{1}{1-\delta}$$

如果企业 M 在第一轮博弈中选择不守约，获得的收益为 $V'_M - C'_M$，随后引起企业 N 也选择不守约，企业 M 随后也选择不守约，之后的收益为 0，则企业 M 的收益现值 E_{M2}：

$$E_{M2} = V'_M - C'_M$$

因此，如果企业 M 在第一轮的博弈中选择守约，需满足 $E_{M1} > E_{M2}$，也就是 $(V_M - C_M + V'_M - C'_M)\frac{1}{1-\delta} > V'_M - C'_M$，计算简化为：

$$\delta \geqslant \frac{V_M - C_M}{V'_M - C'_M} = \frac{C_M - V_M}{V'_M - C'_M}$$

只有当 $C_M - V_M$ 很小并且 $C'_M - V'_M$ 很大的情况下，即守约的损失比较小，从对方获得的外溢收益比较大的情况下，博弈双方会选择守约，即绿色协同，二者合作的稳定性不会轻易被打断。

博弈贴现因子 $\delta \geqslant \frac{V_M - C_M}{V'_M - C'_M} = \frac{C_M - V_M}{V'_M - C'_M}$ 是博弈参与方一直选择创新策略的充要条件，因此 δ 越大，条件越容易满足，此时也意味着企业重视长远的收益，而绿色协同也是一个长远的策略，企业也更加倾向于绿色协同，这符合实际情况。

7.4　产业链主体与政府、消费者的三方博弈分析

通过上述博弈可以看出，实施产业链绿色协同有利于提升整个产业链的收益水平，基于产业链上各个主体利益的一致性以及上下游企业合作具有良好的稳定性，可以把产业链看作一个整体，称为“产业链主体”，是特定产业链上下游所有企业的集合。为研究方便，在本节的三方博弈中把“产业链主体”简称为“产业链”。

7.4.1　问题描述

（1）产业链与消费者之间的博弈

消费者的需求在很大程度上会影响企业的行为。当把木地板制造企业的产业链看成一个整体时，假定消费者与产业链之间的博弈存在下述四种情况（见表7－3）。

表7－3　消费者与产业链之间博弈的四种情况

情况	描述
情况1	产业链只生产普通木地板产品，同时消费者对普通木地板产品产生需求，市场因此形成对普通木地板产品一定的需求量，则消费者由于购买普通木地板产品获得了相应的效用
情况2	随着生活水平提高和绿色消费意识觉醒，消费者产生了对绿色木地板产品的需求，恰好此时产业链进行绿色生产并产出绿色木地板产品，则市场会形成对绿色木地板产品一定的需求量，消费者由于购买绿色木地板产品而获得了较高的效用
情况3	消费者产生了对绿色木地板产品的需求，而此时产业链仍然只生产普通木地板产品，消费者由于别无选择，对绿色木地板产品的需求无法实现，消费者只能被迫购买普通产品
情况4	产业链生产绿色产品并供应于市场中，但消费者没有形成对绿色木地板产品的需求，仅想购买普通木地板产品，消费者只能被迫购买绿色木地板产品

资料来源：作者整理。

（2）政府与产业链之间的博弈

政府为了实现环保的目标会制定相应的措施规范企业生产经营行为，“管制”措施包括对污染排放严重的企业征收费用，对采用绿色生产的企业给予补贴奖励。针对政府的监管情况（政府可以选择监管或是不监管），政府与产业链之间的博弈也存在以下四种情况（见表7－4）。

表7－4　　政府与产业链之间博弈的四种情况

情况	描述
情况1	政府监管，企业绿色生产。政府会付出相应的监管成本，同时由于监管，企业可以得到政府的奖励，规范了企业行为，使环境得以改善，政府也会因此获得隐性收益
情况2	政府不监管，企业绿色生产。政府虽然不用付出监管成本，但是也得不到环境改善的隐性收益
情况3	政府监管，产业链不进行绿色生产。政府会付出相应的监管成本，同时由于监管，企业得到政府的惩罚，强制规范企业行为
情况4	政府不监管，产业链不进行绿色生产。政府虽然不用付出监管成本，但是要为环境的恶化承担隐性成本

资料来源：作者整理。

上述四种情况表明政府和产业链就“绿色生产”这一关键问题存在博弈关系。

（3）政府、产业链、消费者之间的博弈关系

政府的策略有监管、不监管；产业链的策略有绿色、不绿色；消费者的策略有购买绿色产品、不购买绿色产品；因此，政府、产业链、消费者三者的组合策略一共为8种。如图7－4所示。

图7－4中节点ZF表示政府、SC表示产业链、XF表示消费者。博弈的扩展式主要包含参与人集合、参与人的行动顺序、参与人的行动空间、参与人的信息集、参与人的支付函数等（邹细兵，2008）。策略组合及其含义如表7－5所示。

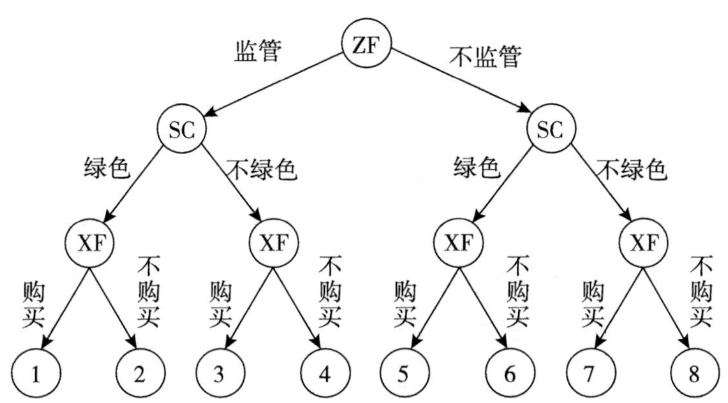

图 7－4　三方动态博弈树

表 7－5　策略组合及其含义

序号	策略组合	含义
1	购买，绿色，监管	消费者购买绿色产品，产业链实施绿色行为，政府对绿色行为进行监管，给予补贴和奖励
2	不购买，绿色，监管	消费者购买普通产品，产业链生产绿色产品，政府对绿色行为进行监管，给予补贴和奖励，消费者被迫购买绿色产品
3	购买，不绿色，监管	消费者购买绿色产品，产业链不绿色生产产品，政府进行监管，对非绿行为进行惩罚，消费者被迫购买普通产品
4	不购买，不绿色，监管	消费者购买普通产品，产业链不绿色生产，政府进行监管，对非绿行为进行惩罚
5	购买，绿色，不监管	消费者购买绿色产品，产业链生产绿色产品，政府对绿色行为不进行监管，不给予补贴和奖励
6	不购买，绿色，不监管	消费者购买普通产品，产业链生产绿色产品，政府对绿色行为不进行监管，不给予补贴和奖励，消费者被迫购买绿色产品
7	购买，不绿色，不监管	消费者购买绿色产品，产业链不进行绿色生产，政府对绿色行为不进行监管，不进行惩罚，消费者被迫购买普通产品
8	不购买，不绿色，不监管	消费者购买普通产品，产业链不进行绿色生产，政府对绿色行为不进行监管，不进行惩罚

7.4.2 参数设定

对于政府来说，参数具体体现为能否发挥监管的作用，即可以选择监管或不监管。监管时，政府对产业链的绿色行为给予补贴和奖励，对非绿行为予以惩罚；不监管时，政府对于企业的行为既不进行奖励也不进行处罚。

对于产业链来说，进行绿色生产获得的收益大于不进行绿色生产获得的收益，并且还有可能得到政府的奖励；不进行绿色生产，则有可能受到政府的惩罚。

对于消费者来说，选择购买绿色产品获得一定的效用，购买普通产品也会获得一定的效用。

因此，为了更好地研究全环节中各博弈主体的收益情况，本研究需要对相关参数进行合理设置。参数及其含义如表 7－6 所示。

表 7－6　参数及其含义

变量	参数	变量说明
政府收益	E_G	政府的净收益
产业链收益	E_T	产业链的净收益
消费者收益	E_c	消费者的净收益
产业链绿色生产的收益	V_1	产业链绿色生产获得的收益
产业链非绿色生产的收益	V_2	产业链非绿色生产获得的收益
产业链绿色生产的初始成本	C_1	产业链绿色生产付出的初始投资
产业链非绿色生产的初始成本	C_2	产业链非绿色生产付出的初始投资
产业链非绿色行为的处罚	P	政府对产业链非绿行为的处罚
产业链绿色生产的奖励和补贴	R	政府对产业链绿色行为的奖励和补贴
政府监管成本	C	政府采取监管措施需要付出成本
政府隐性效益	A	政府因监管导致环境改善产生的效益
政府隐性成本	B	政府不监管导致环境变差产生隐性成本
产业链普通商品价格	P_1	非绿色产品的价格
产业链商品销量	Q	消费者正常的需求
产业链绿色产品的价格	P_2	绿色产品的价格

续表

变量	参数	变量说明
绿色产品的单位成本	$\propto$	绿色产品的单位总成本
普通产品的单位成本	β	普通产品的单位总成本
消费者主动选择绿色产品的单位效用	V_3	—
消费者主动购买普通产品的单位效用	V_4	—
消费者被迫选择绿色产品的单位效用	V_5	—
消费者被迫购买普通产品的单位效用	V_6	—

资料来源：作者整理。

7.4.3　模型假设

为使演化博弈模型更加合理且符合实际，本节特进行如下假设。

假设1：参与的主体有政府、产业链、消费者，每一个主体代表所属的整个类别。三个主体均具有有限理性，相互之间信息不对称。

假设2：产业链进行绿色生产的收益 V_1 大于非绿色生产的收益 V_2 ，绿色生产的初始成本 C_1 也大于非绿色生产的初始成本 C_2 。绿色产品的价格大于普通产品的价格。

假设3：假设消费者的需求是一定的，但当消费者被迫购买某种产品时（绿色或普通产品），效用发生变化，消费者主动选择的效用大于被动选择的效用。

假设4：假设产业链绿色生产的净收益大于非绿色生产的净收益，政府因监管引起环境改善获得很大的收益；不监管导致环境恶化需要付出很大的隐性成本。

假设5：消费者购买绿色产品的概率为 x ，购买普通产品的概率为 $1-x$ ；产业链绿色生产的概率为 y ，非绿色生产的概率为 $1-y$ ；政府监管的概率为 z ，不监管的概率为 $1-z$ 。

7.4.4　均衡点求解及三方演化博弈稳定策略分析

由上述假设及设定的参数，首先，求出政府、产业链、消费者三个主体的收益矩阵；其次，求出三个主体的复制动态方程；最后，求解均衡点，得出演化稳定的均衡策略。

（1）各主体收益分析

基于上述假设及参数矩阵，确定出各参与主体的收益矩阵（见表7－7）。

表7－7　政府、产业链与消费者博弈收益矩阵

博弈参与方		政府			
		监管		不监管	
		产业链			
消费者	购买	绿色	不绿色	绿色	不绿色
		$(V_3-P_2)Q$	$(V_6-P_1)Q$	$(V_3-P_2)Q$	$(V_6-P_1)Q$
		$V_1+R-C_1-\propto Q$	$V_2-C_2-\beta Q-P$	$V_1-C_1-\propto Q$	$V_2-C_2-\beta Q$
	不购买	$A-C-R$	$-C+P$	0	$-B$
		$(V_5-P_2)Q$	$(V_4-P_1)Q$	$(V_5-P_2)Q$	$(V_4-P_1)Q$
		$V_1+R-C_1-\propto Q$	$V_2-C_2-P-\beta Q$	$V_1-C_1-\propto Q$	$V_2-C_2-\beta Q$
		$A-C-R$	$-C+P$	0	$-B$

资料来源：作者整理。

（2）各主体的复制动态方程

由表7－7中各主体的收益分析，进一步可以求解参与主体不同策略下的收益情况。如表7－8所示。

表7－8　各主体不同策略下收益统计表

策略	收益
消费者购买绿色产品	$E_{c1}=y(V_3-P_2)Q+(1-y)(V_6-P_1)Q$
消费者购买普通产品	$E_{c2}=y(V_5-P_2)Q+(1-y)(V_4-P_1)Q$
消费者期望收益	$\overline{E_c}=xE_{c1}+(1-x)E_{c2}$
产业链绿色生产	$E_{T1}=z(V_1+R-C_1-\propto Q)+(1-z)(V_1-C_1-\propto Q)$
产业链非绿色生产	$E_{T2}=z(V_2-C_2-P-\beta Q)+(1-z)(V_2-C_2-\beta Q)$
产业链期望收益	$\overline{E_T}=yE_{T1}+(1-y)E_{T2}$
政府监管	$E_{G1}=y(A-C-R)+(1-y)(-C+P)$

续表

策略	收益
政府不监管	$E_{G2} = (y-1)B$
政府期望收益	$\overline{E_G} = zE_{G1} + (1-z)E_{G2}$

资料来源：作者整理。

由表7－8可以得出消费者、产业链、政府的复制动态方程为：

$$F(x) = \frac{dx}{dt} = x(E_{c1} - \overline{E_c}) = x(1-x)[yQ(V_3 - V_5) + (1-y)Q(V_6 - V_4)]$$

$$F(y) = \frac{dy}{dt} = y(E_{T1} - \overline{E_T}) = y(1-y)[z(V_1 + R - C_1 - \propto Q - V_2 + C_2 + P + \beta Q) + (1-z)(V_1 - C_1 - \propto Q - V_2 + C_2 + \beta Q)]$$

$$F(z) = \frac{dz}{dt} = z(E_{G1} - \overline{E_G}) = z(1-z)[y(A - C - R) + (1-y)(-C + P + B)]$$

（3）稳定点分析

由 $F(x)=0$、$F(y)=0$、$F(z)=0$，可以求出演化博弈系统动态过程的均衡点。$E_1(0,0,0)$，$E_2(0,0,1)$，$E_3(0,1,0)$，$E_4(0,1,1)$，$E_5(1,0,0)$，$E_6(1,0,1)$，$E_7(1,1,0)$，$E_8(1,1,1)$，$E_9(p^*,q^*,m^*)$，其中 $0<p^*<1,0<q^*<1,0<m^*<1$。$E_9(p^*,q^*,m^*)$ 是混合策略均衡点。

有关学者的研究表明，只有纯策略点才是稳定点，才会发生演化稳定均衡，因此本研究只考虑纯策略点的稳定性。根据李雅普诺夫方法可以判别均衡点的稳定性，故先求解演化博弈模型的雅可比矩阵，下文将 $F(x)$、$F(y)$、$F(z)$ 分别对 x、y 和 z 求一阶偏导数，则此系统的雅可比矩阵如下：

$$J = \begin{bmatrix} F'_x(x) & F_y'(x) & F_z'(x) \\ F'_x(y) & F_y'(y) & F_z'(y) \\ F'_x(z) & F_y'(z) & F_z'(z) \end{bmatrix}$$

其中，$F(x)$ 分别对 x、y 和 z 求一阶偏导数，结果如下：

$$F'_x(x) = \frac{\partial F(X)}{\partial x} = (1-2x)[yQ(V_3 - V_5) + (1-y)Q(V_6 - V_4)]$$

$$F'_{y}(x) = \frac{\partial F(X)}{\partial y} = x(1-x)[Q(V_3 - V_5) - Q(V_6 - V_4)]$$

$$F'_{z}(x) = \frac{\partial F(x)}{\partial z} = 0$$

$F(y)$ 分别对 x 、y 和 z 求一阶偏导数，结果如下：

$$F'_{x}(y) = \frac{\partial F(y)}{\partial x} = 0$$

$$F'_{y}(y) = \frac{\partial F(y)}{\partial y} = (1-2y)\begin{bmatrix} z(V_1 + R - C_1 - \propto Q - V_2 + C_2 + P + \beta Q) + (1-z)(V_1 - \\ C_1 - \propto Q - V_2 + C_2 + \beta Q) \end{bmatrix}$$

$$F'_{z}(y) = \frac{\partial F(y)}{\partial z} = y(1-y)(P+R)$$

$F(z)$ 分别对 x 、y 和 z 求一阶偏导数，结果如下：

$$F'_{x}(z) = \frac{\partial F(z)}{\partial x} = 0$$

$$F'_{y}(z) = \frac{\partial F(z)}{\partial y} = z(1-z)(A-B-R-P)$$

$$F'_{z}(z) = \frac{\partial F(z)}{\partial z} = (1-2z)[y(A-C-R) + (1-y)(-C+P+B)]$$

根据李雅普诺夫方法，当 j 矩阵的其中一个特征值 >0 时，该均衡点是不稳定点；当 j 矩阵的特征值 $\lambda \leqslant 0$ 时，该均衡点是稳定点；当 j 矩阵的特征值中有正有负时，该均衡点是鞍点（赵佩华等，2018）。根据上述约束条件，可得出均衡点的稳定性。表中均衡点的策略依次代表的主体有消费者、产业链、政府，均有“0”和“1”两种选择。消费者策略“0”代表购买普通产品，“1”代表购买绿色产品；产业链策略“0”代表不进行绿色生产，“1”代表绿色生产；政府策略“0”代表不监管，“1”代表监管。均衡点稳定性判断如表 7－9 所示：

表 7－9　　均衡点稳定性判断表（一）

均衡点	特征值	特征值 +／－	稳定性
E_1 (0, 0, 0)	$\lambda_1 = Q(V_6 - V_4)$ $\lambda_2 = V_1 - C_1 - \propto Q - V_2 + C_2 + \beta Q$ $\lambda_3 = -C + P + B$	$\lambda_1 < 0$ $\lambda_2 > 0$ $\lambda_3 > 0$	不稳定点

续表

均衡点	特征值	特征值 +/-	稳定性
E_2（0，0，1）	$\lambda_1 = Q(V_6 - V_4)$ $\lambda_2 = V_1 + R - C_1 - \propto Q - V_2 + C_2 + P + \beta Q$ $\lambda_3 = C - P - B$	$\lambda_1 < 0$ $\lambda_2 > 0$ $\lambda_3 < 0$	不稳定点
E_3（0，1，0）	$\lambda_1 = Q(V_3 - V_5)$ $\lambda_2 = -(V_1 - C_1 - \propto Q - V_2 + C_2 + \beta Q)$ $\lambda_3 = A - C - R$	$\lambda_1 > 0$ $\lambda_2 < 0$ $\lambda_3 > 0$	不稳定点
E_4（0，1，1）	$\lambda_1 = Q(V_3 - V_5)$ $\lambda_2 = -(V_1 + R - C_1 - \propto Q - V_2 + C_2 + P + \beta Q)$ $\lambda_3 = -(A - C - R)$	$\lambda_1 > 0$ $\lambda_2 < 0$ $\lambda_3 < 0$	不稳定点
E_5（1，0，0）	$\lambda_1 = -Q(V_6 - V_4)$ $\lambda_2 = V_1 - C_1 - \propto Q - V_2 + C_2 + \beta Q$ $\lambda_3 = -C + P + B$	$\lambda_1 > 0$ $\lambda_2 > 0$ $\lambda_3 > 0$	不稳定点
E_6（1，0，1）	$\lambda_1 = -Q(V_6 - V_4)$ $\lambda_2 = V_1 + R - C_1 - \propto Q - V_2 + C_2 + P + \beta Q$ $\lambda_3 = C - P - B$	$\lambda_1 > 0$ $\lambda_2 > 0$ $\lambda_3 < 0$	不稳定点
E_7（1，1，0）	$\lambda_1 = -Q(V_3 - V_5)$ $\lambda_2 = -(V_1 - C_1 - \propto Q - V_2 + C_2 + \beta Q)$ $\lambda_3 = A - C - R$	$\lambda_1 < 0$ $\lambda_2 < 0$ $\lambda_3 > 0$	不稳定点
E_8（1，1，1）	$\lambda_1 = -Q(V_3 - V_5)$ $\lambda_2 = -(V_1 + R - C_1 - \propto Q - V_2 + C_2 + P + \beta Q)$ $\lambda_3 = -(A - C - R)$	$\lambda_1 < 0$ $\lambda_2 < 0$ $\lambda_3 < 0$	稳定点

从表 7－9 可知，该演化博弈系统存在一个稳定均衡点，即 E_8（1，1，1），此时消费者选择购买绿色产品，产业链选择绿色生产，政府选择监管。此时达到均衡，实现共赢的状态，演化博弈主体行为相位如图 7－5 所示。

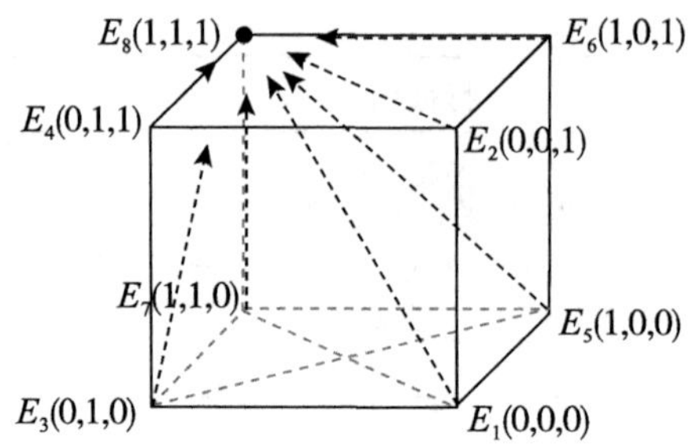

图 7－5　三方演化博弈相位（一）

（4）博弈影响因素分析

①消费者效用对演化博弈稳定性的影响。一种特殊情况的讨论：当消费者存在绿色产品需求，但市场无绿色产品供应，消费者只能被迫选择普通产品，这时消费者的第一需求虽然没有得到满足，但由于普通产品价格低于绿色产品价格，消费者在某种意义上“节省”了支出，而此时效用并没有降低，反而提高了，即 $V_6 > V_4$。同理，产业链进行绿色生产，消费者原本只需要普通产品即可，但市场提供的产品为绿色木地板产品，对消费者来说，竟然获得“意外之喜”，即 $V_3 < V_5$。此时稳定点的变化如表 7－10 所示。

表 7－10　均衡点稳定性判断表（二）

均衡点	特征值	特征值 +／－	稳定性
E_1（0，0，0）	$\lambda_1 = Q(V_6 - V_4)$ $\lambda_2 = V_1 - C_1 - \propto Q - V_2 + C_2 + \beta Q$ $\lambda_3 = -C + P + B$	$\lambda_1 > 0$ $\lambda_2 > 0$ $\lambda_3 > 0$	不稳定点
E_2（0，0，1）	$\lambda_1 = Q(V_6 - V_4)$ $\lambda_2 = V_1 + R - C_1 - \propto Q - V_2 + C_2 + P + \beta Q$ $\lambda_3 = C - P - B$	$\lambda_1 > 0$ $\lambda_2 > 0$ $\lambda_3 < 0$	不稳定点
E_3（0，1，0）	$\lambda_1 = Q(V_3 - V_5)$ $\lambda_2 = -(V_1 - C_1 - \propto Q - V_2 + C_2 + \beta Q)$ $\lambda_3 = A - C - R$	$\lambda_1 < 0$ $\lambda_2 < 0$ $\lambda_3 > 0$	不稳定点

续表

均衡点	特征值	特征值 +/-	稳定性
E_4（0，1，1）	$\lambda_1 = Q(V_3 - V_5)$ $\lambda_2 = -(V_1 + R - C_1 - \propto Q - V_2 + C_2 + P + \beta Q)$ $\lambda_3 = -(A - C - R)$	$\lambda_1 < 0$ $\lambda_2 < 0$ $\lambda_3 < 0$	稳定点
E_5（1，0，0）	$\lambda_1 = -Q(V_6 - V_4)$ $\lambda_2 = V_1 - C_1 - \propto Q - V_2 + C_2 + \beta Q$ $\lambda_3 = -C + P + B$	$\lambda_1 < 0$ $\lambda_2 > 0$ $\lambda_3 > 0$	不稳定点
E_6（1，0，1）	$\lambda_1 = -Q(V_6 - V_4)$ $\lambda_2 = V_1 + R - C_1 - \propto Q - V_2 + C_2 + P + \beta Q$ $\lambda_3 = C - P - B$	$\lambda_1 < 0$ $\lambda_2 > 0$ $\lambda_3 < 0$	不稳定点
E_7（1，1，0）	$\lambda_1 = -Q(V_3 - V_5)$ $\lambda_2 = -(V_1 - C_1 - \propto Q - V_2 + C_2 + \beta Q)$ $\lambda_3 = A - C - R$	$\lambda_1 > 0$ $\lambda_2 < 0$ $\lambda_3 > 0$	不稳定点
E_8（1，1，1）	$\lambda_1 = -Q(V_3 - V_5)$ $\lambda_2 = -(V_1 + R - C_1 - \propto Q - V_2 + C_2 + P + \beta Q)$ $\lambda_3 = -(A - C - R)$	$\lambda_1 > 0$ $\lambda_2 < 0$ $\lambda_3 < 0$	不稳定点

由表 7－10 可知，随着约束条件的改变，各主体的稳定点也随之发生了变化，此时稳定点变成了 E_4（0，1，1），即消费者希望购买普通产品、产业链生产绿色产品、政府进行监管、消费者被迫购买绿色产品，可见绿色产品无论对消费者，还是对产业链和政府都是有益的，三方演化博弈相位如图 7－6 所示。

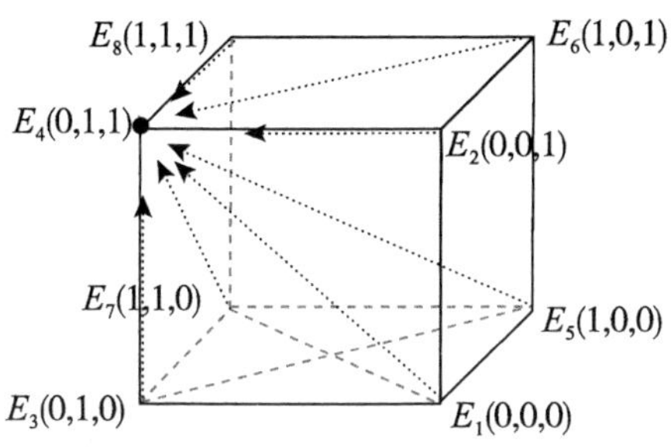

图 7－6 三方演化博弈相位（二）

②产业链绿色生产效益对演化博弈稳定性的影响。正常情况下产业链绿色生产大于非绿色生产的收益，但由于绿色新技术不是很成熟，某些时候绿色生产的收益并不见得会比非绿色生产的收益大，即当 $V_1 + R - C_1 - \propto Q > V_2 - C_2 - \beta Q - P$ 且 $V_1 - C_1 - \propto Q > V_2 - C_2 - \beta Q$ 时，稳定点变化如表 7－11 所示。

表 7－11　均衡点稳定性判断表（三）

均衡点	特征值	特征值 +/-	稳定性
E_1（0，0，0）	$\lambda_1 = Q(V_6 - V_4)$ $\lambda_2 = V_1 - C_1 - \propto Q - V_2 + C_2 + \beta Q$ $\lambda_3 = -C + P + B$	$\lambda_1 < 0$ $\lambda_2 < 0$ $\lambda_3 > 0$	不稳定点
E_2（0，0，1）	$\lambda_1 = Q(V_6 - V_4)$ $\lambda_2 = V_1 + R - C_1 - \propto Q - V_2 + C_2 + P + \beta Q$ $\lambda_3 = C - P - B$	$\lambda_1 < 0$ $\lambda_2 < 0$ $\lambda_3 < 0$	稳定点
E_3（0，1，0）	$\lambda_1 = Q(V_3 - V_5)$ $\lambda_2 = -(V_1 - C_1 - \propto Q - V_2 + C_2 + \beta Q)$ $\lambda_3 = A - C - R$	$\lambda_1 > 0$ $\lambda_2 > 0$ $\lambda_3 > 0$	不稳定点
E_4（0，1，1）	$\lambda_1 = Q(V_3 - V_5)$ $\lambda_2 = -(V_1 + R - C_1 - \propto Q - V_2 + C_2 + P + \beta Q)$ $\lambda_3 = -(A - C - R)$	$\lambda_1 > 0$ $\lambda_2 > 0$ $\lambda_3 < 0$	不稳定点
E_5（1，0，0）	$\lambda_1 = -Q(V_6 - V_4)$ $\lambda_2 = V_1 - C_1 - \propto Q - V_2 + C_2 + \beta Q$ $\lambda_3 = -C + P + B$	$\lambda_1 > 0$ $\lambda_2 < 0$ $\lambda_3 > 0$	不稳定点
E_6（1，0，1）	$\lambda_1 = -Q(V_6 - V_4)$ $\lambda_2 = V_1 + R - C_1 - \propto Q - V_2 + C_2 + P + \beta Q$ $\lambda_3 = C - P - B$	$\lambda_1 > 0$ $\lambda_2 < 0$ $\lambda_3 < 0$	不稳定点
E_7（1，1，0）	$\lambda_1 = -Q(V_3 - V_5)$ $\lambda_2 = -(V_1 - C_1 - \propto Q - V_2 + C_2 + \beta Q)$ $\lambda_3 = A - C - R$	$\lambda_1 < 0$ $\lambda_2 > 0$ $\lambda_3 > 0$	不稳定点
E_8（1，1，1）	$\lambda_1 = -Q(V_3 - V_5)$ $\lambda_2 = -(V_1 + R - C_1 - \propto Q - V_2 + C_2 + P + \beta Q)$ $\lambda_3 = -(A - C - R)$	$\lambda_1 < 0$ $\lambda_2 > 0$ $\lambda_3 < 0$	不稳定点

如表7－11所示，当约束条件改变，稳定点相应发生变化，变成了E_2（0，0，1）。此时消费者购买普通产品，产业链生产普通产品，政府监管，消费者购买普通产品。可见，如果产业链绿色生产的收益小于非绿色生产的收益时，产业链上的主体会倾向于非绿色生产。三方演化博弈相位如图7－7所示。

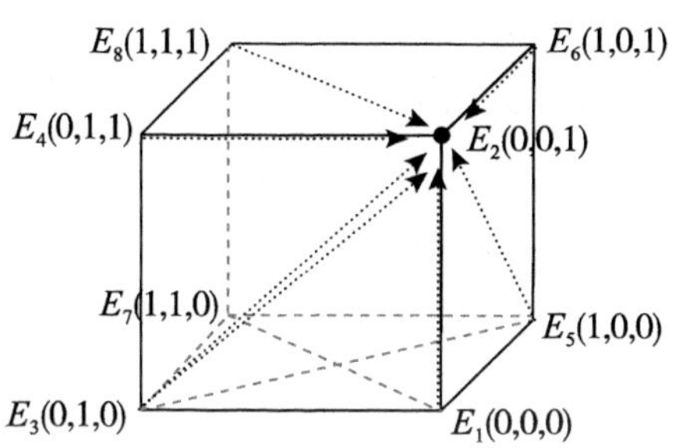

图7－7　三方演化博弈相位（三）

③政府监管隐性收益对演化博弈稳定性的影响。上述博弈稳定策略分析是假设政府监管时获得的隐性收益是无穷大的，但在实际操作中，政府监管实施付出的成本也是巨大的，政府获得的收益可能并不能弥补监管成本，因此当$A < C + R$时，稳定点的变化如表7－12所示。

表7－12　均衡点稳定性判断表（四）

均衡点	特征值	特征值+/-	稳定性
E_1（0，0，0）	$\lambda_1 = Q(V_6 - V_4)$ $\lambda_2 = V_1 - C_1 - \propto Q - V_2 + C_2 + \beta Q$ $\lambda_3 = -C + P + B$	$\lambda_1 < 0$ $\lambda_2 > 0$ $\lambda_3 > 0$	不稳定点
E_2（0，0，1）	$\lambda_1 = Q(V_6 - V_4)$ $\lambda_2 = V_1 + R - C_1 - \propto Q - V_2 + C_2 + P + \beta Q$ $\lambda_3 = C - P - B$	$\lambda_1 < 0$ $\lambda_2 > 0$ $\lambda_3 < 0$	不稳定点
E_3（0，1，0）	$\lambda_1 = Q(V_3 - V_5)$ $\lambda_2 = -(V_1 - C_1 - \propto Q - V_2 + C_2 + \beta Q)$ $\lambda_3 = A - C - R$	$\lambda_1 > 0$ $\lambda_2 < 0$ $\lambda_3 < 0$	不稳定点

续表

均衡点	特征值	特征值 +/-	稳定性
E_4（0，1，1）	$\lambda_1 = Q(V_3 - V_5)$ $\lambda_2 = -(V_1 + R - C_1 - \propto Q - V_2 + C_2 + P + \beta Q)$ $\lambda_3 = -(A - C - R)$	$\lambda_1 > 0$ $\lambda_2 < 0$ $\lambda_3 > 0$	不稳定点
E_5（1，0，0）	$\lambda_1 = -Q(V_6 - V_4)$ $\lambda_2 = V_1 - C_1 - \propto Q - V_2 + C_2 + \beta Q$ $\lambda_3 = -C + P + B$	$\lambda_1 > 0$ $\lambda_2 > 0$ $\lambda_3 > 0$	不稳定点
E_6（1，0，1）	$\lambda_1 = -Q(V_6 - V_4)$ $\lambda_2 = V_1 + R - C_1 - \propto Q - V_2 + C_2 + P + \beta Q$ $\lambda_3 = C - P - B$	$\lambda_1 > 0$ $\lambda_2 > 0$ $\lambda_3 < 0$	不稳定点
E_7（1，1，0）	$\lambda_1 = -Q(V_3 - V_5)$ $\lambda_2 = -(V_1 - C_1 - \propto Q - V_2 + C_2 + \beta Q)$ $\lambda_3 = A - C - R$	$\lambda_1 < 0$ $\lambda_2 < 0$ $\lambda_3 < 0$	稳定点
E_8（1，1，1）	$\lambda_1 = -Q(V_3 - V_5)$ $\lambda_2 = -(V_1 + R - C_1 - \propto Q - V_2 + C_2 + P + \beta Q)$ $\lambda_3 = -(A - C - R)$	$\lambda_1 < 0$ $\lambda_2 < 0$ $\lambda_3 > 0$	不稳定点

如表 7－12 所示，当约束条件改变，稳定点发生了变化，稳定点变成了 E_7（1，1，0），此时消费者购买绿色产品，产业链中的企业生产绿色产品，政府不监管。可见，如果政府监管的收益小于监管的成本，政府会倾向于不监管。三方演化博弈相位如图 7－8 所示。

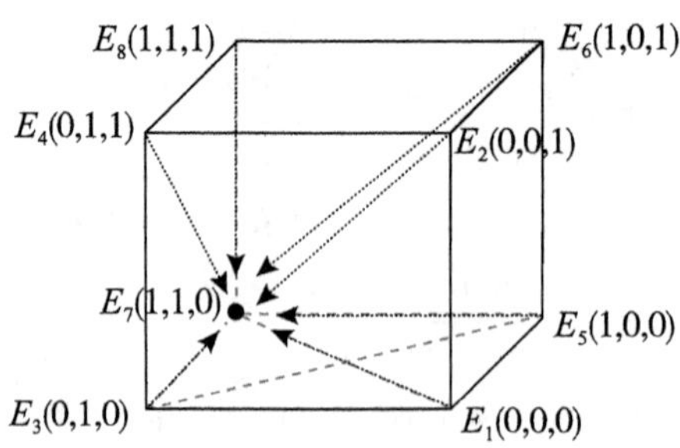

图 7－8　三方演化博弈相位（四）

7.4.5　政策建议

（1）扩大绿色消费需求

消费者的需求永远都是企业生产经营的风向标。因此制定决策应当充分发挥绿色消费需求的倒逼机制，促进木地板制造企业转变生产方式、推进绿色制造。首先，企业应树立绿色消费理念。加强与社区、学校和社会团体的合作，开展绿色消费教育，普及绿色知识；发挥新闻媒体的宣传作用和舆论导向，引导消费者树立环保意识，做绿色生活方式的践行者。其次，企业也应培育绿色消费市场。积极倡导绿色消费文化，强化消费者对绿色产品的认知，把对绿色产品消费意愿转变为实际的消费行为。再次，企业积极提升产品绿色质量。积极推进绿色产品权威认证，扩大绿色木地板产品的市场占有率，提供消费者满意的绿色产品和服务。最后，在各个环节上健全绿色保障机制。一是实施源头控制，确保符合环保要求的原料供应；二是拓展营销渠道，为消费者提供良好的购物体验和购买的便利性；三是强化铺装服务，健全制度规范，对铺装队伍实施有效监管。

（2）保证产业链绿色收益

产业链作为一个整体实施绿色化升级，也就要求每一个链上企业都要协同一致，在生产经营活动中充分、合理、综合利用各种资源，努力实现资源消耗和污染排放最小化，各种产品和服务在生产和消费过程中尽量减少对生态环境的破坏和对人体健康的损害。在这个过程中，一方面，企业通过提供高质量的绿色产品和服务赢得消费者的信赖；另一方面，企业树立负责任的绿色形象，形成对消费者的“拉引力”，提高企业的知名度和美誉度。由此，整个产业链成员都能够分享由此带来的“绿色”收益。为了保证产业链的绿色收益，各个企业就要深耕产业链上下游企业之间的纵向合作，有效整合“原材料—生产—销售—铺装”各环节以抵御各类产业链的环境风险。一是各环节应合理分配绿色收益，让合作伙伴享受到“绿色协同”带来的“成果”以充分调动企业的积极性。二是探索建立激励机制。根据上游供应商以往履约和供货情况，以及下游铺装商的服务质量给予相应的政策激励，提高产业链整体绿色化水平。

（3）提高政府监管效率

完善的监督机制既是企业绿色生产经营的重要保障，又是政府发挥职能的充分展现。一是政府建立由行业主管部门、环境保护、技术监督、行业协会等多方联动的协同监管体系。二是提高政府的监管能力，加大对木地板制造产业链的关键环节与薄弱环节进行过程监控、随机抽查和现场检查，遏止企业的短期行为，避免“非绿”木地板产品流入市场。三是强化对社会舆论监督，建立信息披露制度，形成强有力的威慑力量。对于企业的恶意违法行为予以坚决曝光以提高其违法成本。四是探索构建科学合理的环境治理考核体系。政府进行环境监管的目的是改善生态环境。政府加大监管财政投入的同时，也要依托科技监管手段，降低监管成本，提高政府因绿色监管获得的“隐性收益”，让企业和公众享受到更多的“绿色福利”。

7.5 本章小结

本章基于“现状—动力—行为”的分析结构对木地板制造企业的绿色成长行为博弈机制进行探索与研究，并重点分析木地板制造企业与其所在产业链环境内各相关主体的行为博弈关系。首先，对木地板制造企业所在产业链环境的行为主体及其博弈关系进行梳理，重点归纳出木地板制造产业内部企业之间的行为博弈、木地板制造企业与上下游企业之间的行为博弈，以及产业链主体、政府和消费者之间的三方行为博弈。其次，本文对不同结果分对称与非对称两种情况对木地板制造企业实施绿色行为的演化博弈进行分析，均得出木地板制造企业会倾向于采用绿色新技术的结论。再次，本节对木地板制造产业链上下游企业间绿色协同的博弈关系以及产业链上下游合作企业稳定性展开分析，得出上下游企业倾向于绿色协同的结论。最后，本节进行产业链主体与政府、消费者的三方博弈分析，发现存在一个稳定均衡点，此时消费者选择购买绿色产品，产业链选择绿色生产，政府选择监管；进一步针对稳定点变化情况提出了扩大绿色消费需求、保证产业链绿色收益和提高政府监管效率的政策建议。

8　案例研究——大亚圣象家居股份有限公司

大亚圣象家居股份有限公司（以下简称大亚圣象）是国家林业重点龙头企业，自成立以来始终坚持走可持续发展道路，积极创建资源节约型和环境友好型企业。大亚圣象在绿色发展理念的指引下，以木业为核心，以家居产业为主导，以市场需求为导向、以节能环保为根本，制定并践行覆盖全产业链的企业绿色成长战略，目前已经形成了从林业基地建设、产品设计与制造加工到终端产品销售、铺装服务的完整产业链。产业链上下游的顺利打通，对于大亚圣象合理、高效地利用资源和保持产品的“绿色度”发挥了重要作用，也为推进该企业的绿色成长提供了可靠的保障。

8.1　企业生产经营状况

大亚圣象家居股份有限公司创立于1999年，其总部位于江苏省丹阳市。其前身是1978年成立的丹阳县埤城城南农机抛光厂，经过创业者初期的艰苦创业，1993年成立了江苏大亚集团，1999年6月30日在深交所成功上市。2002年，大亚集团与圣象集团正式结为战略合作联盟。2007年圣象集团的第一亿平方米地板下线。2008年大亚人造板集团有限公司成立，建成了亚洲规模最大的人造板生产制造基地。2015年，公司通过剥离非木业资产，进一步强化和突出了公司以木业为主营业务，以木地板、人造板为主要产品的经营模式。2016年10月19日，公司名称由“大亚科技股份有限公司”正式变更为“大亚圣象家居股份有限公司”。

伴随着我国改革开放大潮，大亚圣象从经营规模不足10万元发展到近200亿元的规模，并连续10年跻身中国民营企业500强和中国制造业企业500

强。公司立足长三角，辐射广东、江西、福建、黑龙江及安徽等林业资源集散地及林木产品集中区域，建成多条国际一流水平的人造板生产线和以强化木地板、实木地板、标准木门、整体衣柜、厨柜等家居终端产品为主业的深加工生产线。大亚圣象目前拥有150万亩速生林基地、世界一流的研发基地，年产能200万立方米的基材工厂，年产能5200万平方米的地板以及配件工厂，年产能70万套的木门制造工厂和年产能2万套的衣柜制造基地。此外，公司完善的服务体系为消费者解决了后顾之忧。售前，为消费者提供全面咨询服务；售中，率先打破安装外包模式，配备的5000名安装技师可以在第一时间满足客户安装需求；售后，全国拥有2000多家服务网点，随时接收客户售后反馈。公司制定了以绿色环保为核心的企业战略，不断加强品牌建设和推广，“圣象”和“大亚”分别在多项权威品牌评估排行榜中名列前茅。

8.1.1 主营业务与产品

（1）木地板产品

公司木地板业务主要产品有“圣象”强化木地板、三层实木复合地板、多层实木复合地板。作为国内复合木地板的最佳推广者，将“圣象”与“复合地板专家”绑定，并不断强化自身“环保、无醛”的品牌定位。圣象木地板在技术研发、装备水平、企业管理、资金实力、营销网络和品牌知名度等方面具有明显优势，是国内第一家在中国推出E0环保标准的木地板制造企业。当前公司拥有全套现代化的生产设备，如世界上最先进的带喷涂系统（ARP）、全自动化配胶系统（IFA）的“VITS浸渍系统”。生产出的木地板产品质量稳定、花色品种多样，全部产品均符合绿色环保标准，年产销规模达6000万平方米，连续20年稳居全国第一。企业木地板主要产品及其特点如表8－1所示。

表8－1　企业木地板主要产品及其特点

产品	类型	主要特点
圣象强化木地板	强化木地板	产品定位于“中高端地板的领跑者”；秉承“健康之上，舒适尽享”的理念，旨在为消费者构建高品质家居生活。率先采用苛刻的F4星环保品质标准，引领和刷新绿色、健康、环保的最高标准

续表

产品	类型	主要特点
圣象新实木地板	实木地板	极具人性化的科技创新产品，继承了北欧与美国在地板领域的核心技术，将结构学、力学、材料学、美学完美结合，通过极致工艺，呈现出实木地板自然与舒适的品质
圣象康树木地板	三层实木复合地板	采用欧洲精良的木地板制造工艺和先进技术，保证健康环保高品质；继承纯正的北欧风格，地板表面处理简约大方，为追求华美艺术与高雅生活的消费者打造的高端木地板品类
圣象安德森木地板	多层实木复合地板	产品定位于“北美实木典范”，将美国流行的地板设计风格、前沿的生产工艺、环保健康的取材理念和拉丝、烟熏、仿古等国际先进的表面处理工艺进行完美结合，为消费者带来纯正的美式居家生活体验
绿色族系列竹地板产品	竹地板	秉承“自然之道，经典新创”的理念，致力于成为“绿色族”的最佳之选；将原生态的竹韵和时尚高贵的风格进行了完美的结合，成为时尚一族的新选择

资料来源：作者整理。

（2）人造板产品

公司人造板业务的主要产品包括“大亚”高密度纤维板和刨花板。大亚人造板通过不断升级制造系统，打造企业核心竞争优势。截至 2021 年 8 月 23 日，大亚圣象已拥有 3 条 20 万立方米高密度板（CPS）线和 2 条 8 万立方米多层压机生产线，1 条 45 万立方米刨花板线。引进了一系列国际先进的人造板生产技术与设备。例如，该公司引进全套意大利 CMC 公司的表层刨花分选系统和表层气流铺装机，有效保证产品表面质量最优；引进全套德国 Siempelkamp 公司调拌胶系统，精确控制产品施胶量；引进全套奥地利 Steinemann 公司四砂头双面宽幅砂光机，不仅可以精确控制厚度，而且使砂光表面质量达到最佳。

“大亚”凭借其技术设备先进化、生产能力规模化、板材产品绿色化等优势，出产的人造板具有质量稳定、密度均匀、规格齐全的特点，口碑良好，深得用户信任，产品主要用于绿色环保型地板基材，以及家具板、橱柜板、门板等装修基材。

（3）木家居制品

公司在坚持做大、做强木地板和人造板两大主业的基础上，依托绿色产业链的强大资源，制定了突出其“木业”的“相关多元化”战略，加快其他木质品类的开发。目前主要包括木门、衣柜、圣世年轮家具等木家居类产品。它们与木地板产品上游生产产品相同，都离不开木材和木制板材供应；下游渠道也相通，可以给顾客提供一个整合的解决方案，从而能实现营销互动，扩大销售；只是在中间生产环节的加工工艺不同，但它们都属于平面板材类，加工技术跨度不大。

企业生产的其他木制产品及其特点如表 8 –2 所示。

表 8 –2　　公司生产的其他木制产品及其特点

产品	主要特点
衣柜	依托整体衣柜自动化生产线，从一体化视角进行家居设计与研发，为消费者量身定制高品质、个性化的精品整体衣柜及板式家具产品
木门	引进德国、意大利、西班牙等欧洲国家专业自动化生产设备和生产线，打造“用极简创造极美，用个性取代平庸，用绿色拒绝挥霍”的全新时尚木门产品
圣世年轮	由美国、中国台湾、中国香港设计师精心雕琢，以严苛的选材标准和纯粹的手工雕刻工艺，开创了实用与艺术完美融合的欧美家具新品类

资料来源：作者整理。

8.1.2　主要产品销售业绩

（1）木地板产品销售情况

圣象木地板的销售网络覆盖全中国，其公司下设 42 家国内分公司，拥有近 3000 家统一授权、统一形象的地板专卖店，以及 700 多家定制家居门店，专卖店数量处于国内领先水平。以 2010 年年初在德国注册成立欧洲分公司为其发端，并相继在 5 大洲 33 个国家和地区设立多个独资、合资、合作型营销公司。近年来，公司加大了与电商平台合作力度，开拓了天猫、京东、苏宁的在线分销渠道，在淘宝商城木地板销售上始终名列前茅。

大亚圣象作为龙头企业，一直是房地产企业首选的木地板产品供应商。目前，公司与万科、保利、龙湖、恒大、碧桂园等知名房地产公司建立了长期的业务合作关系，截至2019年年末，战略合作伙伴已超过90家，完成超过5000项工程项目合作，工程项目累计铺装面积已超过4000万平方米。

2014—2018年大亚科技股份有限公司木地板销售情况如表8－3所示。

表8－3　　2014—2018年大亚科技股份有限公司木地板销售情况

类别	2014年	2015年	2016年	2017年	2018年
销售额（亿元）	39.70	39.39	44.44	49.31	50.46
销售量（万平方米）	4430	4414	4207	4496	4648
毛利率（%）	32.10	37.96	39.68	41.24	41.95
占营业收入比重（%）	—	51.31	68.05	69.97	69.50

资料来源：企业年报。

（2）人造板产品销售情况

大亚圣象人造板享有很高的品牌知名度和美誉度，其生产产品的口碑极佳。2014—2018年大亚科技股份有限公司中高密度板销售情况如表8－4所示。

表8－4　　2014—2018年大亚科技股份有限公司中高密度板销售情况

类别	2014年	2015年	2016年	2017年	2018年
销售额（亿元）	20.87	16.73	16.85	17.54	19.15
销售量（万立方米）	131	124	138	144	154
毛利率（%）	20.22	16.45	22.03	21.28	22.76
占营业收入比重（%）	—	21.80	25.81	24.90	26.37

资料来源：企业年报。

（3）其他家居产品销售情况

在圣象大家居战略的全面布局下，公司的产品除了木地板外，还包括标准门、衣柜、整体厨房、圣世年轮家具等产品，以及互联网家装平台——宅尤加。从整体来看，目前木制标准门等木家居产品的营业收入占比很低，但是维持了较高的毛利率水平。

2014—2018 年大亚科技股份有限公司木门产品销售情况如表 8 –5 所示。

表 8 –5　　2014—2018 年大亚科技股份有限公司木门产品销售情况

类别	2014 年	2015 年	2016 年	2017 年	2018 年
销售额（万元）	2056	3045	1523	762	776
增长率（%）	20.37	48.12	–49.99	–49.94	1.83
毛利率（%）	16.82	11.66	21.88	17.55	25.45
占营业收入比重（%）	—	0.40	0.23	0.11	0.11

资料来源：企业年报。

8.2　基于绿色产业链的企业成长实践

木地板制造属于资源依赖型企业，一方面要承受日益加剧的外部资源市场的竞争压力，另一方面要承受内部巨大的成本压力。大亚圣象目前积极践行绿色产业链战略，引领绿色设计，生产绿色产品，引导绿色消费，倡导绿色生活，致力于打造涵盖从源头的原材料采购到中间环节的板材加工，到产品销售与铺装服务的绿色产业链条。

8.2.1　推进速生林地建设

木材原料是木地板企业组织生产的基本资源和根本保障。在林木资源短缺日益加剧的背景下，促进人工速生林高效利用是保障木地板生产原材料需求的有效途径，不仅符合国家产业政策，而且具有改善生态环境的功能，山坡和滩涂种植速生林后森林覆盖率大大提升，还可以带动林农增收，形成良性循环。

大亚圣象紧盯绿色产业链的源头，利用其产品用材速生林生长速度快、成材周期短的优势，着重布局“林板一体化”战略，积极推进速生林基地建设。在全国选择荒山、滩涂等闲置用地培育种植人工速生林，采用“公司+基地+农户”的生产方式营林、造林，目前拥有规模达150万亩的速生林基地。大亚圣象以践行生态文明和林业产业建设的杰出成就，荣获国家“关注森林活动20周年突出贡献单位”称号。

8.2.2 实施绿色纵向治理

（1）专注绿色设计

产品生命周期中的设计阶段对于产品选用的材料有决定作用并基本决定了产品的绩效，从而决定了产品整个生命周期中80%的经济成本和环境影响（朱庆华，2008）。大亚圣象以满足消费者日益增长的高品质需求为根本出发点，把强化绿色设计作为绿色产业链的关键环节，把如何加强产品的设计研发，提升自主设计能力，努力将绿色设计体现到每一片木地板之中，通过差异化提高产品的竞争力，使整个产业链实现更多的价值创造。

（2）强调源头治理

大亚圣象彻底摒弃“先污染、后治理”等一系列短视行为，不断强调“源头治理”，严把质量控制。一方面，以“三剩物”和次小薪材为原料加工生产高端板材，在降低生产成本的同时也提高了木材利用率。所生产的板材广泛应用于木地板、木家具、标准木门、橱柜、衣柜制造和建材装修等行业，逐渐成长为相关行业知名品牌的首选原料供应商。另一方面，不断完善绿色采购制度，确保用于生产加工的原木和板材具有合法来源，加强采购环节的绿色管理，制定严格的选料标准和质检流程，从而能够保证所用主材及辅料都符合绿色环保的要求，从源头上提高板材的环保级别、消除有害物质的释放。

（3）实施绿色生产

针对木地板生产加工环节对环境造成的负面影响，大亚圣象积极践行绿色发展理念，始终重视生产过程的环境保护并采取相应措施。一是引进先进设备实践绿色制造。大亚圣象投入巨资引进了全套德国EWK公司废气治理系统、Siempelkamp公司的无醛板生产系统，以及Buttner公司的干燥烟气预除尘系统。率先在国内人造板行业引进国际一流水准的环保治理系统，治理效果达到了欧洲的先进水平。二是通过引进绿色技术改造传统工艺，提高资源利用率、减少有害污染物的产生和增加产品的附加值。例如，采用多台螺旋通过专门控制软件，可以对不同品种的木片原料进行科学精确配比，使原料利用更加经济、科学，减少木材资源的消耗。

（4）强化环保认证

大亚圣象以高于国家标准的企业标准进行产品的质量控制，加强对原辅材料、半成品、产成品的质量监督和质量检测，确保产品质量的稳定性。大亚圣象旗下各相关生产部门均已通过ISO9001质量管理体系认证和ISO14001环境管理体系认证。在全国率先推出E0级环保标准，产品通过中国环境标志产品认证（十环认证）、FSC－COC认证、日本JIS标准F☆☆☆☆认证、美国加州CARB认证。

（5）树立绿色形象

木地板属于耐用消费品，消费者对该行业平时关注少，加之产品的同质化，消费者对该行业的产品存在选择困难。大亚圣象以生产的产品为根本，一方面，大亚圣象不断根据消费者需求，突出“绿色”，狠抓产品质量，一丝不苟地做好细节，坚持产品领先；另一方面，大亚圣象不断持续投入大量人力、物力和财力，借助“三农、环保、教育、慈善、赈灾”等公益活动，在积极回报社会的同时，树立企业的绿色形象，使公司的品牌知名度和美誉度得到进一步提高，起到对消费者的“拉引效应”。作为中国木地板行业的龙头企业，大亚圣象捐助希望小学、设立助学基金，为贫困地区生活困难的学子捐款、捐物以传递绿色关怀。从2011年开始，大亚圣象在全国陆续推进“绿校园”公益活动，助力50所希望小学实现了校园绿化，给成千上万的孩子送去了绿色爱意。

8.2.3 拓展绿色横向合作

（1）强强联合，优势互补

大亚圣象与美国安德森硬木地板公司实施强强联合，一方面，共享先进技术和前沿生产工艺；另一方面，加强卖场设计和营销合作，在国际高端多层实木地板领域获得了全球第一的制造能力和销售市场。在国内，大亚圣象与上海怡黄木业有限公司（以下简称怡黄木业）建立了战略合作伙伴关系，成立了大亚好生活人造板饰面基地，借助怡黄木业高端环保板材的集成配送优势，推广圣象优质系列木质板材和木地板产品，达成双赢。

（2）合作研发，成果丰硕

大亚圣象与科研院所、高等院校建立了良好的合作关系，广泛开展产品设计、生产技术、加工工艺、材料研发等多方面的研发合作，成功取得了一系列研发成果，并且保持了与世界级研发机构、全球行业领军者的“同频共振”。这一系列的主要合作研发成果包括“超低甲醛释放量中高密度纤维板的制造方法”，获得中国木材与木制品流通协会专利金奖；“农林剩余物功能人造板低碳制造关键技术与产业化”，荣获国家科技进步二等奖。针对我国人造板工业的高环境污染风险和突出的安全问题，围绕纤维板生产尾气中污染物的减控，研究细微颗粒物与有机挥发物（VOC）净化机理与减量化关键技术，开发纤维板生产排气净化的成套技术装备；针对生产性粉尘燃爆防控，研究木质粉尘燃爆的诱发因子和燃爆特性，研究粉尘燃爆和灾害控制的关键技术与装备，实现行业的安全生产。

8.3 企业绿色成果产出

8.3.1 获取的绿色专利

大亚圣象非常重视产品开发和技术创新在生产经营过程中的核心作用，不断加大科研的投入力度，通过建设自主研发中心，先后设立博士后科研工作站、省级技术中心、工程中心，拥有行业内首家经国家认证的地板实验室，聘请行业专家和技术骨干组成科研队伍，持续对产品设计、生产工艺进行改进与完善，成功获取多项“绿色专利”。

公司有关绿色环保专利申请情况（2015—2019 年）如表 8 - 6 所示。

表 8 – 6　　公司有关绿色环保专利申请情况（2015—2019 年）

年份	技术创新及专利
2015	实木复合地板及其制造方法——以天然木皮制成的单板为面板，以各种硬杂木加工余料组合成的板块为基材，经过胶合等工序制作而成。具有节约林木资源，提高木材利用率，制造的产品尺寸稳定性好，更环保，工艺简单等优点
2016	同树种三层实木复合地板的生产工艺——由表板、芯板和背板组成，三者为材质相同的同种木材按纵横交错的纹理压制成一体，克服了独体实木容易变形的缺点，适用于地热环境中。有利于合理利用珍贵木材、提高出材率、减少木材资源浪费
	拼花重组竹木地板及其生产工艺——以重组竹材为表板，竹材综合利用率达到 90% 以上，具有天然木质感，集竹材天然流畅外观和三层实木地板优良稳定性于一体，开裂率降低 10% ~15%
2017	多层实木复合地板及其加工方法——具有节约林木资源，提高木材利用率的优点，同时加工的多层实木复合地板板面视觉效果丰富，立体感强，绿色环保，成本低廉
	一种炭化速生桉木板材的制造工艺——使用速生桉木的边角余料，经炭化改性，采用榫接方式制作大幅面板材。改良速生桉木材材性，提高利用价值，提高木材资源利用率，减少木资源浪费
2018	一种竖木地板制造方法——将截锯料料头、小径材、集成材加工成竖木地板，具有提高木材利用率，促进装饰材料多元化，增加企业效益的优点
	实木复合地板及其制造方法——以天然木皮制成的单板为面板，以各种硬杂木加工余料组合成的板块为基材，经过胶合等工序制作而成。具有节约林木资源，提高木材利用率，制造的产品尺寸稳定性好，更环保，工艺简单等优点
2019	一种无醛可深度饰面中高密度板及其制造方法——采用生物质胶黏剂和无醛胶黏剂，不添加固化剂、防霉剂等助剂，通过两次施胶法，从根源上杜绝甲醛污染，实现生产无醛化、产品无醛化
	一种双组分环保型胶黏剂及其制备工艺——双组分聚氨酯胶黏剂，组分中不含甲醛，胶接强度、持久性能均与含甲醛类的胶黏剂相似；原料成本较低，配制工艺简单，使用方便，能够替代含甲醛的胶黏剂

资料来源：作者整理。

8.3.2 取得的绿色绩效

绿色绩效是企业绿色效益提升的可观测的结果。大亚圣象积极采取绿色行动提高企业的绿色绩效。具体方式包括改进工艺，建立污水、热能、能耗循环体系和定额指标，对高能耗点进行管控，通过研发和工艺改进，以及对现有设备技术改造，降低能源和资源消耗。

（1）提高木材利用率

大亚圣象积极倡导林木资源可持续发展理念，在具体实践中积极开发资源再利用的木地板产品。在木地板制造加工的全生命周期过程中，充分利用小径材、枝丫材、小规格刨切材、加工剩余物、边角料，以及城市绿化树淘汰下来的树枝、细条等为原料压制而成人造板，使这些“劣质”资源得到再利用，将木材利用率提高 20% 以上。实现了“小材大用”和“劣材优用”，在提高木材综合利用率的基础上降低了制造成本。

（2）建立污水循环体系

大亚圣象在生产过程中制订了污水处理流程，使其日常产生的废水经物理及生化处理后达到污水排放标准，其生产线产生的污水大部分经处理后可以循环使用。部分污水经生化处理后，化学需氧量（COD）指标降低到 100 以下方能排入城市污水管网，减少了水污染。通过建立污水循环系统，污水循环利用效果显著，河水净化水全面替代生产用自来水，公司年节约清洁水量达 37 万吨。

（3）建立热能循环系统

大亚圣象采用先进的热能循环系统，将能源中心燃料由煤炭改为收集起来的边角料等废弃物，烟囱里排出的几乎只有水蒸气，真正达到“废料零排放”。通过余热蒸气发生器产生的蒸气还可以供给生产线。高效的处理使公司全年可减少使用标准煤 1. 89 万吨，减少二氧化碳排放 6. 7 万吨；单位产品二氧化碳排放量由 0. 433 吨降低到 0. 4 吨以内。

（4）建立能耗循环体系

大亚圣象运用现代化的信息手段对整个产业链运作进行科学管理，相较于循环经济试点工作前，单位电耗从 315 度/平方米降至目前 250 度/平方米，以年产 32 万平方米产品计算，该企业年节电量 2100 万千瓦时，节电 19%。

8.4 企业产品销售收入的预测

运用第六章建立的系统动力学模型，本节继续对 2015—2025 年木地板产品销售收入进行模拟仿真，系统运行结果如图 8-1 所示。图中横坐标为以年为单位的时间刻度，纵坐标为企业木地板的销售收入。

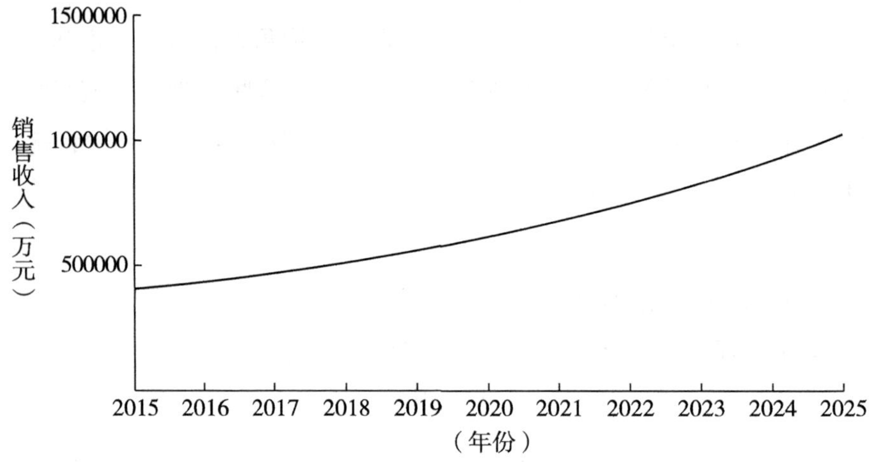

图 8-1 木地板产品销售收入仿真预测

其中，2015—2018 年数据可用来对比“仿真数据”与“实际数据”的误差结果以检验模型的稳定性。运行模型得到 2015—2018 年木地板产品销售收入变量的预测值分别为 400960 万元、431869 万元、466938 万元和 507353 万元。经计算，与实际值的误差率分别为 1.8%、2.81%、5.33% 和 0.53%，证明以上模型的拟合度较好，适应性较强，能够反映实际变化情况。

继续应用该系统动力学模型对大亚圣象 2019—2025 年的木地板产品销售收入进行预测，木地板产品销售收入变量的预测值如表 8-7 所示。

表 8－7　　2019—2025 年木地板产品销售收入预测

变量值 \ 年份	2019	2020	2021	2022	2023	2024	2025
预测值（亿元）	55.41	60.81	67.02	74.15	82.32	91.64	102.25

资料来源：作者计算。

应用该系统动力学模型所测算出的预测结果表明企业在未来七年内销售收入呈现增长趋势，如果仍以产品销售收入作为企业成长的重要指标，大亚圣象继续实施绿色产业链战略，可以认为大亚圣象在未来几年仍将继续保持绿色成长态势。

8.5　大亚圣象绿色成长小结

大亚圣象作为实施绿色成长的典型木地板制造企业，在“量”的成长方面，通过研究其近几年的销售业绩可以看出，其主营产品木地板和人造板产品的销售量、销售额均保持稳定并持续小幅上升趋势。在“质”的成长方面，大亚圣象始终坚持“绿色、环保、健康”的理念并将其根植于生产经营中的每个细节。通过实施重构和整合绿色产业链战略，一方面，与产业内企业、高等院校、科研院所以及各种服务机构开展了广泛横向合作，对产业链环境中“竞合”关系和“支撑”关系进行了极好的诠释。另一方面，严格选取合作企业形成某种意义上的企业联盟，并将其共同纳入企业绿色产业链之中。产业链上下游企业通过加强纵向合作，把为消费者提供优质、环保、健康的木制产品的承诺落到实处。

本书第 5 章对木地板制造企业的绿色成长力进行了评价，大亚圣象排名第一，该结果也反映了大亚圣象较高的“绿色努力”程度。综合考量大亚圣象成长的“量”与“质”，可以认为大亚圣象的成长体现了企业绿色成长的实质，为木地板制造企业树立绿色环保意识起到了积极的示范作用，也为木地板制造企业的绿色成长树立了标杆。

大亚集团与圣象集团正式结为战略合作联盟的实践为产业链纵向合作提

供了成功范例。产业链内核心企业通过整合产业链上下游环节及产业网络资源，可以使企业减少与上下游之间不必要的环节，降低交易费用，改善与供应商和客户的关系，避免零和博弈，实现双赢结果（程李梅和王哲，2011）。整条供应链上的企业是追求自身利益最大化的理性主体（赵一平等，2008）。大亚集团与圣象集团正式结为战略合作联盟正是基于实现产业链整体经济利益最大化的考量。

本书第 7 章在用博弈论分析木地板制造产业链上下游企业间绿色协同，以及产业链上下游合作企业稳定性时，提出绿色协同是一个长远的策略，因而注重取得长远收益的产业链上下游企业更加倾向于绿色协同，且这种合作关系较为稳定、不容易被打破。“大亚”人造板作为“圣象”木地板的上游供应商实施强强联手合并为大亚圣象，强化了木材资源的合理利用，有效降低了生产运营成本，进一步提升“圣象”木地板和“大亚”人造板的品牌价值，从实践方面验证了上述结论的可信性。

8.6 本章小结

本章以大亚圣象家居股份有限公司作为案例分析的对象。首先介绍了大亚圣象的生产经营状况，其作为我国林业重点龙头企业，大亚圣象取得了良好的经营业绩，木地板产品产量及销售收入多年稳居行业首位。然后本章继续从实施绿色纵向治理、拓展绿色横向合作，以及企业绿色成果产出等方面对大亚圣象基于绿色产业链的企业成长实践进行了分析和总结，并预测了木地板产品销售收入，得出大亚圣象在未来七年仍将继续保持绿色成长态势的结论。大亚圣象是践行绿色成长方式的典型企业，从而从实践角度验证了“绿色成长动力因素→企业绿色行为意愿→企业实施绿色行为→企业收益增加→企业实现绿色成长”假设的合理性。

9 研究结论、对策建议与不足之处

9.1 研究结论

本书在绿色发展引领我国制造业转型升级的时代背景之下，依托现代经济学、管理学、博弈论、协同理论的基本原理，运用文献研究法、数量分析法、实证分析法和综合分析法等研究方法，以木地板制造企业的绿色成长问题为研究对象，把研究视角从单一企业拓展到产业链及其环境。根据本研究提出的“现状—动力—行为”的分析架构，在对木地板制造企业绿色成长的产业链环境现状进行分析的基础上，运用DEMATEL方法识别出木地板制造企业绿色成长的影响因素；建立木地板制造企业的绿色成长力评价体系，并采用熵值法、层次分析法、TOPSIS法和模糊综合评价法进行定量评价；应用灰色关联分析法选取代表性企业对绿色投入与企业成长的相关性进行验证；运用系统动力学和博弈论方法对产业链环境下木地板制造企业绿色成长的动力机制和行为机制进行了较为深入的分析；最后选取大亚圣象作为典型企业进行案例分析。得出的主要结论如下。

①运用DEMATEL方法对木地板制造企业绿色成长影响因素进行识别。研究发现，绿色市场需求、环境标准约束、政府政策支持、市场竞争状况、产业链绿色协同和绿色技术进步6个因素为“原因性”影响因素；而企业绿色行为意愿、绿色战略制定与执行、绿色投入强度、产品绿色质量、企业绿色形象、技术人员数量和专利申请数量等影响因素则属于“结果性”影响因素。在此基础上提出绿色市场需求、环境标准约束、政府政策支持、市场竞争状况、产业链绿色协同和绿色技术进步6个影响因素为企业绿色成长提供最重

要的外部动力支持，成为木地板制造企业绿色成长的动力因素，为后续章节研究木地板制造企业绿色成长动力机制奠定基础。

②建立木地板制造企业的绿色成长力评价指标体系并进行定量评价。依据木地板制造企业绿色成长影响因素的概念模型及 DEMATEL 方法的研究结果，在科学性、完备性、系统性、可操作性、定性与定量相结合、静态和动态相结合，以及兼顾“财务成长力指标”和“绿色成长力指标”的设计原则的指引下，从企业实力、绿色投入、绿色管理、绿色输出和财务绩效等五个维度构建了木地板制造企业绿色成长力评价指标体系；并采用熵值法与层次分析法确定综合权重；运用 TOPSIS 法、模糊综合评价法、专家打分法、文本挖掘法等对 4 家木地板上市企业的绿色成长力进行了定量评价。4 家木地板制造企业绿色成长力排名顺序依次为大亚圣象、扬子地板、菲林格尔和德尔未来。

③选取“绿色努力”程度最高的木地板制造企业来验证企业绿色投入与企业成长的相关性。由于上市企业样本极少，相关研究无法运用传统的数理统计方法对该问题进行定量分析，故选用灰色关联分析法对其进行验证分析。选择木地板产品的年销售收入为因变量来代表企业在“量”上的成长情况；选择研发经费投入强度、技术人员占比、政府补助中的企业扶持资金、企业专利申请数量、发明专利数量，以及通过计算可以获得的单位生产能耗等有客观数据支撑的因素作为自变量。分析结果显示，作为自变量的因素均与因变量有较为显著的关联性，即研发经费投入强度、技术人员占比、政府补助中的企业扶持资金、企业专利申请数量、发明专利数量和单位生产能耗等因素均与木地板制造企业的绿色成长密切相关。

④分析绿色成长动力的作用机理并提出木地板制造企业绿色成长的动力机制。本研究首先提出基于“动力要素—动力系统—动力机制”的制造企业绿色成长动力机制分析思路。从产业链整体视角出发，以识别出的 6 种动力因素为依据，提炼出“产业链间竞争”和“产业链内协同”两种动力，它们与绿色需求、政府政策、环境标准和技术进步一起构成木地板制造企业绿色成长的动力因素，并将其进一步转化为木地板制造企业的绿色

成长动力：政府政策推动、环境标准约束、绿色需求拉引、技术进步支持、链间市场竞争和链内绿色协同。在对木地板制造企业绿色成长的外部动力耦合分析的基础上，应用系统动力学理论，建立“政策—标准”“绿色需求”“协同—竞争”和“绿色技术”四个子系统，并对上述子系统的作用机理进行分析，提出木地板制造企业绿色成长的利益驱动机制、监督惩罚机制、市场倒逼机制、协同竞争机制、合作伙伴选择机制和学习创新机制。最后，通过构建系统动力学仿真模型进行仿真验证，并提出加大绿色投入力度、提高技术研发效率和努力提高购买转换率的建议。

⑤木地板制造企业的绿色成长行为博弈机制研究。在对木地板制造产业链环境中的行为主体及其行为博弈关系进行分析的基础上，归纳出木地板制造产业内部企业之间的行为博弈、木地板制造企业与上下游企业之间的行为博弈，以及产业链、政府和消费者之间的三方行为博弈。主要运用演化稳定策略与动态复制方程的研究方法，构建两人对称演化博弈、两人非对称演化博弈、无限次重复博弈模型进行主体间的博弈分析。两人对称演化博弈和两人非对称演化博弈分析的结果表明，采用绿色新技术会给企业带来很大利益，因此木地板制造企业倾向于采用绿色新技术。产业链上下游企业间绿色协同的博弈关系分析结果表明，上游企业与木地板制造企业之间的稳定均衡一般不会被轻易打破，产业链上下游企业间更加倾向于绿色协同，实现共赢。产业链、政府和消费者之间的三方行为博弈分析表明，该博弈的一个稳定均衡点为消费者选择购买绿色产品，产业链选择绿色生产，政府选择监管；并就消费者效用、产业链绿色生产效益和政府监管隐性收益变化对演化博弈稳定性的影响进行了分析，提出增加消费者绿色需求、保证产业链绿色收益和提高政府监管效率的政策建议。

⑥进行案例分析的实证研究。以典型企业作为案例研究对象，对其绿色行为实践进行归纳总结，进一步验证“绿色成长动力因素→企业绿色行为意愿提高→企业实施绿色行为→企业收益增加→企业实现绿色成长”这一链条假设的合理性。

9.2 对策建议

当前，我国的资源消耗与能源短缺情况日益严重，环境污染与生态退化问题依然严峻。从产业链视角看，单个企业所面对的外部环境日益复杂多变。一方面，企业面临的竞争日趋激烈，传统的竞争方式也由原来单纯的企业与企业之间“点”式竞争，转变成产业链与产业链之间的竞争。另一方面，企业之间的合作也更加密切。企业必须依托产业链等外部网络获取有利于企业成长的资源，创造企业自身的竞争优势。政府、行业和企业应加大技术创新投入的力度，开展以节约资源、降低能耗和减少污染物排放为目标的科学技术研究和技术创新（吴垠和王雪梅，2011）。对于中国木地板制造企业来说，需要政府、木地板制造企业及其产业链三方协同推进，走出一条低能耗、高产出、少污染的绿色成长之路。

9.2.1 注入企业绿色成长的持久动力

第一，强化绿色协同。企业应该更多地在上下游产业链上实现成本转移和产品附加值提升，实现价值创造、重塑竞争优势（熊少华和杨红伟，2013）。木地板制造企业同产业链上下游企业加强纵向合作，加速完成从原材料供应到生产制造，再到销售与铺装服务各个环节、各种资源的有效整合，保证原材料供应，拓展市场空间，加强品牌建设，统筹全局发展，提高产业链的稳定性，共同抵御不确定性带来的环境风险。

第二，加强绿色研发。绿色研发是企业实施绿色制造、提供绿色产品、塑造绿色形象的关键举措。针对制约企业绿色成长的关键技术难题，提出绿色技术研发需求，开展关键技术的联合攻关，形成企业自身、链上其他环节的企业、研究机构共同参与、共同投入、利益共享、风险共担的绿色技术协同开发机制。强化企业间的学习交流，带动整个产业链的绿色技术创新。

第三，共享绿色成果。打破“资源难整合、成果不共享”的发展困境，构建绿色技术转化与推广中心，推动绿色技术成果的传播与扩散，使产业链上所有参与其中的合作企业都能够共享绿色技术的最新成果和绿色实践中的成功经验，合理分享绿色收益，获取相应的竞争优势，产业链上合作企业实现共赢式发展，从而带动整个产业链条形成协同共赢的合作格局。

9.2.2 激励企业绿色成长的实践行为

第一，勇于进行绿色实践。企业应以绿色发展观为统领，构建绿色企业文化，塑造绿色企业形象。将绿色生产贯穿于企业经营活动的各个环节，把减少污染物排放与残留、降低材料与能源能耗等环保措施落实到位，在绿色材料、绿色设计、产品开发、清洁生产、绿色营销、绿色铺装等方面用行动作出表率。

第二，积极实施绿色管理。企业应实施供应商资格审核和绿色采购制度，保证原材料的绿色质量；制定产品绿色质量检验标准并严格执行，杜绝不合格产品流入市场。推广节能减排措施，支持企业引进绿色技术、改进生产工艺、购买先进设备，持续改善环境质量，最大限度降低环境危害。积极开展绿色评价，推行企业年度绿色报告制度，扎实推进过程管理。

第三，构建激励机制。激励政策与“绿色绩效”直接挂钩并实施动态跟踪措施。在产业链内部，根据合作企业以往履约情况和服务质量，实行分级管理，级别越高，相应的激励政策的力度就越大。对达不到绿色标准的企业提出限期整改要求，对严重不达标企业给予踢出产业链的惩罚。

9.2.3 营造企业绿色成长的外部环境

第一，完善环境标准。行政规制和污染监管两种环境规制对于绿色经济绩效具有非常显著的正向促进作用（王丽霞，2018）。对于企业来说，当前，一方面，应尽快熟悉国际环境标准并积极开展认证工作；另一方面，应尽快制定与国际接轨的国内环境与实施污染物排放标准、绿色能耗标准，以及加快完善重金属、有机挥发物、危险废物、持久性有机污染物、放射性污染物检测方法的行业标准，使企业在生产经营过程中“有法可依”。

第二，提高监管能力。企业应尽快建立多方联动机制，明确各方的监管责任，形成多层次、多渠道的协同监管体系；鼓励社会组织、公众共同参与对企业生产经营行为的监督。提高环境监管队伍的业务素质和监管能力，建立信息披露与追溯倒查机制，提高企业恶意破坏环境行为的违法成本，形成强有力的威慑力量，给予企业以持续的“绿色”压力。

第三，发挥政府职能。政府可以充当“媒人”的角色，给予开发绿色技术和提供绿色产品的企业以必要的政策激励（Susse 等，1992）。一方面，各级政府发挥应有的职能，对于积极践行绿色制造并起到表率作用的企业给予税收减免、低息贷款或必要的财政补贴奖励，用来补偿企业因绿色投入带来的成本提高，以及彰显大力倡导并积极推进绿色发展的政府担当形象。另一方面，政府应加大绿色投入力度，为制造企业的绿色成长提供良好的软、硬件环境。

9.3 不足之处

①研究数据获取困难。本书以木地板制造企业及其产业链为研究对象，但由于木地板制造企业中上市企业过少，不利于运用传统统计方法进行统计分析。今后可以把研究企业扩展到家居、家具或木业企业，从更广的角度研究企业的绿色成长机制问题。关于木地板制造企业绿色成长问题的研究，学者研究成果相对稀缺，可参考的文献有限，为研究带来不利影响。但更为不利的是研究数据获取的不易，由于上市企业分别属于不同的证券公司，企业年报格式不一、统计口径不同，企业在经营过程中往往经历剧烈主权变动、主营业务变动使数据获取更加困难。而且木地板上市企业均没有相应的社会责任报告披露，致使绿色绩效计算十分困难。

②评价指标选取局限。对木地板制造企业的绿色成长力进行定量测度仅仅是一种探索，评价指标体系的构建和指标的选取受到多种因素影响，由于存在研究数据、参考资料和研究基础的局限，指标体系设计及选取仍然存在不足，本研究选取指标也必然考虑了可获得性的因素，多从上市企业的企业年报中获得，一方面，需要上市企业环境信息披露制度更加完善，另一方面，

要深入中小企业广泛开展实地调研，才能确保其可以客观反映产业整体状况。因此，评价指标体系还有进一步修正的空间。

③实证研究有待深化。针对木地板制造企业绿色成长的实证研究难度较大，除了数据获取不易、数据质量不高的困难之外，某些影响因素的量化也是难点，如何找到更加科学的量化方法是今后努力的方向。特别是如何借助仿真软件、统计软件从实证研究的角度对制造企业绿色成长动力进行更加科学的分析，使结果输出更加直观是未来研究的重点。

④研究视角拓展不足。本书提出的基于产业链的分析视角还可以进一步拓展，特别是在产业链之间横向的竞争与合作方面进行更加深入的研究。

9.4 本章小结

本章首先对研究结论进行了系统总结，其次提出相应的对策建议，主要包括注入企业绿色成长的持久动力、激励企业绿色成长的实践行为和营造企业绿色成长的外部环境，最后针对本研究的不足之处进行了补充说明。

参考文献

[1] 内勒巴夫，布兰登勃格．合作竞争［M］．合肥：安徽人民出版社，2000.

[2] 安志蓉，丁慧平，侯海玮．环境绩效利益相关者的博弈分析及策略研究［J］．经济问题探索，2013（3）：30－36.

[3] 白世贞，郑佳，吴绒．农产品绿色生产与绿色消费协同演化博弈分析［J］．江苏农业科学，2017，45（10）：316－319.

[4] 曹娣．企业绿色行为演化机理及影响因素研究［D］．泰安：山东农业大学，2019.

[5] 曹霞，张路蓬．环境规制下企业绿色技术创新的演化博弈分析——基于利益相关者视角［J］．系统工程，2017，35（2）：103－108.

[6] 曹欣婷．大型化工工程项目物流承包商的评价与选择研究［D］．上海：上海交通大学，2011.

[7] 曾海燕．新型科技研发组织网络能力与资源整合研究［J］．科技进步与对策，2015，32（2）：14－19.

[8] 曾江洪，刘诗绮，李佳威．多元驱动的绿色创新对企业经济绩效的影响研究［J］．工业技术经济，2020，39（1）：13－22.

[9] 曾有权．阔叶材在中国木地板企业的应用与需求趋势［J］．国际木业，2015，45（10）：4－7.

[10] 曾志伟．企业成长浅论［J］．南京经济学院学报，1999（6）：58－60.

[11] 陈宝胜，张陆洋．绿色建筑产业链投资价值评价指标体系的构建及应用［J］．广东社会科学，2015（2）：31－37.

[12] 陈长彬，陈泉，盛鑫．供应链合作关系稳定性的博弈分析［J］．工业技术经济，2015，34（2）：55－62.

[13] 陈劲．国家绿色技术创新系统的构建与分析 [J]．科学研究，1999 (3)：37-41.

[14] 陈柔霖，田虹．组织环境认同对企业绿色竞争优势的影响研究 [J]．科学研究，2019，37 (2)：329-337，374.

[15] 陈霞，马连福．公司治理水平、企业成长与企业价值的关系研究：内部控制视角 [J]．预测，2015，34 (6)：28-32，50.

[16] 陈国卫，金家善，耿俊豹．系统动力学应用研究综述 [J]．控制工程，2012，19 (6)：921-928.

[17] 陈小青．电子行业绿色供应链管理实施的系统动力学研究 [J]．绿色科技，2012 (10)：184-186，189.

[18] 陈晓芳．"绿色—科技"耦合视角下金融促进高新技术企业成长研究 [J]．福州党校学报，2017 (4)：47-52.

[19] 陈兴红，武春友，匡海波．基于 VAR 模型的绿色增长模式与企业成长互动关系研究 [J]．科研管理，2015，36 (4)：154-160.

[20] 陈兴红．企业绿色增长的形成机制研究 [D]．大连：大连理工大学，2018.

[21] 陈艳春，韩伯棠，张宏雷．绿色技术溢出内在动力与影响因素研究 [J]．河北工业大学学报，2012，41 (6)：105-110.

[22] 陈玉川．区域产业链创新能力管理初探 [J]．特区经济，2007 (7)：242-244.

[23] 陈泽文，曹洪军．绿色创新战略如何提升企业绩效——绿色形象和核心能力的中介作用 [J]．华东经济管理，2019，33 (2)：34-43.

[24] 陈宗仕，郑路．诱发抑或分散：企业社会责任与企业研发投入 [J]．社会学评论，2019，7 (5)：25-40.

[25] 成琼文，周璐．基于系统动力学的绿色供应链管理实践路径仿真 [J]．科技管理研究，2016，36 (23)：226-231.

[26] 程宝栋，宋维明，田明华．2009 年我国木材产品进出口贸易分析——兼论后危机时代我国木材贸易发展策略 [J]．北京林业大学学报（社会

科学版)，2010，9（4）：90－93.

[27] 程李梅，王哲．产业链内核心企业价值评价研究［J］．中国科技论坛，2011（4）：67－73.

[28] 程宇航．论绿色发展的产业基础：生态产业链的构建［J］．求实，2013（5）：37－40.

[29] 褚湛．“绿色管理”理念下企业环境责任探析［J］．现代管理科学，2017（7）：115－117.

[30] 从少平．沈阳市成长型科技中小企业识别研究［D］．沈阳：东北大学，2008.

[31] 崔春．企业环境责任评价模式与效应研究［J］．技术经济与管理研究，2018（8）：56－60.

[32] 董秋云．供给侧结构性改革背景下的制造业绿色转型路径探讨［J］．生态经济，2017，33（8）：129－133.

[33] 杜灿．新泰市森林资源保护与区域经济协调发展研究［D］．泰安：山东农业大学，2014.

[34] 范宝学，王文姣．煤炭企业环保投入、绿色技术创新对财务绩效的协同影响［J］．重庆社会科学，2019（6）：70－82.

[35] 方陈承，张建同．绿色供应链管理对企业绩效的影响——一项元分析研究［J］．科技管理研究，2017，37（24）：234－240.

[36] 方齐云，郭炳发．演化博弈理论发展动态［J］．经济学动态，2005（2）：70－72.

[37] 方世南．生态文明与企业的环境责任［J］．中共云南省委党校学报，2007（6）：73－76.

[38] 冯婧，李素侠，张雪花．基于系统动力学的新兴绿色产业链价值增值研究［J］．科技管理研究，2019，39（22）：268－274.

[39] 冯之浚，牛文元．低碳经济与科学发展［J］．中国软科学，2009（8）：13－19.

[40] 付维宁．绿色管理与企业可持续成长［J］．大连理工大学学报（社会科

学版)，2003 (3)：57 – 61.

[41] 高波．基于 DPSIR 模型的陕西水资源可持续利用评价研究 [D]．西安：西北工业大学，2007.

[42] 管亚梅，陆静娇．利益相关者压力、企业环境伦理与绿色创新绩效的关系研究 [J]．江苏社会科学，2019 (3)：67 – 75.

[43] 贯君．制造企业绿色创新的影响机理及行为演化研究 [D]．哈尔滨：哈尔滨工程大学，2017.

[44] 郭彬，梁江萍，刘引萍．绿色供应链环境下基于 ANP – TOPSIS 的供应商评价与选择研究 [J]．科技管理研究，2015，35 (11)：229 – 234.

[45] 郭斌．绿色需求视角的企业绿色发展动力机制研究 [J]．技术经济与管理研究，2014 (8)：43 – 46.

[46] 郭承龙，张智光．基于成本视角的林业绿色供应链形成动力的探讨——以林纸一体化为例 [J]．软科学，2011，25 (7)：38 – 41.

[47] 郭慧芳，莫连光．灰色关联理论运用于农民收入分析的研究 [J]．财贸研究，2007 (1)：31 – 37.

[48] 郭蕊，张雁，吴欣．论企业可持续成长能力的内涵与评价方法 [J]．软科学，2005 (6)：79 – 82，93.

[49] 郭元珍，孙雅．新疆本土企业低碳成长影响因素及对策研究 [J]．新疆社会科学，2014 (6)：45 – 50.

[50] 贺汇文，杜明东，江松．基于系统动力学模型的矿业绿色循环发展路径探究 [J]．中国矿业，2018，27 (3)：75 – 80，109.

[51] 侯建，陈恒．中国高专利密集度制造业技术创新绿色转型绩效及驱动因素研究 [J]．管理评论，2018，30 (4)：59 – 69.

[52] 胡俊南，王宏辉．重污染企业环境责任履行与缺失的经济效应对比分析 [J]．南京审计大学学报，2019，16 (6)：91 – 100.

[53] 胡忠瑞．企业绿色技术创新的动力机制与模型研究 [D]．长沙：中南大学，2006.

[54] 黄妍莺．企业绿色投资的利益相关者管理 [J]．中国科技论坛，2019

(9)：121－126，145.

[55] 黄永春，谢名洋．白砂糖灰分影响因素的灰色关联度分析［J］．中国甜菜糖业，2002（1）：3－4.

[56] 江汉臣，邓晓梅，强茂山．建筑市场业主和承包商行为策略演化博弈分析［J］．建筑经济，2015，36（8）：97－101.

[57] 姜英兵，崔广慧．企业环境责任承担能够提升企业价值吗？——基于工业企业的经验证据［J］．证券市场导报，2019（8）：24－34.

[58] 姜雨峰，田虹．利益相关者压力对企业社会责任影响研究——一个调节中介效应模型［J］．苏州大学学报（哲学社会科学版），2015，36(2)：110－118.

[59] 蒋雨思．外部环境压力与机会感知对企业绿色绩效的影响［J］．科技进步与对策，2015，32（11）：72－76.

[60] 焦彦东，王大庆，王江丽，等．基于产业成长理论分析国外绿色农业的发展［J］．世界农业，2013（10）：90－93.

[61] 解学梅，霍佳阁，王宏伟．绿色工艺创新与制造业行业财务绩效关系研究［J］．科研管理，2019，40（3）：63－73.

[62] 金盾．关于钒工业水污染物排放标准的研究［D］．沈阳：东北大学，2008.

[63] 鞠晴江，王川红，方一平．基于环境责任的企业绿色技术创新战略研究［J］．科技管理研究，2008，28（12）：9－12.

[64] 康玲，李卉．J纸业公司环境业绩评价指标体系设计［J］．会计之友，2017（5）：78－84.

[65] 李本松．新常态下绿色化的内涵解析及其实践要求［J］．理论与现代化，2016（1）：30－36.

[66] 李冬伟，张春婷．环境战略、绿色创新与绿色形象［J］．财会月刊，2017（32）：3－10.

[67] 李凤欢．以协同创新促进我国企业可持续成长研究［D］．郑州：郑州大学，2013.

［68］李海超，衷文蓉．我国区域创新系统中高新技术企业成长力评价研究［J］．科技进步与对策，2013，30（2）：130－133.

［69］李洪伟，王炳成，马媛．绿色产品开发的制约因素分析［J］．生态经济，2008（12）：47－53.

［70］李洪伟，王炳成，宋平．绿色产品开发的系统动力机制分析研究［J］．长春理工大学学报（社会科学版），2008（6）：67－71.

［71］李季芳．供应链节点企业竞争合作博弈分析［J］．理论学刊，2014（4）：65－69.

［72］李建钢，李秉祥．创新型企业成长动力机制的系统动力学解释［J］．科技管理研究，2014，34（19）：137－140.

［73］李健，刘帅．钢铁行业绿色经济效益测评——以宝钢为例［J］．软科学，2019，33（7）：94－98.

［74］李军波，蔡伟贤，王迎春．企业成长理论研究综述［J］．湘潭大学学报（哲学社会科学版），2011，35（6）：19－24.

［75］李昆，彭纪生．基于市场诱致作用的绿色技术扩散层面与动力渠道研究［J］．软科学，2010，24（1）：1－7.

［76］李丽君，汪星星．基于消费者绿色偏好的供应链合作策略研究［J］．工业技术经济，2019，38（11）：13－22.

［77］李玲，王小娥．基于 DEMATEL 方法的农业绿色化转型影响因素分析——以福建省为例［J］．南京理工大学学报（社会科学版），2018，31（2）：50－56.

［78］李锐，郝庆升，高可．基于耗散结构理论的玉米深加工企业成长动力的协同机理研究［J］．中国农机化学报，2014，35（6）：340－344.

［79］李伟．产业链环境责任及其驱动机制［J］．学术界，2016（4）：223－229，328.

［80］李卫宁，吴坤津．企业利益相关者、绿色管理行为与企业绩效［J］．科学学与科学技术管理，2013，34（5）：89－96.

［81］李文，孙长江．企业的环境责任与传统会计面临的挑战［J］．经济研究

参考，2005（50）：42－44.
[82] 李先江．新服务企业绿色创业导向、绿色动态能力与企业成长的关系［J］．财经论丛，2014（2）：79－84.
[83] 李晓英．餐饮业绿色供应链管理实践影响因素的 Grey－DEMATEL 分析［J］．哈尔滨商业大学学报（社会科学版），2013（6）：114－121.
[84] 李旭辉，江奎．基于灰色关联分析的农村信息化水平系统评价研究［J］．吉林工商学院学报，2014，30（1）：81－85.
[85] 李旭升，陈鑫，石朝锋．基于进化博弈的生态建筑项目开发商群体行为研究［J］．资源开发与市场，2013，29（12）：1254－1256，1283.
[86] 李滢棠，乔忠．基于委托代理理论的果蔬供应链风险分担模型［J］．中国农业大学学报，2014，19（3）：224－228.
[87] 李滢棠．果蔬绿色供应链协同决策机制研究［D］．北京：中国农业大学，2014.
[88] 梁文潮．中小企业经营管理［M］．武汉：武汉大学出版社，2003.
[89] 廖中举，李喆，黄超．钢铁企业绿色转型的影响因素及其路径［J］．钢铁，2016，51（4）：83－88.
[90] 廖中举．利益相关压力、环境创新与企业的成长研究［J］．科学学与科学技术管理，2016，37（7）：34－41.
[91] 林岩．运用供应链伙伴知识提升知识创造水平：基于专利数据的分析［J］．中国软科学，2009（9）：138－146.
[92] 刘春蓉，黄宁生，匡耀求．循环绿色食品产业集群生成的动力与行为主体博弈分析［J］．生态经济，2012（1）：150－156.
[93] 刘刚．我国制造业绿色创新系统动力因素与绿色创新模式研究［D］．哈尔滨：哈尔滨工程大学，2015.
[94] 刘戈，菅卿珍，尤涛．基于循环经济的绿色建材产业链进化博弈分析［J］．科技管理研究，2014，34（5）：144－148.
[95] 刘会燕，戢守峰．考虑产品绿色度的供应链横向竞合博弈及定价策略［J］．工业工程与管理，2017，22（4）：91－99，114.

[96] 刘倩，丁慧平，侯海玮．供应链环境成本内部化利益相关者行为抉择博弈探析［J］．中国人口·资源与环境，2014，24（6）：71－76.

[97] 刘伟兵，王先甲．进化博弈中多代理人强化学习模型［J］．系统工程理论与实践，2009，29（3）：28－33.

[98] 刘汶荣．技术创新机制的系统分析［D］．长春：吉林大学，2009.

[99] 刘旭东，顾力刚，高元平，等．企业成长影响因素的相关性分析［J］．科技管理研究，2010，30（8）：241－243，234.

[100] 刘学敏，张生玲．中国企业绿色转型：目标模式、面临障碍与对策［J］．中国人口·资源与环境，2015，25（6）：1－4.

[101] 刘莹，何继新，王田．住宅产业化绿色供应链价值评价指标体系构建及其应用［J］．生态经济，2017，33（8）：90－97.

[102] 刘振元，胡树华，牟仁艳，等．“新三板”挂牌企业成长力评价探析——熵值法［J］．财会月刊，2017（32）：31－35.

[103] 楼高翔，万宁．基于供应链的技术创新协同动因研究［J］．科技管理研究，2010，30（11）：153－154.

[104] 卢岚，杨双毓．基于供应链管理的组织社会责任研究［J］．工业工程，2007（2）：31－33，37.

[105] 陆杉，李丹．基于利益博弈的农业产业链绿色化发展研究［J］．中南大学学报（社会科学版），2018，24（6）：124－131，154.

[106] 罗珉．组织间关系理论研究的深度与解释力辨析［J］．外国经济与管理，2008（1）：23－30.

[107] 吕庆华，龚诗婕．中国体育用品上市公司成长性评价研究——基于2009—2013年数据的分析［J］．体育科学，2016，36（1）：49－58.

[108] 马飞，陈宏军，杨华．基于DEMATEL方法的绿色供应链关键绩效评价指标选择［J］．吉林大学社会科学学报，2011，51（6）：126－131.

[109] 马刚．煤炭城市工业经济系统应对能源价格冲击的政策模拟研究［D］．北京：中国矿业大学，2017.

[110] 马丽荣，马丁丑，李晓帆．基于DEMATEL的甘肃特色农产品绿色物

流发展影响因素分析［J］. 物流科技，2016，39（3）：102－105.

［111］马树云. 新能源汽车整车上市企业成长性评价研究［D］. 北京：中国地质大学，2017.

［112］蒙丹，姚书杰. 全球生产网络下后发企业构建式成长机制研究［J］. 湖北社会科学，2016（4）：92－98.

［113］蒙应龙. 成都南玻的绿色增长战略研究［D］. 大连：大连理工大学，2014.

［114］倪嘉成，李华晶，李永慧. 制度导向还是市场导向？——绿色创业企业成长路径选择的案例研究［J］. 管理案例研究与评论，2015，8（3）：255－268.

［115］彭迪云，刘彩梅. 基于产业集群与全球价值链耦合视角的集群企业升级研究［J］. 南昌大学学报（人文社会科学版），2011，42（1）：52－58.

［116］彭妍，岳金桂. 基于投资结构视角的企业环保投资与财务绩效［J］. 环境保护科学，2016，42（1）：64－69.

［117］钱小瑜. 创新是中国木门的发展之道［J］. 中国人造板，2012，19（5）：1－7.

［118］乔治·恩德勒. 面向行动的经济伦理学［M］. 上海：上海社会科学出版社，2012.

［119］覃朝晖. 企业绿色采购行为动态演化博弈研究——基于利益相关者的视角：以制药企业为例［J］. 中国矿业大学学报，2020，49（3）：609－614.

［120］曲永军. 后发地区战略性新兴产业成长动力机制研究［D］. 长春：吉林大学，2014.

［121］曲永军，毕新华. 后发地区战略性新兴产业成长动力研究［J］. 社会科学战线，2014（5）：245－247.

［122］冉连. 绿色治理：变迁逻辑、政策反思与展望——基于1978—2016年政策文本分析［J］. 北京理工大学学报（社会科学版），2017，19（6）：9－17.

［123］任胜钢，项秋莲，何朵军. 自愿型环境规制会促进企业绿色创新

吗？——以 ISO14001 标准为例 [J]. 研究与发展管理，2018，30 (6)：1－11.

[124] 阮爱清，刘思峰. 基于进化博弈模型的产业集群成长研究 [J]. 科学学与科学技术管理，2008 (2)：91－95.

[125] 阮渝生. 企业绿色营销绩效的灰色系统综合评价研究 [J]. 科学学与科学技术管理，2003 (8)：46－48.

[126] 邵利敏，高雅琪，王森. 环境规制与资源型企业绿色行为选择："倒逼转型"还是"规制俘获" [J]. 河海大学学报（哲学社会科学版），2018，20 (6)：62－68，92－93.

[127] 盛丽颖，安玉发，焦长丰. 论绿色需求与绿色营销 [J]. 现代化农业，2003 (3)：39－41.

[128] 石峰. 应高度重视我国木材安全战略问题 [J]. 中国林业产业，2008 (6)：48－51.

[129] 史学家. 创业板上市公司持续性成长评价体系探析 [J]. 财会通讯，2014 (5)：36－38.

[130] 斯丽娟，王佳璐. 农村绿色发展的政策文本分析与政策绩效实证 [J]. 兰州大学学报（社会科学版），2018，46 (6)：148－157.

[131] 宋建波，李丹妮. 企业环境责任与环境绩效理论研究及实践启示 [J]. 中国人民大学学报，2013，27 (3)：80－86.

[132] 孙凌宇. 资源型企业绿色转型成长的理论框架构建研究 [J]. 青海社会科学，2013 (5)：45－50.

[133] 孙凌宇. 资源型企业绿色转型成长研究 [D]. 长沙：中南大学，2012.

[134] 孙凌宇，何红渠. 基于演化博弈的资源型企业生态产业链形成研究 [J]. 青海社会科学，2011 (2)：96－101，95.

[135] 孙庆文，陆柳，严广乐，等. 不完全信息条件下演化博弈均衡的稳定性分析 [J]. 系统工程理论与实践，2003 (7)：11－16.

[136] 孙圣兰，宁钟，单国旗. 科技孵化器对入驻企业选择多属性决策 [J].

技术经济与管理研究，2017（2）：45－50.

[137] 唐海滨．企业生命论［M］．北京：中国财政经济出版社，1993.

[138] 唐勇军，李鹏．董事会特征、环境规制与制造业企业绿色发展——基于2012—2016年制造业企业面板数据的实证分析［J］．经济经纬，2019，36（3）：73－80.

[139] 陶在朴．系统动力学入门［M］．上海：复旦大学出版社，2018.

[140] 田红娜．基于动力源的制造业绿色工艺创新模式研究［J］．学习与探索，2012（8）：116－118.

[141] 田红娜，毕克新，夏冰，等．基于系统动力学的制造业绿色工艺创新运行过程评价分析［J］．科技进步与对策，2012，29（13）：112－118.

[142] 田园．山西省装备制造业自主创新能力评价［D］．太原：太原理工大学，2014.

[143] 汪锋．企业是实施可持续发展战略的关键［J］．实事求是，1998（1）：39－41.

[144] 汪孟艳，陈通．基于企业成长视角的产学研合作创新网络研究［J］．中国农机化学报，2013，34（1）：54－57.

[145] 王长峰．基于演化博弈理论的产业集群中竞争与合作关系分析［J］．科技管理研究，2011，31（1）：176－179.

[146] 王立华．企业主体对产业转型升级影响的分析——基于复杂适应系统理论角度［J］．宏观经济研究，2013（2）：105－111.

[147] 王丽平，许娜．中小企业可持续成长能力评价及能力策略研究——基于熵理论和耗散结构视角［J］．中国科技论坛，2011（12）：54－59.

[148] 王丽平．科技型新创企业可持续成长动力机制研究［D］．天津：天津大学，2011.

[149] 王丽霞，陈新国，姚西龙，等．环境规制对工业企业绿色经济绩效的影响研究［J］．华东经济管理，2018，32（5）：91－96.

[150] 王利民，王金兰．论WTO中的绿色壁垒［J］．科技与法律，2004（3）：118－121.

[151] 王玲. 基于博弈论的供应链信任产生机理与治理机制 [J]. 软科学, 2010, 24 (2): 56-59.

[152] 王明亮. 基于博弈论的企业社会责任形成机理研究 [J]. 工业技术经济, 2013, 33 (2): 13-18.

[153] 王培然, 杨永春. 基于文本分析的西北地区工业绿色转型政策导向研究 [J]. 资源与产业, 2020, 22 (1): 69-79.

[154] 王庆喜, 宝贡敏. 社会网络、资源获取与小企业成长 [J]. 管理工程学报, 2007 (4): 57-61.

[155] 王晟. 技术创新外部性与重复技术创新博弈研究 [J]. 工业技术经济, 2012, 31 (9): 44-48.

[156] 王祥. 走中国造纸工业的循环经济发展之路 [C] //中国造纸工业循环经济论坛, 2006.

[157] 王洋, 刘志迎. 基于产业链上下游企业 "链合创新" 的博弈关系分析 [J]. 工业技术经济, 2010, 29 (5): 67-70.

[158] 王有捐, 林卫斌. 经济发展方式转变与绿色增长 [J]. 经济研究参考, 2011 (1): 3-12.

[159] 王智宁, 吴应宇, 叶新凤. 企业低碳成长的路径与策略开发 [J]. 科技进步与对策, 2011, 28 (1): 84-87.

[160] 王智宁, 叶新凤. 企业低碳成长的价值逻辑与战略匹配 [J]. 改革, 2010 (7): 134-138.

[161] 魏晓平, 李昆. 基于 "复制动态" 进化博弈理论的生态工业链接研究 [J]. 中国工业经济, 2005 (12): 49-55.

[162] 魏艳红, 曾向东, 宁平. 浅析我国的环境标准 [J]. 冶金标准化与质量, 2006 (1): 51-53.

[163] 邬爱其, 贾生华. 企业成长机制理论研究综述 [J]. 科研管理, 2007 (2): 53-58.

[164] 吴丹. 高技术企业成长绩效评价体系研究 [J]. 工业技术经济, 2015, 34 (2): 15-26.

[165] 吴绒，白世贞，吴雪艳．农产品绿色供应链协同演化机理研究［J］．科技管理研究，2016，36（3）：235－239.

[166] 吴寿仁．促进科技人员技术创新的利益机制探讨［J］．中国软科学，2000（9）：73－75.

[167] 吴渭．产业链和利益相关者视角下的农业风险研究［D］．北京：中国农业大学，2015.

[168] 吴垠，王雪梅．低碳经济视角下我国造纸产业技术创新研究［J］．中国流通经济，2011，25（7）：88－92.

[169] 吴真．企业环境责任制度体系之重建——以循环经济为视角［J］．当代法学，2008（5）：105－110.

[170] 武春友，郭玲玲，于惊涛．基于 TOPSIS－灰色关联分析的区域绿色增长系统评价模型及实证［J］．管理评论，2017，29（1）：228－239.

[171] 向中华，刘高峰，曾胜．基于灰色－模糊理论的森林木质地板生态产业链优化评价研究［J］．四川师范大学学报（自然科学版），2012，35（4）：573－576.

[172] 肖丁丁，张文峰．基于 DEMATEL 方法的绿色物流发展关键因素分析［J］．工业工程，2010，13（1）：52－57.

[173] 谢赤，樊明雪，胡扬斌．创新型企业成长性、企业价值及其关系研究［J］．湖南大学学报（社会科学版），2018，32（5）：58－64.

[174] 谢识予．经济博弈论（第三版）［M］．上海：复旦大学出版社，2014.

[175] 谢识予．有限理性条件下的进化博弈理论［J］．上海财经大学学报，2001（5）：3－9.

[176] 熊光蔚．信息熵在建设工程评标中的应用［J］．南昌大学学报（工科版），2007（4）：405－408.

[177] 熊少华，杨红伟．浅议我国造纸企业的产业链拓展和竞争优势重塑［J］．纸和造纸，2013，32（12）：69－71.

[178] 熊素莹．绿色供应链管理的动力机制及其对企业绩效的影响［D］．武汉：武汉纺织大学，2017.

[179] 胥睿，王泽石，雷博，等．木材加工企业可持续成长的调查与分析——基于江浙地区［J］．中国林业经济，2018（3）：34－38.

[180] 徐和平，孙林岩．绿色制造模式的哲理与实施动力机制探讨［J］．系统工程理论方法应用，2003（3）：284－288.

[181] 徐建中，徐莹莹．基于演化博弈的制造企业低碳技术采纳决策机制研究［J］．运筹与管理，2014，23（5）：264－272.

[182] 徐玲玲，刘晓琳，应瑞瑶．可追溯农产品额外成本承担意愿研究［J］．中国人口·资源与环境，2014，24（12）：23－31.

[183] 徐一方，许鑫，张秀敏．基于词频计算原理的环境政策分析与评价［J］．中国科技论坛，2014（7）：37－43.

[184] 许国志．系统科学［M］．上海：上海科技教育出版社，2000

[185] 许加明，张金秀．企业形象发展的新趋势——企业绿色形象［J］．重庆职业技术学院学报，2005（3）：49－51.

[186] 许家林，孟凡利．环境会计［M］．上海：上海财经大学出版社，2004.

[187] 薛力，邸浩，郭建鸾．关于企业履行环境责任的成本与收益研究——基于不确定投资组合模型的分析［J］．价格理论与实践，2017（8）：68－71.

[188] 薛智．集团公司成长力评价研究［D］．石家庄：石家庄经济学院，2007.

[189] 杨朝均，毕克新，呼若青．开放经济下工业企业绿色创新动力传导机制［J］．系统工程，2018，36（9）：79－90.

[190] 杨冬云，谢杨．企业社会责任、绿色创新能力与企业环境绩效［J］．财会通讯，2019（6）：100－104.

[191] 杨锐，夏彬．网络关系构建及其对企业成长绩效影响研究［J］．科研管理，2016，37（5）：103－111.

[192] 杨省贵，南宇峰，刘宇．基于模糊综合评判的我国民航发展水平评价研究［J］．湖南财政经济学院学报，2012，28（6）：41－48.

[193] 杨顺顺．系统动力学应用于中国区域绿色发展政策仿真的方法学综述

[J]. 中国环境管理，2017，9（6）：41－47.

[194] 杨望. 中国第三方物流企业绿色增长关键影响因素研究 [D]. 大连：大连理工大学，2017.

[195] 杨文会，邵玲莉. 环境艺术是促进人类社会和谐发展的基本条件 [J]. 河北大学学报（哲学社会科学版），2007（5）：101－105.

[196] 杨栩，廖姗. 环境伦理与新创企业绿色成长的倒 U 型关系研究 [J]. 管理学报，2018，15（7）：1040－1047.

[197] 杨忠，吕斌，李立喜. 2015 年我国木地板专利申请情况分析 [J]. 中国人造板，2016，23（6）：7－11.

[198] 姚平，孙璐，梁静国，等. 煤炭城市可持续发展的系统动力学模拟与调控 [J]. 数学的实践与认识，2008（21）：83－93.

[199] 姚予龙，邵彬，李泽红. "一带一路" 倡议下中俄林业合作格局与资源潜力研究 [J]. 资源科学，2018，40（11）：2153－2167.

[200] 叶会，谢诗蕾. 创业板上市公司的价值悖论 [J]. 广东金融学院学报，2012，27（3）：43－52，63.

[201] 易余胤，刘汉民. 经济研究中的演化博弈理论 [J]. 商业经济与管理，2005（8）：8－13.

[202] 尹波. 绿色建筑评价标识体系中房地产开发商群体的进化博弈分析 [J]. 建筑科学，2009，25（6）：73－75，107.

[203] 于斌斌. 基于进化博弈模型的产业集群产业链与创新链对接研究 [J]. 科学学与科学技术管理，2011，32（11）：111－117.

[204] 于成钢. K 公司市场营销战略研究 [D]. 成都：西南交通大学，2011.

[205] 于丽静，陈忠全. 基于演化博弈的物流企业绿色创新扩散机制研究 [J]. 运筹与管理，2018，27（12）：193－199.

[206] 于新宇，张铁男，史竹青. 创新型中小企业成长能力评价模型研究 [J]. 现代管理科学，2010（5）：30－32.

[207] 于雪莲，朱和平. 基于价值链理论的中小高新技术企业成长因素研究

[J]. 商场现代化，2006（32）：101－102.

[208] 余孝军. 节能减排的进化博弈分析 [J]. 生态经济，2011（4）：50－53.

[209] 袁腾，王国红，周建林. 科技型集群企业成长评价——基于社会资本的视角 [J]. 技术经济，2014，33（6）：1－6.

[210] 袁腾，王国红. 集群企业－中介机构协同成长演化博弈分析 [J]. 大连理工大学学报（社会科学版），2013，34（3）：25－29.

[211] 张弛，张兆国，包莉丽. 企业环境责任与财务绩效的交互跨期影响及其作用机理研究 [J]. 管理评论，2020，32（2）：76－89.

[212] 张波，王桥，李顺，等. 基于系统动力学模型的松花江水污染事故水质模拟 [J]. 中国环境科学，2007（6）：811－815.

[213] 张光宇. 企业绿色技术创新动力机制研究 [D]. 哈尔滨：哈尔滨工业大学，2010.

[214] 张红，黄嘉敏，崔琰琰. 考虑政府补贴下具有公平偏好的绿色供应链博弈模型及契约协调研究 [J]. 工业技术经济，2018，37（1）：111－121.

[215] 张红娟，谢思全，林润辉. 网络创新过程中的知识流动与传播——基于信息空间理论的分析 [J]. 科学管理研究，2011，29（1）：21－26.

[216] 张建英. 博弈论的发展及其在现实中的应用 [J]. 理论探索，2005（2）：36－37.

[217] 张军波，江文丽. 农业上市公司成长力分层灰色评价 [J]. 财会通讯，2015（32）：23－25.

[218] 张立，陈伟鸿. 集群演进的品牌实现机理与效应分析——集群演进与民营企业的成长互动 [J]. 商业研究，2007（10）：47－50.

[219] 张平，吴春旭. 绿色供应链管理中合作伙伴的评价与选择 [J]. 价值工程，2005（2）：44－46.

[220] 张曙红. 绿色供应链管理研究综述与展望 [J]. 物流技术，2010，29（Z1）：177－181.

[221] 张笑楠. 软件外包企业技术成长模式选择的演化博弈分析 [J]. 技术经济，2014，33（10）：36－40.

[222] 张训亚，姜笑梅，殷亚方，等．我国与欧盟实木地板标准之比较 [J]．木材工业，2010，24 (5)：24－27.

[223] 张熠，王先甲．低碳视角下企业技术创新能力评价指标体系构建及评价研究 [J]．数学的实践与认识，2017，47 (12)：92－97.

[224] 张莹．供应链协同效应的理念误区 [J]．经济问题探索，2004 (6)：35－36.

[225] 张永安，张璐．集群企业网络化成长理论基础及动因探析 [J]．企业经济，2007 (12)：8－10.

[226] 张咏梅，王怡丽，张士强．我国煤炭企业社会责任博弈分析 [J]．矿冶工程，2013，33 (5)：139－144.

[227] 赵爱武，杜建国，关洪军．绿色购买行为演化路径与影响机理分析 [J]．中国管理科学，2015，23 (11)：163－170.

[228] 赵驰，姜昕．基于知识的企业内生性成长研究——一个演化博弈的分析框架 [J]．西安交通大学学报（社会科学版），2009，29 (2)：24－29.

[229] 赵大伟．中国绿色农业发展的动力机制及制度变迁研究 [J]．农业经济问题，2012，33 (11)：72－78，111.

[230] 赵红燕，余吉安．企业环境责任对青年消费者品牌态度的影响 [J]．生态经济，2016，32 (9)：68－74.

[231] 赵敏，赵国浩，张宝建．地方政府行为视角下资源型企业绿色责任动力机制研究 [J]．华东经济管理，2019，33 (8)：161－166.

[232] 赵佩华，张柳钦，胡赛强．基于演化博弈的造假者与监管方行为研究 [J]．经济与管理，2018，32 (4)：76－82.

[233] 赵涛，李小鹏．绿色供应链管理绩效评价研究 [J]．北京理工大学学报（社会科学版），2010，12 (5)：80－83.

[234] 赵息，路晓颖．不完全信息下基于成长期权的并购价值评估 [J]．天津大学学报（社会科学版），2012，14 (1)：1－6.

[235] 赵萱，张列柯，郑开放．企业环境责任信息披露制度绩效及其影响因素实证研究 [J]．西南大学学报（社会科学版），2015，41 (3)：64－74，190.

[236] 赵永亮，倪自银．中小企业可持续成长的内部动力及成长能力评价［J］．统计与决策，2006（7）：156－157.

[237] 郑季良，周旋．钢铁企业绿色供应链管理协同效应评价研究［J］．科研管理，2017，38（S1）：563－568.

[238] 钟晖，王建锋．建立绿色技术创新机制［J］．生态经济，2000（3）：41－44.

[239] 钟茂初．产业绿色化内涵及其发展误区的理论阐释［J］．中国地质大学学报（社会科学版），2015，15（3）：1－8.

[240] 周鹏飞，陈栋，王秋良．建筑绿色供应链实施的仿真分析：以大连为例［J］．系统仿真学报，2014，26（1）：173－180.

[241] 朱桂菊，游达明．基于微分对策的绿色供应链生态研发策略与协调机制［J］．运筹与管理，2017，26（6）：62－69.

[242] 朱嘉红，邬爱其．基于焦点企业成长的集群演进机理与模仿失败［J］．外国经济与管理，2004（2）：33－37.

[243] 朱孔来．评价指标的非线性无量纲模糊处理方法［J］．系统工程，1996（6）：58－62.

[244] 朱庆华．基于绿色供应链的产品生态设计模型与方法研究［J］．管理学报，2008（3）：360－365.

[245] 朱庆华．绿色供应链管理动力/压力影响模型实证研究［J］．大连理工大学学报（社会科学版），2008（2）：6－12.

[246] 卓翔芝，王旭，王振锋．供应链联盟伙伴合作关系的进化博弈研究［J］．计算机工程与应用，2010，46（1）：208－210.

[247] 邹细兵．信息共享价值和供应链协调价值的博弈研究［D］．上海：上海交通大学，2008.

[248] 邹志勇，辛沛祝，晁玉方，等．高管绿色认知、企业绿色行为对企业绿色绩效的影响研究——基于山东轻工业企业数据的实证分析［J］．华东经济管理，2019，33（12）：35－41.

[249] BATOU，T G RITTO，RUBENS SAMPAIO. Entropy propagation analysis in

stochastic structural dynamics: application to a beam with uncertain cross sectional area [J]. Computational Mechanics, 2014, 54 (3): 591 -601.

[250] AO ZHAO. The Evaluation of Enterprise Green Growth Ability Based on D - S General Fuzzy Soft Set Theory [C]. The Institute of Electrical and Electronics Engineers、IEEE Beijing Section. Proceedings of 2017 IEEE 8th International Conference on Software Engineering and Service Science. The Institute of Electrical and Electronics Engineers、IEEE Beijing Section: IEEE BEIJING SECTION, 2017: 526 -528.

[251] AYMEN SAJJAD, GABRIEL EWEJE, DAVID TAPPIN. Greening the supply chain: an empirical study [J]. Australasian Journal of Environmental Management, 2020, 27 (1): 42 -62.

[252] BERND MEYER, MARK MEYER, MARTIN DISTELKAMP. Modeling green growth and resource efficiency: new results [J]. Mineral Economics, 2012, 24 (2 -3): 145 -154.

[253] BRIAN UZZI, RYON LANCASTER. Relational Embeddedness and Learning: The Case of Bank Loan Managers and Their Clients [J]. Management Science, 2003, 49 (4): 383 -399.

[254] CAI SHAOHONG, HE SIPENG. Research on the Selection of Industrial Organization Pattern in Western Regions under Low - carbon Economy Background [J]. Energy Procedia, 2011 (5): 700 -707.

[255] CHE - FU HSUEH, MEI - SHIANG CHANG. Equilibrium analysis and corporate social responsibility for supply chain integration [J]. European Journal of Operational Research, 2007, 190 (1) .

[256] CHRISTINA W Y WONG, KEE - HUNG LAI, KUO - CHUNG SHANG, et al. Green operations and the moderating role of environmental management capability of suppliers on manufacturing firm performance [J]. Elsevier, 2012, 140 (1): 283 -294.

[257] COLBY MICHAEL E. Environmental management in development: the evo-

lution of paradigms [J]. Elsevier, 1991, 3 (3): 193 -213.

[258] CRAIG R CARTER, MARIANNE M JENNINGS. Social responsibility and supply chain relationships [J]. Transportation Research Part E, 2002, 38 (1): 37 -52.

[259] CRAIG R CARTER, RAHUL KALE, CURTIS M GRIMM. Environmental purchasing and firm performance: an empirical investigation [J]. Transportation Research Part E, 2000, 36 (3): 219 -228.

[260] D A VAZQUEZ - BRUST, C LISTON - HEYES, J A PLAZA - ÚBEDA, et al. Stakeholders Pressures and Strategic Prioritisation: An Empirical Analysis of Environmental Responses in Argentinean Firms [J]. 2010 (91): 171 -192.

[261] DONG - SHANG CHANG, SHENG - HUNG CHEN, CHIA - WEI HSU, et al. Identifying Strategic Factors of the Implantation CSR in the Airline Industry: The Case of Asia - Pacific Airlines [J]. Sustainability, 2015, 7 (6): 7762 -7783.

[262] EMMANUEL ASANE - OTOO. Competition policies and environmental quality: Empirical analysis of the electricity sector in OECD countries [J]. Energy Policy, 2016, 95 (8): 212 -223.

[263] FATMA KÜSKÜ. From necessity to responsibility: evidence for corporate environmental citizenship activities from a developing country perspective [J]. Corporate Social Responsibility and Environmental Management, 2007, 14 (2): 74 -87.

[264] HANS B THORELLI. Networks: Between Markets and Hierarchies [J]. Strategic Management Journal, 1986, 7 (1): 37 -51.

[265] HAYAM WAHBA. Does the market value corporate environmental responsibility? An empirical examination [J]. Corporate Social Responsibility and Environmental Management, 2008, 15 (2): 89 -99.

[266] HUTCHINSON COLIN. Corporate strategy and the environment [J]. Per-

gamon, 1992, 25 (4): 9 - 21.

[267] JAMES BOYD. 'Green money' in the bank: firm responses to environmental financial responsibility rules [J]. Managerial and Decision Economics, 1997, 18 (6): 491 - 506.

[268] JEFFREY H DYER, HARBIR SINGH. The Relational View: Cooperative Strategy and Sources of Interorganizational Competitive Advantage [J]. Academy of Management Review, 1998, 23 (4): 660 - 679.

[269] JENS HORBACH, CHRISTIAN RAMMER, KLAUS RENNINGS. Determinants of eco - innovations by type of environmental impact—The role of regulatory push/pull, technology push and market pull [J]. Ecological Economics, 2012 (78): 112 - 122.

[270] JING DAI, FRANK L MONTABON, DAVID E CANTOR. Linking rival and stakeholder pressure to green supply management: Mediating role of top management support [J]. Transportation Research Part E, 2014 (71): 173 - 187.

[271] JOE DESJARDINS. Corporate Environmental Responsibility [J]. 1998, 17 (8): 825 - 838.

[272] JOEL A C BAUM, TONY CALABRESE, BRIAN S SILVERMAN. Don't go it alone: alliance network composition and startups' performance in Canadian biotechnology [J]. Strategic Management Journal, 2000, 21 (3): 267 - 294.

[273] JOHANNISSON, BENGT. Business formation——a network approach [J]. Scandinavian Journal of Management, 1988, 4 (3 - 4): 83 - 99.

[274] JOHN HAGEDOORN, JOS SCHAKENRAAD. The Effect of Strategic Technology Alliances on Company Performance [J]. Strategic Management Journal, 1994, 15 (4): 291 - 309.

[275] JUSTIN TAN. Growth of industry clusters and innovation: Lessons from Beijing Zhongguancun Science Park [J]. Journal of Business Venturing,

2006, 21 (6): 827 - 850.

[276] KATHY BABIAK, SYLVIA TRENDAFILOVA. CSR and environmental responsibility: motives and pressures to adopt green management practices [J]. Corporate Social Responsibility and Environmental Management, 2011, 18 (1): 11 - 24.

[277] KLAUS RENNINGS, ANDREAS ZIEGLER, KATHRIN ANKELE, et al. The influence of different characteristics of the EU environmental management and auditing scheme on technical environmental innovations and economic performance [J]. Ecological Economics, 2005, 57 (1): 45 - 59.

[278] KLAUS RENNINGS. Redefining innovation——eco - innovation research and the contribution from ecological economics [J]. Ecological Economics, 2000, 32 (2): 319 - 332.

[279] LAURA ALBAREDA, JOSEP M LOZANO, ANTONIO TENCATI, et al. The changing role of governments in corporate social responsibility: drivers and responses [J]. Business Ethics: A European Review, 2008, 17 (4): 347 - 363.

[280] LAURENCE G WEINZIMMER, PAUL C NYSTROM, SARAH J FREEMAN. Measuring Organizational Growth: Issues, Consequences and Guidelines [J]. 1998, 24 (2): 235 - 262.

[281] LONGINOS MARIN, PEDRO J MARTíN, ALICIA RUBIO. Doing Good and Different! The Mediation Effect of Innovation and Investment on the Influence of CSR on Competitiveness [J]. Corporate Social Responsibility and Environmental Management, 2017, 24 (2): 159 - 171.

[282] LONGINOS MATIN, SALVADOR RUIZ, ALICIA RUBIO. The Role of Identity Salience in the Effects of Corporate Social Responsibility on Consumer Behavior [J]. Journal of Business Ethics, 2009, 84 (1): 65 - 78.

[283] MAłGORZATA STEFANIA LEWANDOWSKA. Do Government Policies Foster Environmental Performance of Enterprises from CEE Region? [J].

Comparative Economic Research, 2016, 19 (3): 45 – 67.

[284] MARTIN JÄNICKE. "Green growth": From a growing eco – industry to economic sustainability [J]. Energy Policy, 2012 (48): 13 – 21.

[285] MICHAEL A BERRY, DENNIS A RONDINELLI. When business and government clash: Environmental crisis management in the carpet industry [J]. Environmental Quality Management, 2000, 9 (4): 13 – 36.

[286] MICHAEL A BERRY, DENNIS A RONDINELLI. Proactive Corporate Environmental Management: A New Industrial Revolution [J]. The Academy of Management Executive, 1998, 12 (2): 38 – 50.

[287] MICHAEL E PORTER, CLAAS VAN DER LINDE. Toward a New Conception of the Environment – Competitiveness Relationship [J]. 1995, 9 (4): 97 – 118.

[288] MIKE SIMPSON, NICK TAYLOR, KAREN BARKER. Environmental Responsibility in SMEs: Does It Deliver Competitive Advantage? [J]. Business Strategy & the Environment, 2004, 13 (3): 156 – 171.

[289] OLIVER E WILLIAMSON. The Economic institutions of Capitalism [M]. New York: Free Press, 1985.

[290] OLSEN M C, SLOTEGRAAF R J, CHANDUKALA S R. Green Claims and Message Frames: How Green New Products Change Brand Attitude [J]. Journal of Marketing, 2014, 78 (5): 119 – 137.

[291] PASI HEIKKURINEN. Image differentiation with corporate environmental responsibility [J]. Corporate Social Responsibility and Environmental Management, 2010, 17 (3): 142 – 152.

[292] PETRA CHRISTMANN, GLEN TAYLOR. Globalization and the Environment: Determinants of Firm Self – Regulation in China [J]. Journal of International Business Studies, 2001, 32 (3): 439 – 458.

[293] PHILIP L COCHRAN, ROBERT A WOOD. Corporate Social Responsibility and Financial Performance [J]. The Academy of Management Journal,

2006, 21 (6): 827 -850.

[276] KATHY BABIAK, SYLVIA TRENDAFILOVA. CSR and environmental responsibility: motives and pressures to adopt green management practices [J]. Corporate Social Responsibility and Environmental Management, 2011, 18 (1): 11 -24.

[277] KLAUS RENNINGS, ANDREAS ZIEGLER, KATHRIN ANKELE, et al. The influence of different characteristics of the EU environmental management and auditing scheme on technical environmental innovations and economic performance [J]. Ecological Economics, 2005, 57 (1): 45 -59.

[278] KLAUS RENNINGS. Redefining innovation——eco - innovation research and the contribution from ecological economics [J]. Ecological Economics, 2000, 32 (2): 319 -332.

[279] LAURA ALBAREDA, JOSEP M LOZANO, ANTONIO TENCATI, et al. The changing role of governments in corporate social responsibility: drivers and responses [J]. Business Ethics: A European Review, 2008, 17 (4): 347 -363.

[280] LAURENCE G WEINZIMMER, PAUL C NYSTROM, SARAH J FREEMAN. Measuring Organizational Growth: Issues, Consequences and Guidelines [J]. 1998, 24 (2): 235 -262.

[281] LONGINOS MARIN, PEDRO J MARTíN, ALICIA RUBIO. Doing Good and Different! The Mediation Effect of Innovation and Investment on the Influence of CSR on Competitiveness [J]. Corporate Social Responsibility and Environmental Management, 2017, 24 (2): 159 -171.

[282] LONGINOS MATIN, SALVADOR RUIZ, ALICIA RUBIO. The Role of Identity Salience in the Effects of Corporate Social Responsibility on Consumer Behavior [J]. Journal of Business Ethics, 2009, 84 (1): 65 -78.

[283] MAłGORZATA STEFANIA LEWANDOWSKA. Do Government Policies Foster Environmental Performance of Enterprises from CEE Region? [J].

Comparative Economic Research, 2016, 19 (3): 45 – 67.

[284] MARTIN JÄNICKE. "Green growth": From a growing eco – industry to economic sustainability [J]. Energy Policy, 2012 (48): 13 – 21.

[285] MICHAEL A BERRY, DENNIS A RONDINELLI. When business and government clash: Environmental crisis management in the carpet industry [J]. Environmental Quality Management, 2000, 9 (4): 13 – 36.

[286] MICHAEL A BERRY, DENNIS A RONDINELLI. Proactive Corporate Environmental Management: A New Industrial Revolution [J]. The Academy of Management Executive, 1998, 12 (2): 38 – 50.

[287] MICHAEL E PORTER, CLAAS VAN DER LINDE. Toward a New Conception of the Environment – Competitiveness Relationship [J]. 1995, 9 (4): 97 – 118.

[288] MIKE SIMPSON, NICK TAYLOR, KAREN BARKER. Environmental Responsibility in SMEs: Does It Deliver Competitive Advantage? [J]. Business Strategy & the Environment, 2004, 13 (3): 156 – 171.

[289] OLIVER E WILLIAMSON. The Economic institutions of Capitalism [M]. New York: Free Press, 1985.

[290] OLSEN M C, SLOTEGRAAF R J , CHANDUKALA S R . Green Claims and Message Frames: How Green New Products Change Brand Attitude [J]. Journal of Marketing, 2014, 78 (5): 119 – 137.

[291] PASI HEIKKURINEN. Image differentiation with corporate environmental responsibility [J]. Corporate Social Responsibility and Environmental Management, 2010, 17 (3): 142 – 152.

[292] PETRA CHRISTMANN, GLEN TAYLOR. Globalization and the Environment: Determinants of Firm Self – Regulation in China [J]. Journal of International Business Studies, 2001, 32 (3): 439 – 458.

[293] PHILIP L COCHRAN, ROBERT A WOOD. Corporate Social Responsibility and Financial Performance [J]. The Academy of Management Journal,

1984, 27 (1): 42 -56.

[294] PORTER M E, LINDE C V D. Green and Competitive: Ending the Stalemate [J]. Long Range Planning, 1995, 28 (6): 128 -129.

[295] PORTER MICHAEL E, KRAMER MARK R. Strategy and society: the link between competitive advantage and corporate social responsibility [J]. Harvard business review, 2006, 84 (12): 78 -92, 163.

[296] PRATIMA BANSAL, KENDALL ROTH. Why Companies Go Green: A Model of Ecological Responsiveness [J]. The Academy of Management Journal, 2000, 43 (4): 717 -736.

[297] PRATIMA BANSAL. Evolving Sustainably: A Longitudinal Study of Corporate Sustainable Development [J]. Strategic Management Journal, 2005, 26 (3): 197 -218.

[298] QINGHUA ZHU, JOSEPH SARKIS, KEE - HUNG LAI. Examining the effects of green supply chain management practices and their mediations on performance improvements [J]. International Journal of Production Research, 2012, 50 (5): 1377 -1394.

[299] R GULATI. Managing network resources: Alliances, affiliations, and other relational assets [M]. Oxford: Oxford University Press, 2007.

[300] R KAPLINSKY. Globalisation and Unequalisation: What Can Be Learned from Value Chain Analysis? [J]. The Journal of Development Studies, 2000, 37 (2): 117 -146.

[301] RANJAY GULATI, MAXIM SYTCH. Dependence Asymmetry and Joint Dependence in Interorganizational Relationships: Effects of Embeddedness on a Manufacturer's Performance in Procurement Relationships [J]. Administrative Science Quarterly, 2007, 52 (1): 32 -69.

[302] RANJAY GULATI. Network location and learning: the influence of network resources and firm capabilities on alliance formation [J]. Strategic Management Journal, 1999, 20 (5): 397 -420.

[303] RINKU MURGAI. The Green Revolution and the productivity paradox: evidence from the Indian Punjab [J]. Agricultural Economics, 2001, 25 (2): 199 - 209.

[304] ROBERT D KLASSEN, CURTIS P MCLAUGHLIN. The Impact of Environmental Management on Firm Performance [J]. Management Science, 1996, 42 (8): 1199 - 1214.

[305] RUXI, WANG, WIJEN, et al. Government's green grip: Multifaceted state influence on corporate environmental actions in China [J]. Strategic Management Journal, 2018, 39 (2): 403 - 428.

[306] STEVE V WALTON, ROBERT B HANDFIELD, STEVEN A MELNYK. The Green Supply Chain: Integrating Suppliers into Environmental Management Processes [J]. Journal of Supply Chain Management, 1998, 34 (2): 2 - 11.

[307] SUSSE GEORG, INGE RØPKE, ULRIK JØRGENSEN. Clean technology - Innovation and environmental regulation [J]. Environmental & Resource Economics, 1992, 2 (6): 533 - 550.

[308] TAYLOR STUART R. Green management: The next competitive weapon [J]. Pergamon, 1992, 24 (7): 669 - 680.

[309] TOSHI H ARIMURA, AKIRA HIBIKI, HAJIME KATAYAMA. Is a voluntary approach an effective environmental policy instrument? [J]. Journal of Environmental Economics and Management, 2007, 55 (3): 281 - 295.

[310] XIAOQING DONG, CHAOLIN LI, JI LI, et al. Application of a system dynamics approach for assessment of the impact of regulations on cleaner production in the electroplating industry in China [J]. Journal of Cleaner Production, 2011, 20 (1): 72 - 81.

[311] XUEQI ZHAI, YUNFEI AN. Analyzing influencing factors of green transformation in China's manufacturing industry under environmental regulation: A structural equation model [J]. Journal of Cleaner Production, 2020 (4): 61 - 65.